U0604518

湖南省哲学社会科学基金项目（14JD44）成果

湖南省教育厅科研一般项目（15C0955）成果

湖南文理学院博士科研项目（14BSQD22）成果

洞庭湖生态经济区建设与发展协同创新中心成果

明清时期沅水流域
经济开发与社会变迁

THE ECONOMIC DEVELOPMENT AND SOCIAL CHANGE
IN YUANJIANG RIVER BASIN
DURING MING AND QING DYNASTY

罗运胜／著

社会科学文献出版社
SOCIAL SCIENCES ACADEMIC PRESS (CHINA)

目　录

第一章
绪论

　　本书以明清时期湘黔交界雪峰山和武陵山区之间的沅水流域为研究区域，以经济开发为主要研究对象，重点考察流域内的农业开发、工商业发展以及相关的社会变迁，在此基础上，探讨多民族杂居山区在明清时期的经济开发之得失及其与社会变迁的关系。

　　在展开主题论述之前，有必要先对基本概念、学术史和本书的研究方向及思路做出阐述。

一　基本概念

（一）沅水流域

1. 自然地理

　　沅水是长江中游洞庭湖水系的四大河流之一，也是长江八大支流之一，位于北纬 26°～30° 及东经 107°～112° 之间，源出贵州都匀的云雾山，流经黔东、湘西，注入洞庭湖，全长 1022 公里。流域面积近 9 万平方公里，其中 54% 在湖南境内，35% 在贵州境内，4% 在湖北境内，7% 在重庆境内。

　　沅水流域四周均有高山环绕，东以雪峰山与资水为界，南以苗岭与柳江为邻，西以梵净山和佛顶山与乌江相隔，北以武陵山与澧水分野。

沅水泻出于云贵高原的斜坡，整个流域为两大背斜和一大向斜的地质构造：雪峰山与武陵山代表两个绵亘甚长的背斜构造，在此两大背斜之间为一大向斜，沅水干流由此泻出。雪峰山地层以震旦纪岩层为主，形成高山峻岭；武陵山地层以寒武纪岩层为主，石灰岩和白云岩分布颇广，造成武水和酉水流域的显著的喀斯特地貌。

沅水有南北二源：南源称马尾河，北源叫重安江，而以南源为主干。两源在贵州炉山县的汊河口汇合后，始称清水江。至芷江县属的金紫流入湖南境内，东流至黔城汇合潕水后，流量大增，始称沅水。

沅水流域南北较长，东西较窄，约呈自西南斜向东北的矩形。左岸支流较多，主要有潕水、辰水、武水、酉水；右岸主要支流为渠水、巫水、溆水。其汇集形式呈树枝状，而左岸的流域面积为右岸的两倍。

沅水干流自河源至黔城的清水江，多系幽深峡谷，长530多公里，为上游；自黔城至沅陵，河流坡降较为和缓，长约280公里，为中游；沅陵以下为下游，长约210公里，无较大的支流。

沅水干流自贵州汊河口至常德874公里，全区多崇山峻岭和高原，平原较少，坡降大，峡谷多，水流湍急，多险滩，这是沅水的最大特点。

沅水上游为贵州高原地区，多高山，海拔1000米左右，河道切割高山，绝大部分形成高峰深谷，平地很少，只在都匀附近及锦屏至黔城段，有一些小型盆地。支流以酉水流域的秀山平原和潕水下游的芷江平原较大。沅水中游为丘陵地区，相对高度为50~200米，丘陵中间有长短不一的峡谷，如黔城至洪江间为一长约 20 公里的峡谷，黄狮洞至铜湾之间又为一长约 30 公里的峡谷，沙堆以下还有一些较短的峡谷。中游的河谷平原只有溆浦平原最大。沅水下游多丘陵和平地，但在北溶至麻衣洑之间又有长约 75 公里的峡谷。桃源以下则为冲积平原（见表 1-1）。[①]

表1-1 沅水干支流概况

河名	发源地点	长度（公里）	流域面积（平方公里）	流经县市	备注
重安江	麻江平越间	90	2697	平越、麻江、炉山、黄平	清水江北源
龙头江（马尾河）	都匀县云雾山	162	2740	都匀、丹寨、凯里	清水江南源，与北源在汊河口汇合
渠水	城步县境	227	6015	通道、靖州、会同	在托口流入清水江
清水江	—	372	—	台江、剑河、雷山、三穗、天柱、锦屏	自汊河口至旧黔阳（黔城），不包括上列三支流
潕水	贵州瓮安	430	10366	黄平、施秉、镇远、岑巩、玉屏、晃县、芷江、怀化	在旧黔阳（黔城）与清水江汇合
巫水	城步县境	166	4725	城步、绥宁	在洪江流入沅水
溆水	—	141	3148	溆浦	在大江口流入沅水
辰水	武陵山脉梵净山	234	6834	江口、铜仁、麻阳	在辰溪流入沅水
武水	凤凰县境	178	3912	乾城	在泸溪流入沅水
酉水	湖北来凤县境	424	18925	酉阳、秀山、来凤、龙山、永顺、永绥、保靖、古丈	在沅陵流入沅水

[①] 本节主要参考《湖南省志》第二卷《地理志》下册，湖南人民出版社，1962，第850页。

河名	发源地点	长度（公里）	流域面积（平方公里）	流经县市	备注
沅水	—	490（黔阳至德山）	87406（德山以上）	黔阳、洪江、辰溪、泸溪、沅陵、桃源、常德、汉寿	自黔阳至汉寿，不包括上列各支流

资料来源：湖南农学院编《湖南农业》第一章，高等教育出版社，1959。《中国大百科全书·中国地理》"沅江"条，中国大百科出版社，1993，第585页。

2. 政区地理

就当代政区而言，沅水集水区涉及贵州境内黔南州的都匀、福泉、瓮安，黔东南州的麻江、丹寨、凯里、黄平、施秉、镇远、岑巩、雷山、台江、剑河、三穗、锦屏、黎平、天柱、榕江及铜仁地区的铜仁、玉屏、万山、江口、石阡、松桃24个县（市、特区）；在湖南境内，沅水干流先后流经怀化市的芷江、会同、洪江、中方、溆浦、辰溪，湘西州的泸溪等县境，初向东流，后折向北流，至怀化市的沅陵又折向东北，经常德市的桃源、鼎城区、武陵区、汉寿等县（区）境，注入洞庭湖，其支流涉及的有怀化市的新晃、麻阳、鹤城、靖州、通道，邵阳市的城步、绥宁，湘西州的凤凰、吉首、花垣、古丈、永顺、龙山等县（市、区）。常德的德山为沅水河口，德山以下至汉寿境内为沅水入洞庭湖的尾闾段。

在明代以前，沅水流域曾长期属于一个地方行政区，如在秦朝皆属黔中郡，在汉皆属武陵郡。正如乾隆《镇远府志》所载：

> 黔中之名始于秦……秦分天下为三十六郡，以所取楚巫黔中之地为黔中郡，汉高帝四年改为武陵郡，是以秦以前，今湖南之常、辰、宝、靖诸府州皆黔中也，自汉以后，今贵

州之思、石、铜、黎诸府皆武陵也。[①]

两晋南朝时，沅水流域被称为五溪蛮地。唐宋王朝加强了对沅水流域的开发，先后设置辰、沅、靖州以及众多羁縻州，唐朝以江南道和黔中道分辖这一广大地区，宋代则以夔州路和荆湖北路分管其地。元朝的湖广行省，管辖今湘西、黔东地区，包括溪州彭氏、思州田氏等大土司辖地。明朝开设贵州以后，沅水流域遂分属湖、贵两省。不过，在军政区划方面，两省之间仍有不少纠葛。从明朝到清初，湘黔交界地区的军政建制几经更改，终于基本划清此疆彼界。此后，受到全国自东向西的开发浪潮的影响，沅水中下游地区经过长期的发展，与湖南东部地区联系日益密切，至清初遂形成湖南省。

明代，沅水流域中下游属于湖广布政使司，而其上游归贵州布政使司管辖，大概情况如表1-2所示。

表1-2 明代湘西政区一览

府 （州、宣慰司）	县（土州）	今县（市、区）
常德府	武陵县、桃源县、龙阳县、沅江县	武陵区、鼎城区、桃源县、汉寿县、沅江市
辰州府	沅陵县、卢溪县、辰溪县、溆浦县	沅陵县、泸溪县、辰溪县、溆浦县
沅州	沅州、黔阳县、麻阳县	芷江县、新晃县、洪江市、麻阳县
靖州	靖州、会同县、通道县、绥宁县	靖州县、会同县、通道县、绥宁县
永顺 宣慰使司	南渭州、施溶州、上溪州、腊惹洞长官司、麦著黄洞长官司、驴池洞长官司、施溶溪长官司、白崖洞长官司、田家洞长官司	均为今永顺县、龙山县、古丈县

① 乾隆《镇远府志》卷一《疆域志》，"黔中考"。

府 （州、宣慰司）	县（土州）	今县（市、区）
保靖 宣慰使司	五寨长官司、箪子坪长官司	均为今保靖县、凤凰县等地

资料来源：万历《明会典》卷十五《州县一》；伍新福：《湖南通史·古代卷》第九章《明代的湖南》，湖南出版社，1994，第532页。

由于明朝对少数民族地区主要是发展土司制度，所以表1-2中的永、保两司为湘西北土司，并非正式政区，而贵州的沅水流域各府也是土司多，建县少，如表1-3所示。

表1-3 明代黔东政区一览

府	县	长官司
思州府	—	都坪峨异溪蛮夷长官司、都素蛮夷长官司、施溪长官司、黄道溪长官司
镇远府	镇远县 施秉县	镇远金容金达蛮夷长官司、邛水十五洞蛮夷长官司、偏桥长官司
铜仁府	—	铜仁长官司、省溪长官司、提溪长官司、大万山长官司、乌罗长官司、平头著可长官司
黎平府	永从县	潭溪蛮夷长官司、八舟蛮夷长官司、洪州泊里蛮夷长官司、曹滴洞蛮夷长官司、古州蛮夷长官司、西山阳洞蛮夷长官司、湖耳蛮夷长官司、亮寨蛮夷长官司、欧阳蛮夷长官司、新化蛮夷长官司、中林验洞蛮夷长官司、赤溪南洞蛮夷长官司、龙里蛮夷长官司

资料来源：万历《明会典》卷十六《州县二》，贵州等处承宣布政使司。

清代，沅水流域继续分属于湖广（后为湖南）与贵州两省。湘西在清代的政区变动较大，除了常德府四县、辰州府四县不变以外，先后新设了永顺府及其四县，乾州厅、凤凰厅、永绥厅、晃州厅四个直隶厅和古丈坪散厅，并将沅州升为府，将靖州直隶州的天柱县划属贵州，其政区建置如表1-4所示。

表1-4 清代湘西政区一览

道	府（直隶州、厅）	县	今县市	备注
岳常澧道（治巴陵）	常德府	武陵县、桃源县、龙阳县、沅江县	武陵区、鼎城区、桃源县、汉寿县、沅江市	—
辰沅永靖道（治凤凰）	辰州府	沅陵县、泸溪县、辰溪县、溆浦县	沅陵县、泸溪县、辰溪县、溆浦县	—
	沅州府	芷江县、黔阳县、麻阳县	芷江县、洪江市、麻阳县	—
	永顺府	永顺县、龙山县、保靖县、桑植县、古丈坪厅	永顺县、龙山县、保靖县、桑植县、古丈县	桑植县属澧水上游。古丈坪厅为散厅
	靖州直隶州	会同县、通道县、绥宁县	会同县、通道县、绥宁县	靖州又为散州，有直辖地
	乾州直隶厅	—	吉首市	—
	凤凰直隶厅	—	凤凰县	—
	永绥直隶厅	—	花垣县	—
	晃州直隶厅	—	新晃县	—

资料来源：赵尔巽：《清史稿》卷六十八《地理志·湖南》；伍新福：《湖南通史·古代卷》第十一章《清代前中期的湖南》，湖南出版社，1994，第595页。

贵州的沅水流域政区也在清代因为卫所建县和开辟苗疆而发生了不少变革，如表1-5所示。

表1-5 清代黔东政区一览

府（厅）	州县	今县市
铜仁府	铜仁县	铜仁市、江口县
思州府	玉屏县、青溪县	玉屏县、岑巩县
镇远府	镇远县、施秉县、天柱县、黄平州、台拱厅、清江厅	镇远县、施秉县、天柱县、黄平县、台拱县、剑河县
黎平府	开泰县、永从县、古州厅、下江厅	黎平县、锦屏县、榕江县、从江县
松桃直隶厅	—	松桃苗族自治县

资料来源：赵尔巽：《清史稿》卷七十五《地理志·贵州》。

这里需要说明的是，考虑到问题的复杂性，本书所考察的沅水流域在贵州境内主要限于东部邻接湖南的松桃厅、铜仁府、镇远府以及黎平府北部等地，至于清水江上游的都匀府等地不予讨论。

（二）经济开发与社会变迁

1. 经济开发

什么是经济开发？史学界的定义并不多见。葛剑雄教授对地区开发的内涵有过界定：

> 中国历史上的地区开发，是指在一个地理区域或行政区域内，在当时的生产技术条件下，自然资源（主要是土地）和人力得到比较充分的利用，经济发展，农业、商业、手工业生产由落后状态提高到全国平均水平或先进水平的过程。[1]

从这一定义可以看出，葛先生的"地区开发"概念实际上与"经济开发"没有什么区别，因而本书采用这一定义进行研究。按照这一含义，研究落后地区的社会经济史，完全可以从经济开发的角度入手。在这一定义中，地区开发的对象是自然资源，除了土地，还应重视水资源、生物资源、矿产资源、气候资源等，而人力资源既包括土著居民，也包括外来人口。

张建民教授的研究论著则多从资源开发的视角入手，研究明清时期秦巴山区的人口变迁、经济增长、环境演变、社会变迁等问题[2]，这种视角的多向性研究是本书学习的范例，无论是视角

---

① 葛剑雄：《中国移民史》第一卷，福建人民出版社，1997，第97页。
② 参见张建民《明清长江流域山区资源开发与环境演变》，武汉大学出版社，2007。

选择还是分析方法都具有丰富的启迪意义。

不论是"地区开发",还是"资源开发",两者完全可以结合起来,因为资源开发是经济开发的主要内容。

2. 社会变迁

社会变迁是近些年的学术研究热点,其含义在社会学中有比较明确的界定。社会学家指出:

> 社会变迁是指社会的一切变化,特别是社会结构、社会制度发生的变化。社会变迁的内容十分广泛,宏观的如人类社会形态的变化、国家的治乱兴衰,中观的如社会结构的重大调整、社会制度的变化,微观的如人们的行为方式和行为规范的变化等。[①]

本书重点考察的是中观微观层面上的社会变迁,例如地域社会结构、社会运行、地方制度的变迁和地方民俗的嬗变等。历史上的区域社会变迁,早已成为社会史研究的重点课题。本书也希望从经济开发的研究立场出发,为区域社会史的研究提供一种新的思考。

最后,本书所说的明清时期是指从明朝建立到清朝覆亡的544年,不过在考察某些事项的时候也会上溯唐宋前后,下延至民国时期,视需要而定。

二 研究缘由

笔者之所以选取沅水流域作为考察的区域,有如下学理性考虑。

---

① 王思斌:《社会学教程》,北京大学出版社,2003,第297页。

1. 沅水流域具有独特的区域特征

施坚雅在考察中国历史上的地区城市化时认为，"长江中游地区又划分为五大亚区：长江走廊；北方的汉水流域；南方的赣、湘、沅三大支流流域"①。这种亚区的划分在长江中游地区是颇为准确的。考察沅水流域的区域特征，将它作为一个区域单元进行研究并不是没有意义的。

沅水流域位于我国云贵高原东部边缘，为雪峰山、武陵山、苗岭、南岭所环抱，是第二级阶梯与第三级阶梯交界地带，也是中部地区和西南地区交通的门户。

沅水流域的社会经济具有不同于湘黔其他地区的地域特征。沅水流域是长江中游区域内最大的多民族聚居地区，不仅汉族人口比重大，而且是我国土家族、苗族、瑶族、侗族最主要的聚居地之一；其环境相对闭塞，不仅与雪峰山脉以东的湖南地区长期相对隔离，独立发展，而且与武陵山脉以西地区的历史发展也有不少差异。②

由于封闭性强，沅水中上游山区是长江中游区域最后被开发的大山区，也是长江中游区域内文化特色最鲜明的区域之一。这些都是沅水流域显著的历史特点。正因为如此，揭示长江中游地区社会经济发展的整体水平时，不应忽视这一独特区域。

由于民族分布、军事建制、山川走向、交通路线等原因，沅水流域的湘西与黔东两区在历史上存在着十分密切的联系，相互之间影响很大。但由于行政区的限制，以前的研究基本上是把湘西与黔东分开来进行的。如果跳出湖南地方史和贵州地方史的研究窠臼，打通湘黔省界，从新的视角进行考察，应能获得不少新

---

① 〔美〕施坚雅：《中华帝国晚期的城市》第一编《导言：中华帝国的城市发展》，中华书局，2000，第10~11页。

② 例如，张朋园《湖南现代化的早期进展》第一章（岳麓书社，2002）把湖南省境的自然地形区分为湘西山区和洞庭盆地两大区域，就是看到了两地的较大差异。

的认识。这也符合今天的跨省经济发展联动研究路径。

总之，沅水流域的历史问题在湖南地方史研究中最为复杂难解。

2. 沅水流域的社会经济史研究急需拓展和加深

明清时期，我国的区域开发重点转向山区。这一时期的山区开发与人口、政治、经济、社会、文化等多种因素息息相关，何炳棣的《明初以将人口及其相关问题》一书深刻揭示了这些问题的内在联系，是我们进一步研究区域开发历史的基础。目前，中国山区的开发史研究日益表现出丰富的学术研究价值和重大的现实借鉴意义。

沅水流域是明清时期山区开发规模较大的区域之一。张建民先生指出：在明清时期的资源开发浪潮中，山区是垦殖扩张的主要目标，其中湘鄂川黔交边山区（武陵山、雪峰山等）就是资源开发的主要区域之一，也是明清时期我国新的经济增长空间之一。[①] 这就表明，对武陵山和雪峰山为主的湘黔交界山区（主要是沅水流域）进行研讨无疑具有重要的学术价值。

但正如区域经济发展的不平衡一样，长期以来，在中国的社会经济史研究中，也存在着区域性研究很不平衡的状况。全国各地的区域史研究已经蓬勃开展了许多年，许多地区的学者各显神通，对阐发本区域的社会经济不遗余力，成绩不小，但仍有不少地域的历史研究没有明显的起色，这很可能造成研究先进的地域的知识占据主流，造成我国区域社会经济发展史在认识上的不平衡。李根蟠指出，新中国成立后的十七年，中国古代经济史研究就存在重视汉族地区和经济比较发达的地区，而相对忽视少数民族和经济相对落后的地区的问题。[②]

---

① 张建民：《明清长江流域山区资源开发与环境演变》，武汉大学出版社，2007，第2页。
② 李根蟠：《二十世纪的中国古代经济史研究》，《历史研究》1999年第3期。

沅水流域在长江中游区域社会经济史上较为特殊，不仅自然环境独特，而且民族关系复杂，从而使得明清时期的社会经济发展处于一种特殊的环境之中。明清时期沅水流域无疑属于少数民族相对较多和经济相对落后地区，而有关的研究如下文所述尚有许多薄弱领域。此外，为了适应当今多民族区域经济发展的现实要求，很有必要加强对这一地区的明清社会经济史研究。

人们在探索传统中国社会的时候，多根据沿海、平原、发达城市来进行分析，然而，这些区域并不一定就具有传统中国的代表性。李伯重就认为"江南经验"很难说具有典型意义[①]。参与华南研究的多位学者也提出"超越华南"或"告别华南研究"的看法，他们希望走出华南，到中国其他地区去，延续他们的问题关怀与方法实验[②]。

众所周知，中华文明是大江大河孕育出来的文明，中国的历史是众多民族创造的历史，中国是一个以山地为主的国家，如果以一个有一定面积的流域或山地作为中国的模型来研究，很可能会得出大不相同的结论。沅水流域既是以山地为主的区域，又是多民族聚集的地区，因而沅水流域的历史就可以看成是中国历史的缩影。既然这样，对沅水流域的研究结论就可以看作是贡献给中国研究的有价值的参考。

3. 沅水流域富有特色的历史文化的形成过程和复杂的民族关系及其影响等问题尚未得到有效的解释

在历史文化发展史上，湘黔交界山区具有鲜明的特色，明显不同于湖南其他地区，也不同于贵州其他地区。例如，张伟然的研究表明，湖南历史文化区域可分为湘资区和沅澧区，沅澧区又可分为常澧亚区和辰沅永靖亚区。辰沅永靖亚区就是沅水中上游

---

① 李伯重：《江南农业的发展》，上海古籍出版社，2007，第4页。
② 程美宝：《华南研究：历史学与人类学的实践》，《华南研究资料中心通讯》第22期，2001年1月。

区域的主体①。

在沅水中上游地区，苗、土、瑶、汉等民族生息繁衍了数千年，至今仍存有众多的历史人文景观（如古村镇、古民居、古祠庙、古津梁、古墓葬、古民俗等），是湘黔两省境内保存历史文化遗产最丰厚的区域之一。许多年以来，各界人士对这一地区的历史文化和民风民俗很感兴趣，创作了不计其数的文艺作品，也撰写了不少的研究论著。但是，由于历史文化的悠久复杂等各种原因，至今仍未出现影响广泛的历史著作，不能满足人们求知的需要②。依笔者管见，众多的论著有一个大致相同的不足，那就是对湘西历史上的经济与社会状况未作深入细致的探求。

4. 明清时期（1368～1911年）是沅水流域社会经济发展史的关键时期

有学者指出："中国古代山地的全面开发当以宋代以后尤其明清时期为盛。"③沅水流域在唐宋时期有过局部的开发，这是事实，然而只有明清时期，才进入全面的开发阶段，其结果对近代以来的区域政治与社会经济、环境等都有重大影响，可以说是关键时期。

至于以历时较长的明清为考察时段，是因为社会经济史的考察需要中长时段的视野。李根蟠认为，新世纪的经济史"应适当提倡长时段研究。经济史若局限于一个断代，往往看不清来龙去脉和长期趋势"④。王笛也指出，社会史研究的是既相对稳定、

---

① 张伟然：《湖南历史文化地理研究》第七章，复旦大学出版社，1995。
② 例如，人们往往通过沈从文的作品了解湘西。又如，关于湘西少数民族的调查研究，虽然凌纯声的《湘西苗族调查报告》（"中央研究院"史语所1947年出版）、石启贵的《湘西苗族实地调查报告》（湖南人民出版社，1986）、潘光旦的《湘西北的土家与古代的巴人》（1955年发表）等论著在一定范围内具有影响，然而他们对于湘西历史文化的反映仍有明显不足。
③ 张建民：《明清长江流域山区资源开发与环境演变》，武汉大学出版社，2007，第2页。
④ 李根蟠：《二十世纪的中国古代经济史研究》，《历史研究》1999年第3期。

又缓慢变化的社会演变的进程，因此应着重研究布罗代尔所说的
"中时段"的历史①。

三 学术史回顾和展望

明代以前，沅水流域僻处湖广西南边徼，长时期里，汉、侗、苗、瑶等族杂处，民风古朴，社会经济落后，有"三代遗风"。自明朝开发滇黔，沅水流域的交通区位变得重要起来，加上流域内资源丰富，遂进入山区开发的重要行列。另外，山区的经济开发带动了区域社会的变迁，区域社会的变迁又影响着区域经济的发展，因此对这一课题进行深入探讨是富有价值的，也是深具现实意义的。而在进行研究之前，先对学术史做一番梳理，才能找出史学研究的正确方向和重点。

（一）民国时期的有关研究

从 20 世纪初年开始，已有一些学者运用近代社会科学方法对沅水流域的少数民族社会进行调查。日本东京帝国大学讲师鸟居龙藏于 1902 年在我国西南各省（其中重点是贵州苗疆）调查苗族生活，回国后根据观察所得，征引古今中西文献，著成《苗族调查报告》一书，记述了苗族的种类、分布、语言、体格、风俗、文化等情况，甚为翔实，是研究苗族的早期文献②。

30～40 年代，我国学者凌纯声、芮逸夫的《湘西苗族调查报告》，是我国早期的民族学经典著作，影响甚广。石启贵《湘西苗族实地调查报告》也是当时有重要价值的研究成果，该书直

---

① 王笛：《跨出封闭的世界——长江上游区域社会研究》导言，中华书局，2001，第 5 页。
② 鸟居龙藏：《苗族调查报告》，"国立"编译馆译，上海商务印书馆，1936。

到 20 世纪 80 年代才整理出版①。

实地调查开展同时，还有学者利用文献资料研究湖南地方社会，其中谭其骧的《湖南人由来考》《近代湖南人中之蛮族血统》两文对湖南省的人口由来以及少数民族血统做出了堪称经典的论断，对于今天研究湘西仍是重要文献②。

（二）新中国成立后至 20 世纪 80 年代的研究

新中国成立后，在党与政府的重视下，学者对沅水流域的民族社会历史有组织地开展调查，收集了大批重要资料，在此基础上编著完成的《土家族简史》《苗族简史》《侗族简史》《瑶族简史》等著作为沅水流域的民族史研究奠定了基础③。此外，谢华的《湘西土司辑略》、潘光旦的《湘西北的土家与古代的巴人》、马少侨的《清代苗民起义》等专题研究向世人揭示了该地民族历史的一些重要事实④。

在改革开放新时期，本区域的民族史研究步入了快车道。中南民族学院、湖南省社会科学院、吉首大学等单位以及政府有关机构陆续发表和出版了不少研究论著。不过，20 世纪 80 年代的研究仍主要属于阶级斗争史与地方史模式。如南炳文《清代苗

---

① 凌纯声、芮逸夫的《湘西苗族调查报告》，"中央研究院"史语所 1947 年版；石启贵的《湘西苗族实地调查报告》，湖南人民出版社，1986。
② 谭其骧的《湖南人由来考》1932 年发表于《史学年报》第 1 卷第 4 期，《近代湖南人中之蛮族血统》1939 年发表于《史学年报》第 2 卷第 5 期，后均收入《长水集》，人民出版社，1994。
③ 《土家族简史》于 1986 年由湖南人民出版社出版，《苗族简史》于 1985 年由贵州民族出版社出版，《侗族简史》于 1985 年由贵州民族出版社出版，《瑶族简史》于 1983 年由广西民族出版社出版。
④ 谢华：《湘西土司辑略》，中华书局，1959；潘光旦：《湘西北的土家与古代的巴人》，《中国民族问题研究集刊》第四辑，1955；马少侨：《清代苗民起义》，湖北人民出版社，1956。

民起义》（中华书局，1979）。

1. 这一时期发表的论文以民族史的为主

在土家族史研究方面，郑大发论证了湘西土家族地区改土归流的原因、特点，并肯定了改土归流的积极意义[①]。彭武一分析了土家族地区的阶级状况、"旗"的社会内容（农村公社组织），论述了农村公社的保存和土司制度[②]。陈廷亮认为，明末清初湘西土家族地区开始出现封建地主制经济，改土归流后，封建地主制经济最后确立[③]。练铭志论述了历代汉族迁入土家族地区的情况，肯定了汉族和土家族的友好共处和融合关系[④]。

在苗族史研究方面。伍新福对湘西"屯政"的实施情况做了考订；进而论述了屯政给苗族社会发展的后果和影响，屯田制改变了土地占有关系，形成了屯租的剥削关系，文教"化导"和"以苗治苗"等政策促使苗族内部阶级矛盾逐渐激化；他还探讨了明清政府的苗疆政策的演变，湘西苗区改土归流的情况、影响，与乾嘉苗民起义的联系[⑤]。

石邦彦对湘西苗区的研究也令人瞩目。他论述了改土归流的社会背景、实施过程、具体手段以及政治、经济和文化各方面的进步意义；探讨了清朝对湘西苗区的"营防""屯防""苗防"的起因、兵力布置、军事设施以及给湘西苗区社会造成的严重恶果；探讨了苗疆边墙的产生、作用和消亡的原因；又分清吏、屯

① 郑大发：《试论湘西土家族地区的"改土归流"》，《吉首大学学报》1982 年第 2 期。
② 彭武一：《明清年间土家族地区社会经济实况》，《吉首大学学报》1985 年第 2 期；彭武一：《明 清年间土家族社会政治组织的特点》，《吉首大学学报》（社会科学版）1986 年第 1 期。
③ 陈廷亮：《改土归流与湘西土家族地区封建地主制经济的最终确立》，《吉首大学学报》1987 年第 4 期。
④ 练铭志：《试论湘西土家族与汉族历史上的融合关系》，《贵州民族研究》1987 年第 4 期。
⑤ 伍新福：《清代湘西苗族地区"屯政"纪略》，《中南民族学院学报》1983 年第 2 期；《试论清代"屯政"对湘西苗族社会发展的影响》，《民族研究》1983 年第 3 期；《试论湘西苗区改土归流——兼析乾嘉苗民起义的原因》，《民族研究》1986 年第 1 期。

吏、苗吏三个系统对苗区吏制做了细致的考述，指出了三个系统之间的控制与被控制、利用与被利用关系和民族压迫实质；认为朱元璋的政策是笼络利用土司、增强明军兵力、用基层政权控制苗民[①]。

此外，杨昌鑫论述了清政府在湘西苗区推行封建科举教育的思想路线、办学之道、对苗区社会文化发展的重大推进作用[②]。吴荣臻评述了和琳《湖南苗疆善后六条》和傅鼐《治苗论》及其社会实践，认为和琳代表的是让步政策，有积极作用，而傅鼐代表的是反动政策，影响恶劣[③]。秦宝琦认为是阶级斗争和民族斗争，加速了清王朝的衰落[④]。潘洪钢对于湘西苗疆"均屯"的起因和土地所有制关系做了初步分析[⑤]。张宗权考述了清政府在湘西苗区兴办各类学校的情况、原因、历史作用[⑥]。

2. 社会经济史研究成果较少

著作方面，台湾学者张朋园的近代早期湖南现代化进程研究颇有助于理解晚清时期沅水流域的社会经济发展背景[⑦]。

论文方面，张建民较早地分析了大开发前的湘鄂西自然与社会概况、大开发的促动力及经济成长特征，对大开发的影响做了全面评价，特别指出了消极影响[⑧]。伍新福认为改土归流前的湘

---

① 石邦彦：《清朝湘西少数民族地区的改土归流》，《吉首大学学报》1987 年第 2 期；《清朝对湘西苗区的"三防"统治》，《中南民族学院学报》1988 年第 4 期；《苗疆边墙试析》，《吉首大学学报》1990 年第 1 期；《清代湘西苗区吏治考谈》，《中南民族学院学报》1991 年第 2 期；《试论朱元璋对湘西苗区的政策》，《中南民族学院学报》1993 年第 1 期。

② 杨昌鑫：《清朝在湘西苗区的封建科举教育漫谈》，《吉首大学学报》1984 年第 1 期。

③ 吴荣臻：《清代治苗政策管窥》（上、下），《吉首大学学报》1984 年第 2 期、1985 年第 2 期。

④ 秦宝琦：《乾嘉苗民起义的性质与作用初探》，《吉首大学学报》1985 年第 4 期。

⑤ 潘洪钢：《清代湘西苗族地区屯田的兴起及性质》，《吉首大学学报》1986 年第 1 期。

⑥ 张宗权、张应和：《清代湘西苗族地区儒学发展考评》，《吉首大学学报》1988 年第 4 期。

⑦ 张朋园：《中国现代化的区域研究：湖南省 1960～1916》，1982 年由台湾"中央研究院"近代史所出版，2002 年岳麓书社新版名为《湖南现代化的早期进展》。台湾大学 1991 年巫仁恕的硕士论文《明清湖南市镇的经济发展与社会变迁》也有参考价值。

⑧ 张建民：《清代湘鄂西山区的经济开发及其影响》，《中国社会经济史研究》1987 年第 4 期。

西土司地区经济在全国不算先进，也不太落后。在生产关系上，并非封建领主制，而是地主土地私有制①。曹树基修正与发展了谭其骧的湖南人口来源研究②。邓必海以改土归流和鸦片战争为界，分三个阶段论述了历代湘西民族集镇的形成和发展过程③。李道文论列了关于湘西匪患起源时间的各种说法，认为清末民初说符合历史实际④。

（三）20 世纪 90 年代至今的研究

20 世纪 90 年代以后至 21 世纪初，沅水流域的历史研究逐渐呈现多元化趋势。一方面，一些传统的课题研究仍在推进。在民族史研究领域，以彭武一为代表的土家族历史研究⑤、以伍新福为代表的苗族历史研究⑥、以杨昌嗣为代表的侗族历史文化研究⑦继续取得丰硕的研究成果，众多学者所发表的湘西少数民族历史文化论文更不下数百篇。同时，以省为范围的地方史成果陆续问世，主要有伍新福的《湖南通史》（湖南出版社，1994），刘泱泱的《近代湖南社会变迁》（湖南人民出版社，1998），游俊和李汉林的《湖南少数民族史》（民族出版社，2001），伍新福的《湖南民族关系史》（民族出版社，2006）、《贵州通史》（当代中国出版社，2003）等。以地市州为范围的地方史专著也有问世，

---

① 伍新福：《试论改土归流前湘西土司地区社会经济—关于"领主经济"论质疑》，《吉首大学学报》1987 年第 1 期。
② 曹树基：《湖南人由来新考》，《历史地理》第九辑，上海人民出版社，1990。
③ 邓必海：《试论湘西民族集镇的形成和发展》，《吉首大学学报》1986 年第 3 期。
④ 李道文：《湘西匪患探源》，《吉首大学学报》1988 年第 4 期。
⑤ 彭武一：《湘西溪州铜柱与土家族历史源流》，中央民族学院出版社，1989。
⑥ 伍新福、龙伯亚：《苗族史》，四川民族出版社，1992；伍新福：《中国苗族通史》（上、下），贵州民族出版社，1999。
⑦ 例如《杨昌嗣文集》，民族出版社，1999。

如廖报白的《湘西简史》（湖南人民出版社，1999）尽管论述范围是狭义上的湘西，但它的价值值得重视，是不可多得的湘西地方史著作。该书的明清史事约占全书三分之一的篇幅，对研究狭义的湘西区域史具有较高的参考价值。常德地方史专家陈致远著《常德古代历史研究》（北京图书馆出版社，1999）则对沅水下游地区的古代历史与文化做了系统而又简明的阐述。

另外，由于区域研究的兴起，区域社会史、经济史研究发展起来，新的研究理论和方法逐渐被采用，对沅水流域的历史研究走向深入。不少青年学者纷纷从新的视角展开研究，取得一大批有价值的学术成果，包括博硕士论文，其中多有涉及沅水流域的论述。在已经出版或发表的论著中，论述长江中游地区的有任放的《明清长江中游市镇经济研究》（武汉大学出版社，2003）、王美英的《明清长江中游地区的风俗与社会变迁》（武汉大学出版社，2007），论述两湖地区的有张国雄的《明清时期的两湖移民》（陕西人民教育出版社，1995）、龚胜生的《清代两湖农业地理》（华中师范大学出版社，1996）、杨国安的《明清两湖基层组织与乡村社会研究》（武汉大学出版社，2004）、周荣的《明清社会保障制度与两湖基层社会》（武汉大学出版社，2006），论述民族地区的有段超的《土家族文化史》（民族出版社，2000）、陕西师大朱圣钟的博士论文《湘鄂渝黔土家族地区历史经济地理研究》（2002）、孙秋云的《核心与边缘——18世纪汉苗的传播与碰撞》（人民出版社，2007），论述湖南地区的有张伟然的《湖南历史文化地理》（复旦大学出版社，1995）、湖南师大陈曦的博士论文《晚清湖南资本主义研究》（湖南人民出版社，2006），论述湘西地区或沅水流域的有武汉大学罗杜芳的硕士论文《清代民国时期湘西的区域开发与环境变迁》（2002）、湖南师大张衢的硕士论文《两宋时期沅水流域城市发展研究》（2002）、谭必友的《近代湘西苗疆多民族社区的近代重构》（民族出版社，2007）、张应强的《木材之流动：清水江下游地区的权力、市场与社会》（生活·读书·新知三联书店，2006）等。

1. 社会经济的综合研究

对明清时期沅水流域的社会经济做整体性探讨，在湘黔区域史研究中很有必要。

武汉大学罗杜芳的硕士论文《清代至民国时期湘西的区域开发与人文地理面貌的变迁》（2002，导师：鲁西奇）是迄今为止论述湘西区域经济开发与环境变迁较为全面的专题论文，该文考察了湘西地方统治制度的"二元"特点以及改土归流后地域政治格局的变化，探讨了区域人口数量的增长、迁移和分布，分析了湘西经济在土地开垦、农田水利、农业技术、作物种植等方面的发展，考察了湘西聚落的发展和形态演变，论述了湘西传统教育和近代教育的发展状况，认为改土归流后汉族人口大规模迁入湘西，到乾嘉时期出现经济开发的高潮，但由于条件限制，湘西经济文化仍较落后。

龙先琼对湘西地区先秦时期、秦汉至唐羁縻时期、五代至清初土司时期、改土归流与苗防屯政时期、晚清和民国时期的开发活动进行了梳理和简要述评，总结了几点历史经验，认为在湘西历史上开发成效较明显的时期，统治者都能从湘西情况出发，制定宽松的、有差别的治理政策；凡是经济开发较快的时期，也是教育相应得到发展的时期；各时期的经济发展都离不开湘西本地资源的利用和土特产品的开发 ①。

杨安华认为清代是湘西社会取得突破性进展的重要历史时期。大规模的山区开发则是推动当时湘西经济发展和社会进步的最重要事件。该文论述了清代湘西山区经济开发的历史背景、具

---

① 龙先琼：《略论历史上的湘西开发》，《民族研究》2001 年第 5 期。

体情况，分析了其特征，考察了这一开发进程的利与弊。指出，山区开发一方面推动了湘西经济的快速发展；另一方面，由于只是低水平、不可持续的开发，在促进湘西社会经济进步的同时，也造成了诸多负面影响①。

高应达指出，洪武时期在黔东地区，军事屯田钳入各土司的领地之中，它有和谐碰撞的过程，也是血腥和冲突的历史。国家权力随着军屯的延伸而不断进入少数民族地区，打破了土司长官一统少数民族地区的社会格局，同时也为以后的改土归流打下了基础，对巩固大一统的中华民族国家发挥了很大的作用，而且客观上还促进了中原民族与贵州少数民族的碰撞和融合，使少数民族社会在历史上、经济上、生活和文化上进入了一个新的时代②。

2. 关于人口变迁的研究

人口是区域经济开发的前提。在已经出版的著作中，葛剑雄、曹树基的《中国移民史》（福建人民出版社，1997）、《中国人口史》（复旦大学出版社，2001）等论著对湘西人口的数量、分布和迁移有具体论列，对探讨湘西社会具有重要的学术价值。方志远的《明清湘鄂赣地区的人口流动与城乡商品经济》（人民出版社，2001）提供了明清时期湘鄂赣地区人口流动和商品经济发展的背景资料。最近又出版了王勇的《湖南人口变迁史》（湖南人民出版社，2009）。

探讨区域人口：易兰分阶段论述了苗越归楚、蛮族演化和北人入湘、赣人入湘和湘人西迁的变迁历程③。贵州大学吕善长的硕士论文《明代清水江人口研究——以今黔东南苗侗自治州为例》（2007，导师：林芊）第二章论述了驻军原因，推算了明代今黔东南清水江流域军户人口的数量，并对军户人口变化原因进行分

---

① 杨安华：《论清代湘西山区的经济开发》，《古今农业》2003 年第 3 期。
② 高应达：《明代黔东民族社会历史变迁初探》，《铜仁学院学报》2008 年第 4 期。
③ 易兰：《论湖南古代居民的变迁》，《重庆交通学院学报》2002 年第 2 期。

析；第三章分析了嘉靖、万历两朝的民户人口，通过对比可以看出户口的统计与赋役有着密不可分的关系，而且曲折地反映出当时的政治状况；第四章主要从自然和社会两方面分析了影响人口发展的原因；最后重点讨论的是汉族移民对今黔东南清水江流域社会发展的影响，主要围绕政治、经济、文化和民族关系等方面阐述。此文对于了解沅水上源地区的历史状况有一定帮助。

3. 关于农业开发的研究

农业开发是区域经济开发的基本方面，是研究区域经济开发的主要内容。已经出版的著作有：龚胜声的《清代两湖农业地理研究》（华中师范大学出版社，1996），对沅水流域的农业有丰富的论列，表明沅水流域在清代的两湖农业格局中基本上处于最低水平，但清代又是该地区取得大发展的时期，主要动因是改土归流。韩国学者田炯权的《中国近代社会经济史研究——义田地主与生产关系》（中国社会科学出版社，1997）征引丰富的史料，论述了清后期湖南辰州府义田的设置，义田与义仓的经营，义田的生产关系。

探讨农业开发：王跃飞叙述了清代均田屯租的始末、民国屯租的演变、中国共产党领导的革屯活动和革屯抗日运动及屯租的废除[1]。郭松义指出湘西屯田很值得研究，他探讨了湘西苗区屯田的背景、屯地的多种来源、屯田的几种形式和屯地的分配、屯地地租和屯地的性质[2]。姚金泉论述了屯田政策的出台、屯田的消极影响和危害，分析了屯田长期存在的原因[3]。湖南师大董谋勇的硕士论文《清代湖南农业经济研究》（2007，导师：刘渝龙）第三章探讨了湖南山地丘陵地区包括湘西的农业经济，涉及人口增长和迁入、土地垦殖、兴修水利、作物种植等方面。

此外，流域内的林业史也有论文进行了考察。杨有赓分析了

---

① 王跃飞：《湘西均田屯租制度的历史沿革》，《吉首大学学报》1991 年第 4 期。
② 郭松义：《清代湘西苗区屯田》，《民族研究》1992 年第 2 期。
③ 姚金泉：《试析傅鼐在湘西苗区的屯田》，《吉首大学学报》1993 年第 6 期。

开发清水江流域林业资源的背景和特点，论述了开发的多方面影响和作用 [①]。北京林业大学沈文嘉的博士论文《清水江流域林业经济与社会变迁（1644—1911）》（2006，导师：董源）以黔东南的锦屏县为中心，考察了该区域的林业经济发展史，阐述了林业经济的繁荣带来的乡村社会变迁，认为其后的林业发展留下了宝贵的遗产。该文作为中国林业史的专业论文，为史学研究提供了有益的借鉴。

4. 关于工商业的研究

工商业的发展是区域经济开发的重要表现和必然结果，也是必须研究的内容。已经出版的著作有：任放的《明清长江中游市镇经济研究》（武汉大学出版社，2003），在考察长江中游地区的市镇经济时，对湘西区域的市镇有精到论述。张应强的《木材之流动：清水江下游地区的权力、市场与社会》（生活·读书·新知三联书店，2006）是近年清水江流域历史研究的代表性著作，该著有浓厚的人类学色彩，将视角集中于木材市场的变迁，以权力角逐和地方社会的互动为线索，细致地揭示了小区域内丰富具体的社会变迁。清水江文书的大量采用是该著资料的一大特色。

在宣传介绍湘西旅游资源的出版物中，也有或多或少的历史调查。如刘芝凤的《发现明清古商城——湘西洪江探幽》一书发掘了一些洪江的历史材料，对于了解地处沅水上游的商业古镇洪江也有帮助 [②]。

研究流域工商业：王朝辉认为永顺县王村近代化市镇化的过程实际上是湘西众多农村小据点市镇化发展的一个缩影，该文通过土家族地区农业结构的变化与农业商品化的发展、桐油贸易与王村桐油市镇勃兴、商业的繁荣与生产关系商品化确立等问题的

---

① 杨有赓：《汉民族对开发清水江少数民族林区的影响与作用》，《贵州民族研究》1993年第2期。
② 刘芝凤：《发现明清古商城—湘西洪江探幽》，南方日报出版社，2002。

论述，证明王村的繁荣源于商业的发展①。

　　杨安华认为，在清代，随着全国经济的发展，一向被世人认为是蛮夷之地的怀化，其经济也得到了较快发展，尤其是水路交通便利的沅水流域及其支流沿岸，一批商业市镇迅速崛起，从而带动了怀化商业的发展；怀化商人开始活跃起来，并逐渐发展成为一支具有较强实力的商人队伍②。

　　洪江作为沅水流域的重要商业中心，受到了不少学者的关注。朱柏林阐述了近代洪江城市形态文化、经济文化、社会文化、精神文化③。刘嘉弘论述了洪江十大会馆的神祇，分析了神祇的文化内涵④。韩隆福认为，湘西洪江商贸古城在几百年间一直是周边省（市）的商业中心城市和海上、陆上丝绸之路的中转城市，洪江商贸古城显示了商贸文化中的人性、人本、人道、人和的人文特征，成为具有巨大旅游经济文化潜力和活力的山水相依的古城镇⑤。王康乐等认为，古商城的成因得益于"一条生命线"和"两大法宝"，长江、洞庭、沅水连接云贵茶马古道是明清时期人流、物流的重要交通线，处于其交通枢纽位置的洪江依靠这条生命线，通过民族融合和四方商旅汇聚，实现了古商城的兴盛和繁荣，构建了一个经济繁盛、社会和谐、民族团结、文化丰富的西南古商城⑥。

　　此外，近年发表的几篇博硕士论文也对沅水流域的社会经济史研究有所涉及。湖南师大张衢的硕士论文《湘西沅水流域城市

① 王朝辉：《试论近代湘西市镇化的发展—清末至民国年间的王村桐油贸易与港口勃兴》，《吉首大学学报》1996 年第 2 期。
② 杨安华：《清代怀化商业的发展和商人的经商活动》，《怀化师专学报》2001 年第 6 期。
③ 朱柏林：《近代洪江城市文化初探》，《湖南社会科学》2005 年第 3 期。
④ 刘嘉弘：《洪江十大会馆神祇文化解读》，《湖南文理学院学报》（社会科学版）2006 年第 4 期。
⑤ 韩隆福：《论洪江商贸古城的人文精神》，《湖南文理学院学报》2007 年第 2 期。
⑥ 王康乐、王平：《湖南"洪江古商城"的成因和价值》，《经济史》2008 年第 6 期，原载《文史博览》（理论版）2008 年第 6 期。

起源与发展研究》（2003，导师：冷鹏飞）以湘西沅水流域为研究空间，以历代统治者对该流域的开辟经营时间为序，以研究城市起源与发展为切入点，以经济、政治、军事、文化、民族、交通和地理环境为背景，依据区域空间结构理论，用历史的眼光，从各个不同的视角来综合研究湘西沅水流域城市的起源与发展过程。以期为该流域在实施西部大开发战略，实现经济发展，促进社会进步，增强民族团结，加快扶贫攻坚和推动城市化进程等诸方面提供切实的理论依据。

复旦大学林荣琴的博士论文《清代湖南的矿业开发》（2004，导师：邹逸麟）对清代湖南矿业开发及其相关问题进行了讨论。主要内容包括矿业再度兴起的背景、矿业开发的分布与兴衰、矿业开发中的经营管理、冲突与调适、矿产品的产量、矿业开发对社会经济的影响，以及清末近代矿业的出现和发展[1]。

湘潭大学李菁的硕士论文《近代湖南桐油贸易研究》（2004）揭示了湖南桐油在近代的生产、运输、销售的变迁及其兴衰原因。

贵州大学罗美芳的硕士论文《明清时期清水江水道的开辟与社会发展》（2007，导师：林芊）为了解清水江的水路交通及其影响提供了参考。

5. 关于社会文化变迁的研究

区域社会文化变迁影响和制约着区域经济的发展，对于探讨区域经济问题是不能忽视的，有关成果已有不少。在著作方面，若干研讨明清时期长江中游、两湖地区、湖南地区的专著都对湘西社会有所论述，如张国雄的《明清时期的两湖移民》、刘泱泱的《近代湖南社会变迁》、杨国安的《明清两湖基层组织与乡村社会研究》、周荣的《明清社会保障制度与两湖基层社会研究》、

---

[1] 另参林荣琴《20世纪80年代以来国内清代长江中游经济史研究综述》，《中国史研究动态》2005年第11期。

王美英的《明清长江中游风俗与社会变迁》等等。

　　研究湘西民族社会的专题著作有兰州大学谭必友的博士论文《清代湘西苗疆多民族社区的近代重构》（民族出版社，2007），作者认为湘西苗疆在1795年之前曾长期被政府视为"化外"之地。1796年之后，以傅鼐为首的流官群体以湘西苗民起义善后治理为契机，推动了苗疆社区的近代重构运动。在此过程中，地方政府在各民族社区创新了一系列社会管理措施。苗疆乡村社区中逐渐产生两个新兴阶层：一是"半职业化"管理阶层，他们是苗弁、苗兵，总旗、百总，屯长、仓书、斗级等基层管理人员；一是知识分子阶层。这两个阶层的成长改变了苗疆传统的社会阶层结构，导致了苗疆新兴的社会流动模式和文化发展方向。流官群体在均屯田的基础上创建了中国历史上第一个具有近代形态的地方财政体系，并创建了第一套由地方财政全面支持的地方社会公共事业与地方社会保障事业。通过以上种种改革，苗疆多民族社区获得了自己的近代新生命。终于摆脱了其与外界之间延续了上千年的"冲突与合作"的历史宿命，各民族走上了一条"和平共居"的社区发展新路。这是值得深入研究的一段"社区重构"历程。此文较有新意，对于社会阶层的变化和地方制度的演变分析颇有深度。

　　武汉大学孙秋云的博士论文《18世纪汉文明向苗疆的传播及苗文明的回应研究—兼论黔湘地区雍乾、乾嘉苗民起义的性质》（人民出版社，2007）独辟蹊径，以费孝通教授"中华民族多元一体格局"理论和文明的传播与扩展的视野来统驭既有的史料，说明18世纪湘黔地区苗疆社会中的苗民暴动和起义是因为清王朝通过"改土归流"将以儒家思想为中心的中央集权的政治文化强行下沉到西南少数民族地区，与雷公山、腊尔山地区"生苗"社会中原有文明产生了很大的差异。同时，随着"改土归流"政策的实施，汉民大量进入苗区，带去了新的生产方式和经济关系，也与苗民原先的生产方式和经济关系发生了强烈的碰撞和文化冲突。这种由上而下、由外而内的强制式的文明传播方式，其速度和力度太过强劲，超出了"生苗"区苗族社会原有文化所能承受的程度，于是在与原有文化整合过程中产生了严重的不适应失范或紧张现象。在中央王朝政治文化传播中起媒介作用的各级官员和地方组织不仅没有肩负起及时把苗疆社会的真实信息反馈给中央政府的责任，以便中央政府或高一级地方政府及时采取措施对既有文明传播方式进行适当调整，反而乘机"搭便车"渔利或中饱私囊。这种渔利行为，加上苗民原有文化的失范、不适应或紧张，使苗民（包括苗民中的上层人物）产生了强烈的被边缘化和被剥夺的感觉，进而强化了苗民原先的族体认同和情感，最终导致了大规模的苗民暴力抗拒和起义。此文对于苗民起义的社会文化原因提出了独到的分析。

　　研究沅水流域社会史的还有几篇论文值得重视。翁家烈指出，明朝的军政措施和大量汉族军民户口的迁入促使贵州社会发生剧变，贵州不再封闭，城镇兴起，经济发展起来，教育得到兴办，习俗和民族结构大变，汉族为此做出了历史性贡献[1]。李汉林指出，贵州土家族在元明两代的分布地区比现在集中于铜仁地区更为广阔，文中征引《百苗图》等贵州地方史志资料，考察了贵州土家族近二百年的变迁过程，黎平、锦屏一带的土家族消失最早，然后是平塘县通州一带的土家族，最后是黔中地区的土家族[2]。成臻铭通过对新发现的明清时期金石碑刻内容的剖析，发现湖广土司区的社会分层结构的主体是纺锤形的，八个社会阶层与四个社会等级在该结构中各自发挥着重要作用，其中特别值得一提的是，第三等级构成土司社会的缓冲层与保护层，第四等级萌动的替代性社会流动彰显了土司社会的发展与变迁[3]。暨爱民认为，

---

[1] 翁家烈：《明代汉民族对贵州社会历史发展的贡献》，《贵州民族研究》1993 年第 2 期。
[2] 李汉林：《贵州土家族分布区域变迁考》，《贵族民族研究》2001 年第 1 期。
[3] 成臻铭：《明清时期湖广土司区的社会阶层与等级—以永顺宣慰司为例的历史人类学观察》，《吉首大学学报》2006 年第 5 期。

民国时期，湘西土匪为害甚烈，成为社会肌体上的一个"毒瘤"，严重影响到地方社会进程和人民的生产生活，之所以出现此种情况，是当时的经济、政治、地理环境、民族、社会文化等因素综合作用的结果①。该文反映了明清时期该地历史问题遗留的后续影响。徐晓光通过对清朝在不同时期、不同情况下在苗疆地区进行的立法和法律调整措施的研究，指出清朝在苗疆地区的民族立法是多层次的、多种形式的，在实施过程中是灵活、有效的，体现了清朝民族统治和民族立法的成就②。该文对研究苗疆的社会、经济问题提供了法律的视角。

武汉大学刘诗颖的硕士论文《明清以来湘鄂川黔地区的外族人土家化倾向——以咸丰尖山唐崖司村为中心》（2004，导师：陈锋）通过对一个位于咸丰县旧土司皇城的土家村落的描述，探讨了湘鄂川黔土家族聚居区自明清以来的外族人土家化倾向（背景、原因、过程、结果），某种程度上反映了明清以来该地区的社会变迁和民族发展状况。华中师范大学孙静的硕士论文《民国时期湘西匪乱研究》（2004，导师：刘伟）认为，湖南湘西地区，因其特殊的地域环境及复杂的民族关系，成为一个声名狼藉的"匪区"。从北洋军阀的统治到南京国民政府，湘西土匪就一直没有停止过活动。这些为匪动机和目的并不完全一致的群体在不断地分化组合，其身份也随着政局的变化而变化，忽而为劫富济贫的"侠盗"，忽而为反抗暴政的农民武装，忽而摇身一变为政府军队。这种身份的迅速转变比起历史上的任何一个时期都要容易得多。这就为一些本来并无多大政治理想的人提供了一个奋斗目标，湘西土匪中的某些人也因为这种所谓的政治理想表现出了匪的多重性，从而使民国时期湘西土匪的性质愈加复杂。他们大都在自己

---

① 暨爱民:《民国湘西匪患成因浅析》,《怀化学院学报》2006 年第 6 期。
② 徐晓光:《清政府对苗疆的法律调整及其历史意义》,《清史研究》2008 年第 3 期。

所控制的地区内建立有所谓的政权，已经与传统意义上纯粹以劫掠为生的流寇式的"土匪"有了区别。政治黑暗、农村经济遭受严重破坏、道德沦丧，这些都是造成盗匪猖獗的社会普遍因素。

关于区域文化、民族文化的研究成果也对社会经济史研究具有参考价值。如郑英杰认为，湘西文化是以巫文化、巴文化为主干，巫、巴、华夏文化三者合流的特定地域的楚文化[①]。几年后，郑英杰又撰文进而指出，湘西作为中部地区的五溪蛮地和土家、苗、侗、汉等多民族大杂居小聚居之地，文化呈多元一体之格局，湘西文化作为研究古代文化特别是楚巫文化的活化石，是以土著文化为潜流，以楚文化为主流，以巴文化为干流，以汉文化为显流的多元一体之地域文化[②]。易小明等认为，湘西土家族、苗族文化具有受动自足性、社会群体性、娱乐审美性，这些特性是在与汉族文化的长期交往过程中逐步形成的[③]。王爱英指出，白帝天王曾经是湘西社会众多神灵信仰中较为典型的一种，为苗、土家和汉族人民所崇祀；有关神明来历的传说纷繁复杂，从明清方志资料记载以及民间神话传说来分析，白帝天王信仰是湘西社会对宋代以来凸现的新的社会力量的敬畏，同时又与白虎廪君崇拜有着某种潜在的文化传承[④]。

此外，吉首大学几位学者推出的"五溪文化丛书"很有特色，他们侧重于现实分析[⑤]。这样的著作对于历史研究的意义在于提

① 郑英杰：《湘西文化源流略论》，《吉首大学学报》1996 年第 3 期。
② 郑英杰：《湘西文化源流再论》，《吉首大学学报》2000 年第 3 期。
③ 易小明、龙先琼：《湘西文化特质分析》，《贵州民族研究》1999 年第 4 期。
④ 王爱英：《湘西白帝天王信仰的渊源流变》，《济南大学学报》2004 年第 2 期。
⑤ 他们是瞿州莲：《一个家族的时空域—对瞿氏宗族的个例分析》，游俊、龙先琼：《潜网中的企求—湘西贫困与反贫困的理论透视》，陆群：《民间思想的村落—苗族巫文化的宗教透视》，郑英杰：《文化的伦理剖析—湘西伦理文化论》，姚金泉：《婚俗中的人伦—湘西各族婚俗的透视》，田茂军：《锉刀下的风景—湘西苗族剪纸的文化探寻》，贵州民族出版社，2000 年至 2002 年先后出版。

供了现实的观照。

6. 影响经济社会的政策和措施研究

王朝政策和制度无疑深刻影响着区域经济的发展，故有必要进行相关考察。明清时期，影响沅水流域社会经济的主要有改土归流与苗疆开辟和屯防两大事件，因而成为学界研究的重点。

（1）改土归流研究。段超的系列论著对土家族区域的政治、经济、社会、文化做了较为全面的探讨。《清代改土归流后土家族地区的农业经济开发》一文探讨了改土归流后土家族地区农业经济的全面开发情况、农业经济得到发展的主要原因，并对土家族地区农业经济开发带来的社会后果做出了正反两方面的评价。《土司时期土家族地区的农业经济》一文论述了土司时期土家族地区的农业经济状况，土地开垦增加、农作物品种增多、多种生产方式的共存、农业生产关系，分析了农业经济发展的原因。《试论改土归流后土家族地区的开发》一文论述了经济、文化开发概况，开发的积极意义，开发的负效应，开发的启迪。《古代土家族地区开发简论》一文概述了古代土家族地区从羁縻时期、土司时期到改土归流后时期的开发进程，分析了开发的效果和特点。《改土归流后汉文化在土家族地区的传播及其影响》一文认为，改土归流后汉文化向土家族地区渗透，促使土家族的文化发生变迁和进步，经济取得明显发展[①]。

此外，刘莉等认为改土归流对湘西经济起到了促进作用，如生产工具改进、耕地面积扩大、农业生产发展、手工业生产发展、商业繁荣，也使得民族关系得到发展[②]。彭官章认为改土归流对

[①] 段超：《清代改土归流后土家族地区的农业经济开发》，《中国农史》1998年第3期；《土司时期土家族地区的农业经济》，《中国农史》2000年第1期；《试论改土归流后土家族地区的开发》，《民族研究》2001年第4期；《古代土家族地区开发简论》，《江汉论坛》2001年第11期；《改土归流后汉文化在土家族地区的传播及其影响》，《中南民族大学学报》2004年第6期。

[②] 刘莉、谢心宁：《改土归流后的湘西经济与民族关系》，《吉首大学学报》1991年第4期。

土家族社会、政治、经济的发展都产生了巨大的促进作用，使土家族地区发生了巨大变化[①]。杜成材论述了湘西改土归流的肇始及其过程，分析了改土归流在两个族群的经济、文化、社会变迁和族群关系等方面的差异及其影响[②]。

（2）苗疆屯防研究。王瑞莲以改土归流和乾嘉起义为界，分三个阶段论述了清政府的土司、流官、屯政等治理政策；作者还以乾嘉起义为界限，分析了土地分配、赋税征收、商业规定的制度改变及其影响[③]。吴曦云阐述了边墙产生的历史背景、工程嬗变轨迹、功能作用[④]。伍新福对湘黔边一带史称"苗疆"的苗族聚居区在明代年间建设的"堡哨""边墙"的历史沿革和作用进行了考察和分析，认为"堡哨""边墙"是苗族人民顽强斗争的结果，客观上使得当地民族文化得到保存和传承[⑤]。伍新福又对清朝控制和统治湘黔边的"苗疆"及其生苗的政策即"苗防"政策措施做了历史的考评，认为清朝的政策与明朝的显著有别，而清朝的政策也有前后变化[⑥]。张应强撰文梳理了不同时期边墙兴筑过程，讨论了由苗疆边墙兴废折射的明清数百年苗疆社会变迁的某些侧面[⑦]。姚金泉认为明清两代在湘西修建的边墙、碉卡等设施，不是湘西经济、政治、文化发展的产物，而是明清封建统治者镇压苗民的产物，它严重地阻碍了湘西苗族经济文化的发展，影响了苗族同其他民族间的团结和交往[⑧]。伍孝成则认为，

---

① 彭官章：《改土归流后土家族地区的巨大变化》，《吉首大学学报》1991 年第 4 期。

② 杜成材：《湘西土家族苗族地区的改土归流及其社会历史差异》，《吉首大学学报》2007 年第 3 期。

③ 王瑞莲：《清代前期对湘西苗民的治理》，《民族论坛》1991 年第 1 期；《清代前期对湘西苗民的经济治理》，《贵州民族研究》1992 年第 3 期。

④ 吴曦云：《边墙与湘西苗疆》，《中南民族学院学报》1993 年第 6 期。

⑤ 伍新福：《明代湘黔边"苗疆""堡哨""边墙"考》，《贵州民族研究》2001 年第 3 期。

⑥ 伍新福：《清代湘黔边"苗防"考略》，《贵州民族研究》2001 年第 4 期。

⑦ 张应强：《边墙兴废与明清苗疆社会》，《中山大学学报》2001 年第 2 期。

⑧ 姚金泉：《略论明清边墙碉卡对湘西苗族社会的影响》，《云南民族学院学报》2001 年第 2 期。

清代统治者管理苗疆的主导思想一开始就是力图在苗疆建立正常的行政管理体系，即使边墙的修建也是政治意义大于军事意义，在边墙框架下的湘西苗疆，经济社会得到极大发展，湘西苗疆逐步融入统一的中华大家庭中，中国文化版图就是在这样一种民族文化融合中逐步形成的 ① 。

（四）问题与展望

1. 已有研究的若干不足

以上只是就笔者所见论著，略作评述。虽然未必全面，但可以看出已有研究的主要不足。

一是研究领域尚不平衡。论述地方民族文化的论著很多，而经济与社会史研究仍是薄弱环节。已有的论著多偏重于对少数民族社会的研究，对境内汉族社会的研究相对不够。

二是在研究区域的选择上，缺乏沅水流域整体性研究。湘西北的研究最热，成果丰硕，而湘西南、黔东区的研究较为逊色。对流域内部的上游、中游、下游经济发展的差异研究，也尚无论著专门涉及。在研究时段上，学界研究也主要集中于清代，对于明代的探讨较少。

三是历史资料的挖掘、整理和利用仍然不够。正史、实录、地方志等官方文献与地方档案、民间文献的利用存在某种程度的偏废倾向，碑刻、文书等新史料的整理和利用相当有限。

2. 研究趋势和展望

第一，全国各地区域社会经济史研究的不断拓展和加深，为沅水流域社会经济史研究的深入开展提供了丰富的参考论著和资料。

---

① 伍孝成：《清代边墙与湘西苗疆开发》，《吉首大学学报》2009 年第 1 期。

由于中国疆域面积广大，自然条件复杂多样，人口和民族众多，各区域的社会经济状况存在明显差异。因此，对各个区域的社会经济史分别展开研究，然后在此基础上做区域比较和综合研究，成为深化社会经济史研究的迫切需要。20 世纪 80 年代以来，区域社会经济史研究在国内兴起，逐渐在研究实践和理论探索两方面取得丰硕的收获。

在研究实践方面。明清社会经济史的区域研究，在 20 世纪 80 年代前已有学者开展。例如，傅衣凌对福建、江南、徽州等地区多有研究[①]。进入 80 年代以后，明清社会经济史的区域研究蓬勃兴起，以闽、粤、苏、浙为重点地区，并已收获了一些重要成果[②]。进入 90 年代后，区域社会史也成为史学研究的重要领域[③]。

近 20 多年间，有关区域社会经济研究的著作不少[④]，笔者

[①] 傅衣凌：《福建佃农经济史丛考》（1944 年由福建协和大学刊印）和《明代江南市民经济试探》（1957 年由上海人民出版社出版）等。

[②] 例如叶显恩《明清徽州农村社会与佃仆制》，安徽人民出版社，1983；傅衣凌主编《明清福建社会与乡村经济》，厦门大学出版社，1987；1987 年在深圳举行了规模较大的清代区域社会经济国际学术讨论会；洪焕椿等：《长江三角洲地区社会经济史研究》，南京大学出版社，1989；蒋兆成：《明清杭嘉湖社会经济史研究》，杭州大学出版社，1994。

[③] 常建华评述了在区域社会经济史、区域文化史、区域社会史、市镇史、城市史等方面的研究成绩，见《中国社会史研究十年》第三部分《区域社会研究：置社会史于地理空间》，载《历史研究》1997 年第 1 期。

[④] 仅举以"区域社会"命名的著作为例，笔者见到的就有叶显恩主编《清代区域社会经济研究》（中华书局，1992），王笛：《跨出封闭的世界—长江上游区域社会研究》（中华书局，1993），陈桦：《清代区域社会经济研究》（中国人民大学出版社，1996），唐力行：《明清以来徽州区域社会经济研究》（安徽大学出版社，1999），石方：《黑龙江区域社会史研究》（黑龙江人民出版社，2004），江沛、王先明主编《近代华北区域社会史研究》（天津古籍出版社，2005），王云：《明清山东运河区域社会变迁》（人民出版社，2006），行龙、杨念群主编《区域社会史比较研究》（社会科学文献出版社，2006），赵世瑜：《小历史与大历史：区域社会史的理念、方法与实践》（三联书店，2006），陆敏珍：《唐宋时期明州区域社会经济研究》（上海古籍出版社，2007），行龙：《从社会史到区域社会史》（人民出版社，2008），等等。

通过对这些著作的学习，深感从事沅水流域社会经济史研究的价值和意义，也树立了信心。

笔者注意到，作为区域研究的一种形式，以流域为界的社会经济史论著陆续问世，例如长江流域的社会经济史研究成果已经蔚为大观 [1]，众多的流域社会经济史成果是笔者着手流域史研究的丰厚基础。张建民的《明清长江流域山区资源开发与环境演变》一书就是近年长江流域社会经济史研究的力作。该著作以深邃的目光透视历史，对资源开发与社会、经济、环境演变的规律做了深刻揭示，拥有丰富的现实意义，它表明，长江流域的山区开发既带来了巨大的经济增长，也造成了显著的资源环境问题，更对山区的社会与文化产生了持久的影响。对这种种历史状况进行探讨，找寻历史规律，总结经验教训，资政育人，自有不可估量的意义。本人探讨湘黔山区的经济与社会，无疑受到了显著的影响。

在理论探索方面。随着国外史学成果的引进和国内社会经济史研究的深入，社会史与经济史日益密切地结合起来，出现区域社会经济史研究深化和提高的趋势，于是学科理论和方法的探讨渐成热点。

近 30 年来，国外的布罗代尔、施坚雅、黄宗智等人的史学成果及其理论方法对我国的区域社会经济史研究产生了不同程度的重要影响。他们的重要著作几乎成为中国学者公认的必读之作 [2]。

在借鉴国外史学和总结国内史学的基础上，国内许多学者陆

---

[1] 陈锋：《〈15 至 20 世纪长江流域经济、社会、与文化变迁书系〉总序》有集中的评述，见《明清以来长江流域社会发展史论》，武汉大学出版社，2006。

[2] 例如黄宗智：《长江三角洲的小农家庭与乡村发展》（中华书局，1985），布罗代尔：《菲利普二世时代的地中海与地中海世界》（唐家龙等译，商务印书馆，1996），施坚雅：《中华帝国晚期的城市》（叶光庭等译，中华书局，2000），等等。

续发表了颇为成熟的观点和主张，并很快出现了颇为热烈的讨论和反思 ①。

综合学界讨论，区域史已经成为史学研究的重要分支，它是以一定的区域为研究对象，以一定历史时期为研究范围，以该区域的社会、经济、文化发展为研究内容，通过一定区域的研究，实现丰富和加深国史认识的目标。正如吴承明指出的："区域史的优势之一就是划定空间，可以放长时间，考察多种变迁和长期趋势。"② 鉴于综合性研究已经成为国内外史学发展的潮流，而综合性研究又只能在一定的区域之内才能有效进行。本书以沅水流域为研究区域，正是为了顺应这一学术研究趋向。

第二，应适当开展沅水流域的区域史整体研究和中时段研究。

结合黔东和湘西区域开展整体研究是必要的。在明清时期，不仅发生湘黔交界地区的事件不少，而且有些事件超出湘省或黔省，经常牵涉湖北、四川或广西。为了弄清事件的真相，理清事件的来龙去脉，首先必须把湘西的事件与紧相毗邻的黔东形势联系起来考察。

打破政区界限，把沅水流域放在长江中游大区域中进行考察，这是进一步提高研究水平的需要。施坚雅认为，中国历史的结构"是一个由网络相连接的地方史和区域史所组成的层次

---

① 例如叶显恩《我与区域社会史研究》，《历史教学问题》2000 年第 6 期；陈支平：《区域研究的两难抉择》，《中国史研究》2005 年增刊；赵世瑜：《作为方法论的区域社会史》，《史学月刊》2004 年第 8 期；行龙：《从社会史到区域社会史》，《山西大学学报》2009 年第 4 期；常建华：《跨世纪的中国社会史研究》，《中国社会历史评论》，2007；陈春声：《历史的内在脉络与区域社会经济史研究》，《史学月刊》2004 年第 8 期；张建民：《长江中游社会经济史研究的深化与拓新》，《武汉大学学报》2008 年第 6 期；李文海：《深化区域史研究的一点思考》，《安徽大学学报》2007 年第 3 期；徐国利：《关于区域史研究的理论问题—区域史的定义及其区域的界定和选择》，《学术月刊》2007 年第 3 期；等等。
② 吴承明：《斯波义信〈宋代江南经济史研究〉序》，江苏人民出版社，2001，第 5 页。

概念。它们的作用范围体现在人类相互关系的空间形式之中"，历史学家在分析某些微观进程时应当把微观考察和宏观透视结合起来，将局部地方史与大型区域史联系起来，而且"只有在一个富有意义的整体中加以详细阐述，才能揭示出地方史学者研究成果的真正意义"①。他在力图确定 19 世纪中国城市化程度的同时，引进了区域研究方法，并在大规模经济区域的意义上，将 19 世纪中国划分为九个区域，提倡进行打破省份界限的区域的研究。

第三，深化明清时期沅水流域的社会经济研究，运用联系和比较的方法展开区域社会经济史的跨学科探讨。例如，区域人口、农业发展和资源环境、手工业、商业与城市、汉民族的生存和发展、与外界联系、地方财政和民生、区域经济开发的成效等。这些问题都是亟待深入探索的。

尽管沅水流域的历史研究已有不少论文发表，然而大多浅尝辄止，有分量的研究成果屈指可数，大量的课题有待开拓和深掘。当前我国的区域历史研究有不少热点区域，如徽州、珠三角、江南、华北、西南，各有大量研究成果。对区域研究中出现的精品力作，不管是哪个区域，都应学习和借鉴。

第四，大力挖掘和利用明清沅水流域的历史材料。

在以往的研究中，传世文献包括地方志材料在内，被利用得很不够，一般都是局部利用和专题利用，仍需要后学者鉴别和利用旧的方志材料并做新的解读。新材料的调查收集，更需要努力去做，但限于种种条件，找到的一些新材料，往往只是对历史问题的解决起到补充和佐证作用。过去的少数民族调查和地方志编纂中积累的资料也需要有关机构进行整理②。

---

① 陈君静：《近三十年来美国的中国地方史研究》，《史学史研究》2002 年第 1 期。
② 近年由广西师大出版社出版的《清水江文书》就是被整理出版的珍贵史料。

四 研究目标、思路与结构

1. 研究目标

本书拟从沅水流域经济开发的视角，通过对流域内的人口、农业、手工业、商业的细致考察，对明清湘西黔东区域的社会变迁做出相关的探讨，揭示湘西黔东的经济开发的成效及其与社会变迁的相互影响与制约，阐述经济与社会在区域发展中的互动关系。

本书属于区域经济史专题研究。吴量恺先生指出：

> 清代的社会经济，是由许许多多具有各地特色的地区经济和民族经济，有机地汇聚、整合而形成的，犹如由千百条江河集合成的咆哮奔腾、奋进不息的长江、黄河一样。它是几千年来我国传统文明的结晶，又是封建经济长期发展积淀、融汇、集其大成的复合体。[①]

明清中国疆域广大，要想深入认识这一庞大的经济体，必须重视区域的研究。区域经济史研究的首要任务是对所研究区域的经济历史状况做出深入的实证考察，充分揭示一个区域经济历史发展各要素的实际内涵及其相互联系，然后才能对全国性问题做出可靠的地方性探讨。

2. 研究思路和本书结构

考察流域的社会经济史，应抓住其主要的历史发展过程，分析其主要矛盾，这样才能抓住历史的本质。张建民教授在考察秦巴山区的资源开发与环境演变时指出，秦巴山区在明清时期有四大轰轰烈烈的过程值得关注，一是流移大规模入山，二是资源加

[①] 吴量恺：《清代经济史研究》，华中师范大学出版社，1991，第353页。

速开发和经济增长，三是环境剧变，四是农民大起义，这些构成了山区历史的主要内容，也成为山区开发、发展的主旋律①。受这一分析的启示，笔者不禁要问，沅水流域在明清时期的主要历史过程是什么呢？笔者认为至少有三方面比较突出，一是经济开发，二是民族冲突，三是社会变迁，这些过程就应该成为研究沅水流域的主要对象。

在考察上述历史运动的过程中，笔者认为有一些问题需要探讨和解决，例如：学者往往认定沅水流域的开发主要是清代的事情，那么作为前提或起点，沅水流域在明代的经济发展水平怎样？为什么沅水流域的开发不能在明代取得较大的进展？清代开发沅水流域成效明显，原因何在？

明代曾有人认为"湖广真广哉"，并提出可将湘西分出去，隶属于贵州或广西，但在后来，沅澧流域与湘资流域的历史联系不断加强，为湖南建省提供了日益坚实的地域基础，那么湘西地区与湖南东部地区的经济联系是怎样加深的？湘西地区的经济开发与当地的社会发展有何因果联系？黔东地区与湘西地区的经济社会联系如何？对后人加强沅水流域的综合开发有何启示？等等。

在以往的研究中，对于沅水流域的经济与社会缺乏整体探讨，而且在具体的一些经济问题上也不够深入，不足以对上述问题做出有说服力的回答，这也是本书选题的立意所在。

本书拟分为五个部分展开论述。

第二章研究沅水流域的人口变迁。劳动力资源的调配和开发是地区经济开发的基本方面。先概述明代以前的人口概况，为认识明清时期的人口变迁创设背景。然后对宋元以来特别是明清时期流域内的人口迁移做出尽量细致的统计分析，试图得出一些规

---

① 张建民：《明清长江流域山区资源开发与环境演变》，武汉大学出版社，2007，第595页。

律性的认识。在此基础上，尽量会集各种政书、方志中的人口资料和氏族资料，分析其数量、结构和分布。这一部分的研究，既为解决流域经济开发的劳动力问题打好基础，也将揭示人地关系状况。

第三章研究沅水流域的农业开发。农业开发水平的高低决定了流域经济的发展基础。在对明代以前的流域农业做出背景性概述之后，重点探索流域内的土地开垦历程及其成效，水利建设的成绩及其演变。然后对流域内的作物种植包括粮食作物和经济作物进行尽可能的描述和分析。由于沅水流域属于山区，所以林木特产如桐茶油、生漆、木材、白蜡、药材等的开发利用也是必须深入考察的。最后对农业开发的成效和发展水平、农产品的商品化程度做出考察。

第四章研究流域内的工商业发展情况。手工业的发展是社会分工的基础，沅水流域的手工业水平直接影响到农业和商业的发展。这一部分先概述明代以前的手工业和商业状况，以提供前后比较的参照。然后对流域内的主要手工业行业比如纺织业、矿冶业、榨油业、木材加工业等进行考察，探索其中的商品化程度。接着考察流域内的商业发展状况，分析商人对商业流通的作用及其局限。最后对域内的城乡市场发育状况做出评估。

第五章研究流域内的社会变迁。日益扩大的经济开发必然对流域内的社会变迁产生重大影响，要充分理解经济开发的成效，就应当考察社会变迁的性质、方向和速度，本书拟从宗族、绅士、族群关系、物质生活等方面展开探讨，希望解释除了自然条件以外影响经济开发的社会因素，力图找出其中的相互联系。然后，探讨经济开发进程对社会变迁的促进和制约作用。

第六章研究流域内社会经济的区域差异。由于沅水流域面积广大，地形地貌复杂，水系分布不均衡，土地肥瘠和生态环境变化不一，明清王朝的民族政策多有变动，民族分布状况有别等多种因素，沅水流域内部的经济开发和社会变迁存在明显的程度差异，这一现象值得探讨。本书拟借鉴施坚雅模式或者其他理论方法，比如将整个流域按照府州厅的自然分布等情形分成数个区域和河谷、丘陵、山地等地带进行经济的分析，也对上、中、下游的社会经济进行对比，希望能够解释流域内的经济开发与社会变迁不平衡现象。

最后一章，总结出流域经济开发与社会变迁的互动关系特点及其规律。

3. 资料的利用和写作中的困难

第一，资料的收集困难较大。由于区域文化发展水平有限，明清时期编纂的沅水流域的地方志不仅数量少、难以全部读到，而且读到的方志也普遍粗疏和简单。晚清民国的族谱虽然存留不少，但内容往往贫乏，多数仅为载录世系。碑刻、契约等史料则散存民间，调查并获取的难度很大。资料的贫乏当然不利于深入了解民间社会。本书所用史料，大部分来自地方志，少数来自档案、笔记、调查资料。众所周知，研究明清时期的一个区域的社会经济问题，对浩瀚的历史材料想集全几乎是不可能的。我们既要发掘新资料，也要重视对已有资料的充分利用，做出新的解读①。笔者期望在众多凌乱不齐的史料基础上，理清区域社会经济发展的基本状况，进而做出力所能及的专题探讨。

第二，明清时期的沅水流域是国内民族分布和民族关系非常复杂的地区之一，在考察该流域社会经济变化的过程中，必须对民族因素做出准确的估量。而笔者目前学识有限，对如何准确地评估民族关系对沅水流域社会经济的影响颇费思索，只能做出力所能及的论述。

---

① 张邦炜：《书中自有问题在》，《史学月刊》2009 年第 1 期；罗志田：《史料的尽量扩充与不看二十四史》，《历史研究》2000 年第 4 期。

第二章
人口变迁

一　明代以前沅水流域人口数量的缓慢增长

在传统中国社会经济中，劳动力数量是社会生产力发展水平的重要标志之一。从楚国到秦汉，沅水流域先后设置黔中郡、武陵郡，唐宋元时期陆续析置为鼎州、辰州、沅州及溪州、思州，所拥有的人口虽然有增加，但相对于长江中游其他地区而言，是比较稀少的。官方史籍的户口记载从一定程度上反映了沅水流域人口变动及其与经济开发的关系，有利于了解流域内的人口和经济发展轨迹。

从远古时起，沅水流域就已有人类定居、繁衍，这从考古发掘的众多遗址中可以得到充分证明。其中，地处"五溪蛮"地的湘西土家族苗族自治州和怀化地区就发现先秦文化遗址 700 余处 ① 。如此多的遗址分布说明，沅水流域的人口分布已经比较广泛，其经济开发在先秦时期已经开展。怀化高坎垄新石器时代遗

---

① 中国文物地图集编委会：《中国文物地图集·湖南分册》，中国地图出版社，1993；湘西土家族苗族自治州文物普查资料；怀化地区文物普查资料。

址表明，这一地区居住着"三苗民"；靖州江东战国墓葬表明，这一带是濮人活动地区①。1978～1979年，在溆浦马田坪发掘清理墓葬67座，其中楚人墓58座、巴人墓8座、秦人墓1座②。1982年，在保靖县四方城清理楚人墓葬12座③。1984年，在古丈白鹤湾清理楚人墓64座④。这些墓葬的发掘表明，早在战国时期，就有不少巴人、楚人、秦人迁入沅水流域居住。1986年在沅陵县太常乡窑头村发现了一座规模较大的城址，据出土文物分析，应为楚黔中郡故城遗址⑤。据《后汉书》卷八十六记载，战国时期，吴起在楚国实行变法，楚国国力大增，南并蛮越，在今湘西地区及其周边设立黔中郡。黔中郡的设立后，一些楚人居住此地。

秦汉开始，迁入沅水流域的人口继续增多。秦国在攻取蜀国、巴国之后，也进而攻取黔中郡，导致部分巴人、秦人迁入湘西地区。秦始皇用兵南越，使尉屠睢发卒五十万为五军，"一军塞镡城之领"⑥，即在今湖南靖县西南驻军，估计约有数万人。这一支驻军没有真正进入岭南，可能会有部分驻军留居当地。

汉代，武陵郡及其属县的广泛设置为北方人口的迁入创造了更有利的条件。西汉高祖五年，在湘西地区设置义陵郡，不久改名武陵郡，原治所在今溆浦县城南面，名为义陵。据《汉书·地理志》，武陵郡辖十三县，有三万四千一百七十七户，十八万五千七百五十八口。当时的武陵郡各县治所多在沅水中下

---

① 游俊、李汉林：《湖南少数民族史》第三章《史前时期湖南少数民族》，民族出版社，2001，第93～95页、第95～96页。
② 《湖南溆浦马田坪战国西汉墓发掘报告》，湖南省博物馆《湖南考古辑刊》第二集，岳麓书社，1984。
③ 《湘西保靖县四方城战国墓发掘简报》，《湖南考古辑刊》第三集，岳麓书社，1987。
④ 《湖南古丈白鹤湾战国墓地》，《考古学报》1986年第2期。
⑤ 怀化地区文物普查资料，怀化市博物馆藏。
⑥ （汉）刘安：《淮南子》卷十八《人间训》。

游和澧水流域，而其辖境已由湘西扩及重庆东南、贵州东部和湖北西南角。东汉初年，"光武中兴，武陵蛮特盛"[1]，蛮族的大规模反抗斗争迫使汉朝将武陵郡治迁至沅水下游的临沅（今常德），还把荆州治所设在沅水尾闾的今汉寿县境内。

东汉武陵郡的户口比西汉武陵郡户口有了较大增加，已有四万六千六百七十三户，二十五万九百一十三口[2]，如表2-1所示。

表2-1　汉代沅水流域户口数

地区	户数	口数	备注
西汉武陵郡	34177	185758	辖流域内外13县
东汉武陵郡	46672	250913	辖流域内外12县

资料来源：班固《汉书·地理志》、范晔《后汉书·郡国志》。

据《汉书·地理志》记载，西汉平帝元始二年，武陵郡辖有13县，有人口34177户，185758口。到了东汉，据《后汉书·郡国志》，永和五年，武陵郡辖有12县，人口增至46672户，250913口，较西汉时有较大增长，这主要是两汉时部分北方移民迁入的结果。也就是说，除了人口自然增长，人口迁移也在这一过程中具有重要作用。

谭其骧指出：

中原人之开始大量来移湖南，湖南之始为中原人所开发，其事盖促成于莽末更始之世。方是时，中原大乱，烽烟四起，田园尽芜，千里为墟，百姓皆无以为生，必有南阳、襄阳诸郡之人，南走避于洞庭、沅、湘之间，筚路蓝缕，以启此荒无人居之山林旷土也。……《前汉书》不志武陵、长沙诸蛮，

① （南朝）范晔：《后汉书》卷八十六《南蛮传》。
② （南朝）范晔：《后汉书》志第二十二《郡国四》。

> 而《后汉书》志其'寇乱'特甚，以此足证后汉世湖南境内
> 汉民族之陡然增加，以致引起此种冲突也。[1]

这一论断虽似未完全准确，如湖南西部在西汉时并非"荒无人居之山林旷土"，而是已居住着一定数量的落后族群，但是两汉之际湖南进入开发新阶段确是事实。由于武陵郡及其属县的广泛设置，不少汉人迁居沅水流域各地，逐渐与土著民族发生冲突，到了两汉之际，在中央政府控制力削弱的情况下，武陵五溪蛮"寇乱"终于集中爆发。东汉王朝出动大军镇压五溪蛮，在此过程中，有一些军士留居沅水中下游地区，如马援率军征五溪蛮时，"有余兵十家不还，自相婚姻，有二百户"[2]。随着北方人口迁居沅水中下游地区的不断增多，原居于此地的土著开始被称为"蛮""獠""武陵蛮"等。

三国时期，沅水流域先由蜀汉政权控制，不久即被东吴攻占。其间有不少人口损失或外迁。从4世纪初的西晋永嘉年间到5世纪中叶的刘宋元嘉年间，中国的北人大批南迁，主要的落居地区是今江苏省、安徽省、湖北省、四川省，而湖南地区由于距中原较远，接受的移民较少，仅在北部洞庭湖西部和沅澧下游部分地区设置了几个侨县，不过万余人口而已[3]。

但是，有史料表明，南迁至长江中游的部分人口还有第二次、第三次续迁行动，从而导致部分流民迁居沅水中游。据《宋书》卷九十七记载："蛮民顺附者，一户输谷数斛，其余无杂调，而宋民赋役严苦，贫者不复堪命，多逃亡入蛮。"这就是说，为了逃避赋役，贫民多有"逃亡入蛮"者。又据《隋书·地理志下》，沅陵郡的"辰溪……梁置南阳郡建昌县，陈废县，开皇初废郡"。此一"南阳郡"

---

① 谭其骧:《湖南人由来考》，载《长水集》上册，第301~302页。
② （唐）段成式:《酉阳杂俎》卷四，浙江古籍出版社，1996。
③ 葛剑雄、曹树基、吴松弟:《简明中国移民史》，福建人民出版社，1993，第149~150页。

应是《南齐书·州郡志》记载的"或荒或无民户"的梁州45郡之一，能在辰溪县境建制南阳郡，表明迁入了一定数量的南阳人口。

南朝后期，可能由于地域广大、人口增多，也可能由于地区开发和治理的需要，沅水中游地区开始脱离武陵郡，单设沅陵郡，这是沅水流域政区建制史上的一大变革。隋朝统一后，改沅陵郡为辰州，改武陵郡为朗州。大业年间，复改州为郡，沅水流域下游隶属于武陵郡，中上游大部分地区则属于沅陵郡。从此，沅水下游和中上游地区分治格局得到巩固。

唐代，沅水下游的朗州隶属于江南西道，而中上游的辰州、锦州、巫州、业州、溪州等属于黔中道。唐朝在沅水中游地区增加行政建制，应该有相应的中原人口迁入。

据《旧唐书·地理志》，武德四年平萧铣，置辰州，以沅陵为理所，分沅陵县置卢溪县，分辰溪县置溆浦县，分沅陵、辰溪二县置麻阳县，共辖5县。

贞观八年，又分辰州置巫州，辖龙标、朗溪、潭阳3县。

垂拱二年，又分辰州麻阳县地，并开山洞，置锦州，天宝时领卢阳、招渝、渭阳、常丰、已上、洛浦6县。

天授二年，又析辰州置溪州，辖大乡、三亭2县。同年，将巫州改名沅州。

长安四年，又分沅州置舞州，开元二十年改为业州，领峨山、渭溪、梓彊三县。

上述州县的重心区域均处于沅水中上游地区，反映了唐朝对沅水中上游地区的开发力度大大加强。不过，唐朝以沅水流域为贬官之所，如著名诗人王昌龄贬任龙标尉，著名文学家刘禹锡贬任朗州司马，都说明此地是当时特别落后的蛮荒之地。

安史之乱后的北方战乱导致了汉人南迁的又一次高潮，今湖南地区接纳了不少北方移民，其中澧州（今澧县）、朗州（今常德）移民人数最多。永贞元年，刘禹锡被贬为朗州司马，曾作《武陵书怀五十韵》，说当地"邻里皆迁客，儿童习左言"①，足见当地移民数量较多。唐末韦庄的《湘中作》诗说道："楚地不知秦地乱，南人空怪北人多"②，也反映了迁居湘中的北方移民不少。据此可以推测，当时应有一定数量的北方移民或从朗州溯沅水而上迁居中游，或从湘中越过雪峰山谷迁入沅水流域。

由于上述原因，唐代沅水流域的人口增长是明显的。据《旧唐书·地理志》与《新唐书·地理志》，朗州的人口从贞观年间的10913人增至天宝年间的43716人。辰州的人口由于州县的增置而不易统计。贞观十四年，沅水中游地区的辰州和巫州共有人口13315户，53720口，到天宝十一年，沅水中游地区的辰、溪、锦、业、巫州人口增至16337户、88232口，表明人口有较明显的增长，如表2-2所示。

表2-2 唐代沅水流域户口数

州名	贞观户口数	开元户数	天宝户口数	元和户数
朗州 2县	户 2149 口 10913	—	户 9306 口 43716	—
辰州 旧7县，后5县	户 9283 口 39225	5302	户 4241 口 28554	1229
锦州 5县	—	3103	户 2872 口 14374	—
巫州（叙、沅州） 3县	户 4032 口 14495	4940	户 5368 口 22738	1657
业州（奖州） 3县	—	1740	户 1672 口 7284	249
溪州 2县	—	477	户 2184 口 15282	889

说明：《旧唐书》的巫州天宝口数为12738，疑误。

资料来源：旧户口数采自《旧唐书·地理志》；旧、新《唐书·地理志》皆有天宝户口数，而稍有差异；开元、元和户数采自《元和郡县志》。

---

① 《刘禹锡集》卷二十二，上海人民出版社，1975。
② 《全唐诗》卷六百九十八，中华书局，1960。

值得注意的是，沅水流域的人口数量呈现由下游向上游递减趋势。天宝年间，朗州有 9306 户、43716 口；辰州有 4241 户、28554 口；溪州（今永顺等地）有 2184 户、15282 口；锦州（今麻阳等地）有 2872 户、14374 口；业州（今洪江等地）有 1672 户，7284 口。反映出沅水流域的人口分布和经济开发格局是从下游向中上游推进的。

唐末五代时期，沅水流域被马楚政权控制了较长时期，马楚政权承认彭氏在溪州的统治地位，于是形成延续达八百年的土司势力。

北宋初年，将朗州改名为鼎州，而对于沅水中上游蛮族地区仍实施羁縻政策。熙宁年间，宋神宗派章淳开拓"南江蛮"地区，出兵南江，废除羁縻州，设置沅州，以卢阳（今芷江）为治所；又设置经制诚州，以渠阳为治所（今靖州），从此沅水中游地区中南部纳入中央王朝统治版图。宋朝分置的鼎、辰、沅、靖（诚州后来改名靖州）等州，奠定了此后沅水流域的政区格局。

宋朝是沅水流域开发史上的重要时期。当时不仅有许多中原和东南人民因仕宦，在此落籍，而且许多军士和外地工商业者迁居此地。

据溆浦县《竹坳舒氏支谱》记载：竹坳舒氏初祖祇应公世居江西进贤县大塘，次子"裳公以金人蹂躏中土，卜居于溆浦县"，成为迁溆始祖，并将父亲迎养辰阳宦舍，卒葬沅陵县壶头山；"长子棠任宦河南等地，解职后率妻子来辰，因裳公居溆，棠公乃卜居沅陵县长界，以奉初祖祇应公墓，是为沅陵始姐"①。光绪《靖州乡土志》也记载宋代一些氏族因官迁居靖州，如赵氏，宋时官靖州，后落籍，已传二十六世。张氏，宋嘉祐时由吉安迁官靖，

---

① 溆浦县《竹坳舒氏支谱》卷一《世系》，光绪十二年刊本。

留居靖，已传二十六世 ①。

宋朝开辟"南江蛮"地后，在沅水中游地区建立了大量堡塞，驻军防守，同时不断遣派官军，镇压渠阳等蛮的反抗。据《元丰九域志》《武经总要》及《宋史·地理志》记载，宋朝在辰州先后设立卢溪等19个寨，在沅州设有安江等9个寨，在诚州设有狼江等4个寨。众多堡寨的设立，驻扎了不少官兵，有一部分后来留居当地。光绪《靖州乡土志·氏族志》记载了一些军事移民，如龙氏，宋元祐中籍河南汲县，因屯军靖州，后散居此地；覃氏，江西泰和人，宋绍兴初征辰州，后迁居靖州；潘氏，宋绍兴中，由南京来靖征蛮，迁居靖。

宋朝政府还鼓励汉民与溪峒蛮民开展互市贸易。如熙宁三年，"荆湖北路及沅、锦、黔江口……皆置博易场"，宋孝宗时也在溪峒边缘州县"置博易场" ②。诚州西南部的上江、多星、铜鼓、羊镇、潭溪、上和、上城、天村、大田等处人民，都远道来到诚州城下贸易 ③。不仅各博易场和州县治所附近兴起了边民贸易，各堡寨也逐渐成为商业集镇。各地贸易的开展吸引了不少汉民迁入从事工商业。

此外，宋代还在五溪蛮地实行土兵屯田和民屯，各溪峒酋长也招引汉民入境垦地，形成了一定数量的农业移民 ④。

靖康之乱以后北方人口的南迁浪潮，对沅水流域产生了较大影响。一部分移民到鼎州后，溯沅水而上，进入辰州和沅州。如开封阳武（今河南原阳县）人万俟卨渡江避乱在沅州 ⑤。靖州蒙氏，宋绍兴年间由山东迁居靖州，至清末已传二十七世；明氏，

---

① （清）金蓉镜等：《靖州乡土志》卷二《氏族》，光绪三十四年刊本。

② （元）脱脱：《宋史·食货志》。

③ （元）脱脱：《宋史·蛮夷列传》。

④ 游俊、李汉林：《湖南少数民族史》，民族出版社，2001，第131～132页。

⑤ （元）脱脱：《宋史》卷四百七十四《万俟卨传》。

宋乾道中由淮安迁靖州，已传三十二世；姚氏，宋咸淳中自江西泰和迁靖州，已传二十六世①。

由于宋朝进一步加大了沅水流域的开发力度，不仅鼎州，而且辰、沅、靖三州人口数量也增幅很大，如表2-3所示。

表2-3　宋代沅水流域户口数

地区	鼎州	辰州	沅州	靖州（诚州）	总计
太平兴国户数	15691 户	3402 户	4032 户	3999 户	27124 户
元丰户数	主户 33064 客户 8096	主户 5669 客户 2244	主户 7051 客户 3514	主户 9734 客户 741	主户 55518 客户 14595
崇宁户口	户 58297 口 130865	户 10730 口 23350	户 9659 口 19157	户 18692 口数缺	97378 户 约 486890 口

资料来源：王存《元丰九域志》卷六；脱脱《宋史·地理志》；吴松第《中国人口史》第三卷，复旦大学出版社，2002，第130页。

据表2-3，宋初鼎、辰、沅、靖等州共有27124户，到元丰年间年间增至70113户，到崇宁年间，更增至97378户②。百余年间，鼎州户数增长了2倍多，辰州人户增加了2倍多，沅州户数增长了1倍多，靖州人户增长了3倍多。因北宋时开发的重点在"南江蛮"地，故辰、沅、靖三州人口增长并不平衡，辰州增长幅度大于沅州，靖州增长幅度又大于辰州。

宋末至元代的移民高潮对沅水流域的人口增长产生了更大的影响，主要表现在户口数字的大幅度增加上。元至元二十七年，辰州和沅州的户数比北宋崇宁元年分别增加近7倍和4倍多③，如果这些数据比较可靠，那么北方移民的迁入应该是一个重要

① （清）金蓉镜等：《靖州乡土志》卷二《氏族》。
② 参见赵文林、谢淑君《中国人口史》宋代部分，人民出版社，1986。
③ 据脱脱《宋史》卷八十八《地理志》，崇宁时辰州10730户，沅州9659户；据宋濂等：《元史》卷六十三《地理志》，至元二十七年辰州路83223户，沅州路48632户。

原因。《元史·地理志》所载各路户口数，如表2-4所示。

表2-4　元代沅水流域各路府州著籍户口数

路名	户数	口数	备注
常德路	206425	1026042	领4州县
辰州路	83223	115945	领4县
沅州路	48632	79545	领3县
靖州路	26594	65955	领3县
总计	364874	1287487	共领14州县

说明：嘉靖《常德府志》在引述元代常德户口时，注"疑有讹"。

资料来源：宋濂《元史》卷六十三《地理志六》；吴松第《中国人口史》第三卷，复旦大学出版社，2002，第341页。

元至元二十七年，常德路、辰州路、沅州路、靖州路合计有1287487人，比北宋后期增长了约2倍。各路人口数的不平衡状况发生变化，以户数论，常德路增长3.5倍，辰州路人口增长7.7倍，沅州路人口增长5倍，靖州路人口增长1.4倍。辰沅地区的人口增幅最大，显示了向沅水流域的移民开发过程是由辰州向沅州、靖州依次推进的。

至于湘西北的溪州地区和黔东的思州地区，因彭氏和田氏世有其地，宋元时期户口数已不可考。正如民国《永顺县志》卷十二《食货二·户口》所说："五季以来，彭氏世有此土，其故籍所载户口分隶于各州，泛滥无归，元明二史均付阙如。"

二　明代沅水流域的人口变迁

明初开设贵州后，僻处湖广西南及贵州东部的沅水流域，成为连接湖广和云贵地区的最重要通道。明代湖广的大开发与滇黔的大开发，有力地推动了夹处其间的沅水流域的户口增长，其经济开发进程也因此空前未有地提速。

（一）明代向沅水流域的人口迁移

1. 明代广泛设置卫所，军事移民大量迁入沅水流域

明朝实行卫所制度，设在湖南的卫所主要集中在湘西北、湘西南一带以及湘南地区。一方面，因为这一带是少数民族聚居区和少数民族与汉族杂居区，必须屯以重兵，才能维护稳定。另一方面，为了加强对湘黔交通线的控制，在沅水流域广置卫所，导致大量军事移民迁入。这是向沅水流域移民的最主要方面。

明朝创立卫所制度，规定每5600人为一卫，长官为指挥使，下辖5个千户所，每千户所1120人，长官为千户，下辖10个百户所。明代大部分卫所设于府、州、县境内，实行军屯，在全国建立驻防体系。这种卫所的军士皆另立户籍，称军户。军户除来自元朝旧有的军户外，又有从征、归附、谪发、垛集等新的来源。每户军户应役时须由正丁携妻及一名余丁共同前往卫所居住，且父子、兄弟相继，世代为军，这实际上就是离开原籍迁入卫所所在地的移民，即军事移民。

明代在湖南境内沅水流域设置的卫所有常德卫、辰州卫（洪武初设，今沅陵）、沅州卫（洪武初置，今芷江）、靖州卫（洪武三年建，今靖县）、镇溪所（洪武二十八年置，今吉首）、城步所（明初置，今城步）、天柱所、汶溪所（今贵州天柱县）以及崇山卫（今花垣县内，后改为千户所）等。共计约8.4万军籍人口在明初迁居沅水中下游地区。

这些卫所军人的祖籍多在东部诸省[①]。在溆浦县，永乐年间迁入的17个氏族中，有10族是从东部诸省先迁于贵州开泰卫、

---

① 曹树基：《中国移民史》第五卷，福建人民出版社，1997，第123页。

铜鼓卫、五开卫等处，后于永乐二年"拨屯徙溆"，迁入溆浦。也有部分军人来源于北方，如永定卫，明初置，隶永顺宣慰司，"洪武三年编栅为城，简沔阳、安陆、黄州、襄阳诸军充戍"①。此外，在土家族聚居区，有些土官土兵也加入当地卫所，而并非外来移民，不过肯定数量极少，或者其中有宋元时已迁入的移民的后裔。

这些卫所的军户驻地比较分散，如辰州卫在府治东南，但辰州卫官兵由于驻防需要，而分驻各要害堡寨。据《读史方舆纪要》，就有沅陵县明溪砦、镇溪砦、池蓬砦、会溪镇砦、清水堡、卢溪县河溪寨、蛮溪堡、浦口镇堡，辰溪县龙门砦，溆浦县龙潭堡、镇宁堡等驻防地点。卢溪"县境砦堡皆辰州卫官兵防戍"。明代的卫所军户由国家分给土地，令其屯田自给，各卫所散驻各府州要地，既可有重点地加强防守，又能就地屯田，解决军粮需要，构成了移民的散居局面。

在黔东沅水流域，明朝设置了平溪卫（今玉屏）、清浪卫（今岑巩）、镇远卫（今镇远）、偏桥卫（今施秉）、铜鼓卫（今锦屏）、五开卫（今黎平），隶属于湖广都司，称为"边六卫"。据研究，在"边六卫"地区，卫所人口是当地汉人的主体，此外就是大大小小的土司。"边六卫"共辖 41 个所，如按标准计，士卒为 4.6 万，与家属合计约为 13.8 万军籍人口②。

黔东的卫所人口成为开发当地的主力军，后来陆续被改设府县。正如明人王士性所说：

> 其开设初，只有卫所，后虽渐渐改流，置立郡邑，皆建于卫所之中，卫所为主，郡邑为客，缙绅拜表祝圣皆在卫所。卫所治军，郡邑治民，军即尺籍来役戍者也。故卫所所治皆

---

① 顾祖禹：《读史方舆纪要》卷七十七《湖广》。
② 曹树基：《中国移民史》第五卷，福建人民出版社，1997，第 314 页。

中国人，民即苗也，土无他民，止苗夷。①

总计湘西黔东两地，沅水流域在明初共接受了军籍人口22.2万。

2. 明朝对云南、贵州前所未有的开发和经营，促使大量汉人前往滇黔垦殖或务工经商，途中有不少人口落居沅水流域

明初大移民并不仅限于驻军，迁居沅水流域的民籍移民也是不少的。由于明朝政府加快对云南、贵州地区的开发，沅水流域作为沟通中原与云贵的交通要道，这种地理位置既使沅水流域的部分人口移居滇黔，也使大量移民因各种原因落居在沅水流域。

就前一方面而言，如洪武二十八年九月，明政府令靖州五开及辰、沅等卫新军，选精锐45000人迁往云南；十月，又调常德、辰州二府民，三丁以上者出一丁，屯云南②。又如，永乐八年，辰溪县的柴、熊、胡、蔡、向姓，沅陵县的杨、郑、彭、林、樊姓，四川酉阳的张、田、严、罗、唐、李等姓500余家迁入贵州印江地区定居。从常德、辰州地区流入土家族地区的不少，常与土著发生争执③。可见，沅水流域在明初有部分人口外迁，主要目的地是云南、贵州。

就后一方面而言，沅水河谷自古以来就是连通长江中游地区与滇黔地区的交通孔道。明初洪武十四年，明军攻入云南，次年设立云南布政使司，云南成为和内地各省相同的一级政区。永乐十一年，明成祖又在贵州设立布政使司。与云南、贵州两布政使司设立同时，明朝开始了大规模的西南边疆开发。

明政府在云南、贵州广泛驻军，大规模地兴办屯田。在云南，仅洪武年间就驻有卫所人口75万，大大超过当时云南的民籍人

① （明）王士性：《广志绎》卷五《西南诸省》，中华书局，1981。
② 《明太祖实录》卷一百八十五。
③ 吴量恺：《中国经济通史》第七卷，湖南人民出版社，2002，第408页。

口 35 万多人①，一直到万历年间，"视云南全省，抚人（指江西抚州人）居什之五六，初犹以为商贩，止城市也。即而察之，土府、土州，凡棘猡不能自致于有司者，乡村间征输里役，无非抚人为之矣"②。在贵州境内，明政府也设置了二十四卫，合计驻军及其家属人口多达 42 万，远远超过洪武时贵州境内可能拥有的 10 万民籍人口③。

明朝开发滇黔地区，遂使常德至镇远一路成为交通滇黔的主要孔道。明人沈德符指出：

> 入滇路有三道，自四川马湖府以至云南府属之嵩明州，又自四川建昌行都司属之会川卫至云南武定府，是为北路。自广西之田州府至云南之广南府，是为南路。其自湖广常德府入贵州镇远府，以达云南，入曲靖府，是为中路，则今日通行之道也。蜀中、粤西两路，久已荆榛。④

可见，明代从中原和江南进入滇黔的主要道路正是由常德溯沅水而上，或陆路，或水路，经过沅江中上游谷地，到达贵州、云南。

明政府对滇黔的大力经营为沅水流域的开发创造了前所未有的机遇。在开发滇黔带动下，不少流移民不可避免会滞居沅水流域，进行垦殖，而且有大量商人活动于沅水流域，从事贸易。

随着云南、贵州的开发，其物产也源源不断地经沅水走廊运入湖广、江浙。明人王士性指出："楚中与川中均有采木之役，实非楚、蜀产也，皆产于贵竹（即贵州）深山大垅中耳。贵竹乏

---

① 葛剑雄等：《简明中国移民史》，福建人民出版社，1993，第 387 页。
② （明）王士性：《广志绎》卷四《江南诸省》，中华书局，1981。
③ 曹树基：《中国移民史》第五卷，福建人民出版社，1997，第 314~316 页。
④ （明）沈德符：《万历野获编》卷二十四《入滇三路》，中华书局，1959。

有司开采，故其役专委楚、蜀两省"；贵州"天生楠木……大者既备官家之采，其小者士商用以开板造船，载负至吴中则拆船板，吴中拆取以为他物料。……又一种名斗柏楠。……此皆聚于辰州"，运往长江中下游等地；"贵州土产则水银、辰砂、雄黄……大者箱匮，小者筐匣，足令苏、杭却步"；贵州"镇远，滇货所出，水陆之会。滇产如铜、锡，斤止值钱三十文，外省乃二三倍其值者。由滇云至镇远，共二十余站，皆肩挑与马羸之负也。镇远则从舟下沅江，其至武陵又二十站，中间沅州以上、辰州以下与陆路相出入，惟自沅至辰，陆止二站，水乃经盈口、竹站、黔阳、洪江、安江、同湾、江口共七站。故士大夫舟行者，多自辰溪起，若商贾货重，又不能舍舟，而溪滩乱石险阻，常畏触坏。起镇远至武陵，下水半月，上水非一月不至"①。在上述种种商业运输趋向繁盛的情况下，沅江沿线的人口也相应增加。

沅水下游的常德"为京省水陆通衢，入滇必由之路"，作为流域商业中心，至明中叶已是"人聚五方，尚侈靡者僭礼逾分之不顾"②。沅水中游一线则兴起了一批市镇如黔阳、洪江、安江等，特别是崛起了一个区域中心城市——沅州。沅州在明初只是辰州府属州，但由于地处黔滇交通的十字路口，有大量客民侨居此地，到明中后期地位明显上升，万历时于此设立偏沅巡抚，到清代更上升为府。偏沅巡抚的设立，又会带来一定量的外来人口。

此外，因其他原因而迁居沅水流域的也不少。光绪《靖州直隶州志》卷十《人物》记载了一些明代留居沅水流域的移民家族。

李仲辉，江西太和人，洪武三年任靖州仓大使，后解组，因家焉；

---

① （明）王士性：《广志绎》卷四、卷五。
② 嘉靖《常德府志》，转引自张伟然《湖南历史文化地理研究》，复旦大学出版社，1995，第203页。

刘大，江南人，洪武元年以千户指挥从征靖州苗匪，有功，封武烈将军，遂落籍靖州；

陈仁，由江西丰城寓绥宁，尝游贵州，托籍永从学，应万历癸酉乡试，中解元，以籍异削之，后复中丙子魁，又以故黜，遂归绥定居授徒；

傅廷峰，江西临川人，明季由乡榜授贵州都匀府知府，丁忧归，中途兵阻，寄居会同之五招，清初入籍；

杨廷昌，江南扬州人，由廉能举，任通道令，以平蛮功，升陕西都盐运使司同知，慕通风俗，遂家焉。

明初沅水流域的民籍移民数量，可以据曹树基教授的研究大致做出说明[①]。元末明初，辰州府和靖州的总人口有45万人，其中民籍移民8.8万人；常德府的总人口有14.5万，其中民籍移民为2.6万。据此合计，沅水流域中下游在明初接受的民籍移民约为11.4万，占总人口的19%。

关于明代中后期沅水流域的移民数量，可以辰州府和靖州为例进行推算。根据民国《溆浦县志·氏族志》与光绪《靖州乡土志·氏族志》记载，明代迁入的氏族达70族，远远多于北宋4族、南宋26族、元代24族。其中明初有46族，明中后期有24族。明初移入氏族占明代移民氏族总数的66%，明中后期移入氏族占明代移民氏族总数的34%[②]。如上所述，明初沅水中下游接受的军籍移民为8.4万，民籍人口为11.4万，共计19.8万，据此可以推测，如按相应比例，不考虑移民人口的自然增殖，明中后期迁入人口大约10.2万人。

综上所述，常德府、辰州府和靖州地区在明代迁入的人口约为30万，加上黔东地区的明前期军籍移民13.8万，明代沅水流

---

① 曹树基：《中国移民史》第五卷，福建人民出版社，1997，第115、124、125页。

② 曹树基：《中国移民史》第五卷，第123页。

域的外来移民共有 43.8 万。表 2-5 的麻阳县移民数据可以反映沅水流域移民数量的时空分布。

表2-5　麻阳苗族自治县姓氏来源与分布

来源地	宋代氏族数	元代氏族数	明代氏族数	清代氏族数	合计
湖南	3	12	22	16	53
江西	4	8	44	7	63
其他	1	1	17	5	24
合计	8	21	83	28	140

资料来源：麻阳政协文史资料《麻阳姓氏》，1994；邹华享《湖南家谱解读》，湖南人民出版社，2005；薛政超《湖南移民表·麻阳县》，中国戏剧出版社，2008，第309页。

表 2-5 中，麻阳县的 140 个移民氏族，就时代而言，明代迁入者占 59%，清代迁入者占 20%；就迁出地而言，江西占 45%，湖南省内占 38%。可知，明代的外来移民数量最大，而清代接纳的移民已经减少，并且主要来自省内。

（二）明代沅水流域的人口增长

上述研究表明，明朝的沅水流域吸收了大量移民人口。在大量移民的迁入和本地人口自然增长的共同推动下，沅水流域的人口在明代实现了空前的增长，从而为经济开发提供了相对充足的劳动力。

不过，明中叶后，沅水流域的人口增长便放慢了。曹树基在论述洪武以后的人口变动时指出，除了永乐年间在常德地区还有一定规模的人口迁入之外，明代湖广南部的人口发展是相当平稳的 [1] 。表 2-6 说明，明中后期沅水流域的著籍人口增长是缓慢的。

---

[1] 曹树基：《中国人口史》第四卷，复旦大学出版社，2002，第279页。

表2-6 明代沅水流域部分府州县著籍户口的变动

府州	州县	成化八年户口数	正德七年户口数	万历年间户口数
常德府	武陵县	7028 29153	7549 47711	9336 53671
	桃源县	4138 27418	4168 27434	5377 44664
	龙阳县	4805 19160	4859 33497	5411 37839
	沅江县	825 4071	968 7146	1021 8370
辰州府	沅陵县	6904 47446	6952 51966	7171 55196
	泸溪县	1494 9329	14017（疑1417） 14373	1580 14741
	辰溪县	1036 6922	929 3919	1277 8941
	溆浦县	4100 31480	4150 34797	4192 38038
	沅州	3143 16030	3058 18863	3149 19136
	黔阳县	2157 11720	1923 11960	1963 12436
	麻阳县	857 4292	877 5827	908 6244
靖州	本州	2131 13949	2447 15417	2478 14829
	会同县	3230 24074	2685 25190	2776 25536
	通道县	577 4274	596 4768	664 5306
	绥宁县	4948 36819	4948 37868	4058 43019

说明：辰州府属七州县口数之和为154732，与万历湖广总志载明的辰州府人口总数156724有些出入。

资料来源：嘉靖《湖广图经志书》卷十七至十九，万历《湖广总志》卷十一《户口》。

曹树基认为，常德府在洪武二十四年的人口数 128895 是实际人口，至于辰州府和靖州，可以按照编里数计算，洪武二十四年，辰州府人口约为 18 万，靖州人口约为 10 万[①]。上表中的户口数据，看起来似乎没有增长。洪武二十四年，常德府、辰州府和靖州的人口总计约有 40 万，而万历初年这三个府州的人口数仍为 39 万左右。如果把明代户口与汉、唐、宋、元各代的人口数做一比较，我们会发现明代户口数少得出奇，如表 2-7 所示。

表2-7　明代沅水流域部分地区人口与汉、唐、
宋代的比较

西汉	东汉	唐代天宝	宋代崇宁	元代	明代万历
34177 户	46672 户	25643 户	97378 户	364874 户	51453 户
185758 口	250913 口	131948 口	约 486890 口	1287487 口	389958 口

说明：本表中的户口为汉代武陵郡，唐代朗州、辰州、锦州、巫州、业州，宋代鼎州、辰州、沅州、靖州，元代常德路、辰州路、沅州路、靖州路，明代常德府、辰州府、靖州。

资料来源：《汉书·地理志》，《续汉书·郡国志》，《旧唐书·地理志》，《元丰九域志》卷六，《宋史·地理志》，嘉靖《湖广图经志书》卷十七、十八、十九，万历《湖广总志》卷十一《户口》。

表 2-7 中的元代户口数容易让人怀疑。但是明代户口竟然没有赶上宋代，也说明明代户口数据反映不了真实情况。众所周知，明代二百多年间著籍户口的变化不大，而实际人口是增长很大的，应该可以肯定沅水流域的人口增长要远高于著籍户口的增长。上节已经表明，明代沅水流域接受了 40 余万移民。而洪武二十四年常州、辰州、靖州的人口约为 40 万，并不包括军籍人口。所以，沅水流域的人口数在明代至少翻了一番。

沅水下游常德府与桃源县的著籍户口数变化也可说明人口增长趋势是明显存在的，表 2-8 反映了府属各县在明代的户口变化。

[①] 曹树基：《中国人口史》第四卷，复旦大学出版社，2002，第 116、123 页。

表2-8　明代常德府的户口变化

州县	年代	里数	户数	口数
武陵县	洪武二十四年	8乡72村	13276	48469
	永乐十年	—	9493	38092
	成化八年	—	8828	29150
	弘治五年	—	7251	46158
	正德七年	—	7549	47711
	嘉靖元年	—	8602	47262
	嘉靖十一年	45里	8713	51197
桃源县	洪武二十四年	7乡45村	9371	49265
	永乐十年	—	6250	30431
	成化八年	—	4138	27434
	弘治五年	—	4122	23039
	正德七年	—	4138	27434
	嘉靖元年	—	5122	35742
	嘉靖十一年	26里	5186	7582
龙阳县	洪武二十四年	5乡36村	5939	27091
	永乐十年	—	4847	19086
	成化八年	—	4594	19160
	弘治五年	—	4894	19160
	正德七年	—	4859	33497
	嘉靖元年	—	5197	34229
	嘉靖十一年	29里	5197	34229
沅江县	洪武二十四年	1坊4乡	691	4070
	永乐十年	—	861	3678
	成化八年	—	825	4071
	弘治五年	—	961	7202
	正德七年	—	968	7146
	嘉靖元年	—	977	7507
	嘉靖十一年	6里	984	8211

资料来源：嘉靖《常德府志》卷一、卷六。

据嘉靖《常德府志》卷九记载，洪武二十四年常德府有户29277，口128895。鉴于上表中分县人口合计与总数相同，户均口数为4.4，因此可以认为，这一户口数比较符合实际户口数。上表中的户数变化较能说明各县人口只在中叶有所减少，但总体上还是增长的。

桃源县的户口数据也是同样的趋势，如表2-9所示。

表2-9 明代桃源县户口数变化一览

年代	洪武二十四年	永乐十年	成化八年	弘治五年	正德七年	嘉靖元年	嘉靖十一年	嘉靖二十一年	嘉靖三十一年	嘉靖四十一年	隆庆五年
户数	9371	6250	4138	4122	4138	5112	5186	5335	5342	5342	5342
口数	49265	30431	27034	23039	25742	35742	37586	40464	50811	50811	50810

资料来源：万历《桃源县志》卷上。

据光绪《桃源县志》卷三《赋役志·户口》记载："明太祖籍天下户口，有司岁计其登耗以闻。桃源一县，户则9371，口则49265，至永乐而其数少减，至万历而其数更减，盖休养生息若是之难也。"作者似乎没有怀疑桃源县的户口是在不断减耗。不过，众所周知，明代户口数不能反映人口真实。何炳棣先生早已指出，明代户口在洪武以后的登记对象已经由全体人口转向纳税人口[1]，即使纳税人口也在缓慢增长，所以有理由认为，明代后期沅水流域的人口数量可能是著籍人口数的三倍左右。

与下游地区的著籍户口没有增长相似，沅水中游地区的著籍

---

[1] 何炳棣著《明初以降人口及其相关问题》，葛剑雄译，生活·读书·新知三联书店，2000，第310页。

户口增长是迟缓的，如表 2-10 所示。

表2-10　明代辰州府户口的变化

年代	户数	口数	推算人口数
洪武二十四年	168 里	—	156744
成化八年	19491	127220	381660
正德七年	19627	141705	425235
万历六年	20332	156724	471072
万历四十三年	21374	158886	476658

说明：明代辰州府管辖沅陵、泸溪、辰溪、溆浦、沅州、黔阳、麻阳七州县。

资料来源：嘉靖《湖广图经志书》卷十七《辰州府》，万历《湖广总志》卷十一《户口》，乾隆《辰州府志》卷九《赋役考·户口》。

曹树基的研究认为，辰州府在天顺年间的编里数为 168 里，与嘉靖《湖广图经志书》基本相同，因而可以推测洪武年间的里数也无变动，但他参照衡州府的里均 220 户，计算出辰州府的人口约为 18 万 [1]，笔者认为并不适宜，因为衡州府地处湘中丘陵，与地处边远山区的辰州府不存在足够的可参考性。由于多数学者认为，明后期的人口数只是纳税人口，所以保守地估计，明后期辰州府的实际人口数要比户籍户口多 3 倍左右，即万历六年为 470172 口，万历四十三年为 476658 口。

靖州的户口数变化，可以从通道县的人口增长得到说明。这一最边远的县在洪武八年有"实在人户 1715 户，男妇 4703 口"，到万历十三年，已有 1888 丁、口 7593 [2]。

靖州会同县的户口增长也应该是较快的。我们从新编《会同县志》附载的部分家谱资料看到，明代，有大量外来人口迁居会同。现将其中来源明确的部分氏族略作整理，统计如表 2-11。

---

① 曹树基：《中国人口史》第四卷，复旦大学出版社，2002，第123页。
② （明）唐崇元：《靖州志》不分卷，明抄本；（清）祝钟贤：《靖州志·户口》，康熙二十三年刻本。

表2-11 会同县部分族姓源流

来源地	宋代氏族数	元代氏族数	明代氏族数	清代氏族数	合计
湖南	0	1	0	0	1
江西	17	5	25	0	47
其他	12	3	11	0	26
合计	29	9	36	0	74

资料来源：《会同县志》编委会《会同县志》，1994，卷末附录《1988年会同县内存有的部分家谱情况》。

可以看出，会同县的外来移民有49%迁自明代特别是明初，其次是宋代，占39%，清代没有新的氏族迁入，如有也不会多。之所以如此，应是因为宋代开设靖州，不少官军驻扎此地，南宋时又接纳了一些被贬谪的官吏，明代靖州仍为驻军重地，因而留居了大量人口。

至于黔东地区，由于少数民族居民多，汉人军户和民户也分开管理，故留下的记录极少，表表2-12只能列出有关各府的户丁数。其中，黎平府和都匀府的大部分地区不属于沅水流域，仅供参考（见表2-12）。

表2-12 明代黔东各府户口

府名	官民杂役户数	丁口	备注
思州府	757	9101	下辖4司
铜仁府	939	4153	下辖6司
黎平府	3665	24514	下辖14司
都匀府	9219	24618	下辖11州县司
总计	14580	62386	共辖35州县司

资料来源：嘉靖《贵州通志》卷三《户口》。

表2-12中，平均每州县司只拥有417户、1782口，实际上并非如此，据嘉靖《贵州通志》卷三《户口》载：

民数者，庶事所自出，以多为贵，不可不知也。贵州四面皆蛮夷，所可知者各府若卫，军民之数甚寥落也。蜀中、江右之民侨寓于此者甚众，买田宅，长子孙者盖多有之。蜀中、江右既不得其用，而视贵州官府亦漠然若不相干，是并失之矣。谓宜分别税户、承佃、营生等第，而籍为见户，俾与主户错居共役，愿投军者亦编入行伍，庶乎户口增而军民不至重困矣。

可知黔东地区的侨寓人口并不少，只是官府漠然视之，并未将其编入户籍而已。

最后，还需要指出，沅水流域有不少的少数民族人口，少数民族也是地区开发的重要力量。据曹树基的研究，在洪武二十四年，湖广布政司总人口与分府人口之和存在 58 万的差额，其中有约 43 万人应是黔东、湘西以及鄂西南的少数民族人口[1]。这43 万人中的大部分就是沅水流域的少数民族，可以估计为 30 万。

综上所述，沅水流域的汉族和少数民族人口总数在明初约为70 万，万历时期应该增至 140 万～210 万。

三 清代沅水流域的人口变迁

总体而言，清朝是沅水流域经济开发规模最大的时期，其原因首先是沅水流域的人口变迁在清代最为剧烈，不仅增幅大，而且流动空前频繁。

（一）外来人口的集聚落居

据初步估计，截至 19 世纪中叶，我国的大范围农业移民达到

---

[1] 曹树基：《中国人口史》第四卷，复旦大学出版社，2002，第 193 页。

1500万人左右，其中向西南诸省（川、滇、黔）的移民应当超过
500万人，广西150万～200万人，台湾150万～200万人，关
外东北150万～200万人，沿长城口外的蒙古地区（包括承德府）
超过100万人，西北50万人左右，陕南100万人以上，赣南、赣
东北、赣西北、粤北、浙南、浙西、皖南等地可能有200万人，
湘西、鄂西等山区为100万人上下[①]。

在上述宏观背景下，湘西沅水流域的移民情况具体如何呢？
种种史实表明，清代是沅水流域移民规模最大的时期。大量移
民迁入沅水流域，既与当时中国内地移民迁往西南边疆、两湖
内部人口向湘鄂西山区扩散的大背景有关，也与清代对湘西少
数民族地区的社会改革密不可分。具体来说，主要有以下三个
方面的原因。

1. 清康熙以后的招民垦荒政策，吸引大量移民迁入沅水流域

经过明末张献忠农民军和清初吴三桂叛军以湖南为主战场的
大规模战争，沅水流域遭受了严重破坏，经济颓败，人口剧减。
例如溆浦县，康熙年间"初入溆境，一望惟余茂草，四顾绝少烟
村""屋宇俱为毁烬，男妇半毙锋镝。其重役难支，饥饿不免者，
复播逃远避"[②]。

为了恢复社会经济，从康熙中叶开始，清政府大力推行移民
垦荒政策，大量人口在政策导引下，纷纷迁往长江中上游的丘陵山
区，垦辟那里的广袤土地。经过二百年的垦殖，到了道光年间，已
是"土满人满"，不仅"湖北、湖南、江南各省，沿江、沿汉、沿
湖向日受水之地，无不筑圩捍水成阡陌，治庐舍其中，于是平地无
遗利"，而且"湖广无业之民，多迁黔、粤、川、陕交界，刀耕火种，
虽蚕丛峻岭，老林邃谷，无土不垦，无门不辟，于是山地无遗利"[③]。

① 方行等：《中国经济通史·清代经济卷》上册，经济日报出版社，2000，第225页。
② （清）袁丕基：《溆浦县志序》，见同治《溆浦县志》卷首。
③ （清）魏源：《古微堂内外集》卷六《湖广水利论》，文海出版社，《近代中国史料丛刊》本。

这里所说的"黔、粤、川、陕交界",当然包括湘黔交界的沅水流域,因为清前期的湘资、洞庭平原和丘陵地带实际已开发殆尽,新增加的"湖广无业之民"只好向西寻求生存空间。

而沅水流域除了下游及其中游各支流河谷的沅麻、溆浦、安洪、芷怀、渠阳、锦屏至黔城等山间盆地以外,普遍山多田少,发展稻作的耕地有限,不过,明末清初以来,适合山地种植的高产作物番薯和玉米传入并迅速推广,大大缓解了山地移民的生计问题,为外来人口向山地求生存创造了条件。

清代,移民在湘西山地丘陵垦荒种植逐渐出现热潮,成为湖南省经济开发史上的最重要时期。谭其骧指出:

> 时至清代,湖南之接受移民之需要,已日渐退减,而输出移民之需要,日渐加增,对本省比较迟开发地之输出之繁剧,特其征象之一端耳。①

这里所说的"本省比较迟开发地"无疑主要是湘西地区。

2. 雍正时开始的改土归流,吸引大量移民入居湘西少数民族地区

清初顺治、康熙年间,仍然沿用元、明旧制,对湘西土家族、苗族聚居地区推行土司制度,承认当地土司的统治地位。

从雍正四年开始,清政府在云南、贵州、广西、四川、湖广等省进行了大规模的改土归流。改土归流涉及湖南的主要在湘西地区,故而由此促成的移民运动主要发生在沅水流域。

湘西地区的改土归流,其实包括两方面内容:一是在土司统治区裁革土司土官,设置府、县,代之以流官治理;一是以武力"开辟""生苗"地区,设官建治。

---

① 谭其骧:《湖南人由来考》,《长水集》上册,人民出版社,1987,第355页。

清政府对湘西以腊尔山为中心的"生苗"区的改土归流，始于康熙后期，至雍正年间始告完成。康熙四十二年，席尔达带领大军直逼镇竿"生苗"区，次年设立乾州厅（今吉首）、凤凰厅（今凤凰），裁明代所设镇溪千户所，将分巡辰沅靖道员移驻镇竿，统领一切事务。康熙四十六年又裁撤五寨、竿子坪二长官司，"改辰州协驻防溆浦部司为千总"①。雍正六年又"开辟"六里苗地，雍正九年设永绥厅。至此，对湘西"生苗"区的改流最后完成。

清政府在湘西土司地区的改土归流始于雍正五年，至雍正十三年结束，前后历时八年。雍正五年，镇竿总兵杨凯率兵前往永顺，永顺宣慰使彭肇槐迫于形势，自愿献土归流；次年，永顺司改为府，其地分设永顺、龙山二县；雍正五年，又将保靖宣慰司改土归流，雍正七年设立保靖县，隶属永顺府。

在黔东南地区，雍正六年，贵州按察使张广泗也推行改土归流。张广泗带兵深入黎平府古州（今贵州榕江）、都匀府丹江（今贵州雷山）的苗、侗等族村寨，设厅，置同知，理民事。但在雍正十三年，贵州古州、台拱地区的苗民上层发动叛乱。乾隆帝继位后，任命张广泗为七省经略，于乾隆元年平定叛乱，继续实施改流政策。

此外，乾隆五年，云贵总督张广泗又率兵"征剿"湖南城步、绥宁等地起义苗民，后于城步县长安坪筑城，驻"理瑶"同知。城步、绥宁苗族地区的"改土归流"也最后完成。

改土归流打破了少数民族地区的长期封禁局面，由此开启了向湘西地区移民的高潮。鉴于苗区"可以开垦成熟者甚多，而山地较广，苗人无力遍种，尽为抛荒，深属可惜"②，清政府一方面采取各种优惠措施招民开垦，如保靖县规定，有开垦百亩以上

---

① （清）严如熤：《苗防备览》卷十五《述往》，道光二十三年重刊本。
② 《朱批谕旨》卷八十一，《雍正十年正月二十八日湖广提督岳超龙奏》，《文渊阁四库全书》本。

者，加重奖赏①，另一方面，将土司旧地除酌留部分土地以"恩赐"名义给予土司及其下属外，其余大部分没收作为官田，租给农民耕种。至于土司原来封占的荒山荒地，人民也可以自由开垦②。

在这一政策下，外来汉民纷纷涌入，或垦荒，或买地。当时的田地买卖，得到了官府的认可，只要向官府呈报，就给予执照，"准其永远为业"③。龙山县甚至"任民自由开垦占田"④。于是掀起了垦殖土地的高潮，史称"凡土司之新辟者，省民率挈孥入居，垦山为陇，列植相望"⑤，结果形成"客民之侵占日见其多，苗疆田地日见其少"⑥的局面。此前，"苗地不许汉人往来，原恐其唆弄生事"，但在"楚南如永顺、永绥、乾州、凤凰营、城绥（城步、绥宁）、长安营（城步）各处，俱就苗地设立府厅县治，建城安营"后，"内地民人俱纷纷搬往，或开铺贸易，或手艺营生"⑦。如永绥厅，厅城外的每寸土地向来皆是苗民所有，改土归流六十年后，已被"尽占为民地"⑧，可见改流后迁入的移民之多。那么，迁往土苗旧地的移民来自何处呢？光绪《龙山县志》说："客民多长（沙）、衡（州）、常（德）、辰（州）各府及江西、贵州各省者。"⑨说明来自省内的移民已经成为主体。如在城步县，民国时人指出："近百年来，外县人来上五乡（即民族山区）垦殖谋生者，数七八千""他们来自新化、祁东和邵阳"⑩。

① 保靖知县王钦命：《示劝开垦荒地》，乾隆《永顺府志》卷十一《檄示》。
② 民国《永顺县志》卷首。
③ （清）翁元圻等：《湖南通志》卷首《诏谕》，嘉庆二十五年刊本。
④ 嘉庆《龙山县志》卷二《田赋》。
⑤ 乾隆《沅州府志》卷二十四《物产》。
⑥ （清）和琳：《苗疆善后章程六条》，佚名《苗疆屯防实录》卷四，道光刊本。
⑦ 《湖南巡抚蒋溥奏酌议抚苗事宜三条折》，乾隆九年七月二十八日，中国第一历史档案馆：《清代档案史料丛编》第十四辑，中华书局，1990。
⑧ （清）魏源：《圣武记》卷七《乾隆湖贵征苗记》，中华书局，1984。
⑨ 光绪《龙山县志》卷十一《风俗》。
⑩ 曾继梧：《湖南各县调查笔记》上册《地理类·城步》，民国二十年排印本。

3. 清政府的"征苗"和"苗防"，给沅水流域的"苗疆"及其周边地区带来了大量移民

湘西和黔东南是我国苗族最大的聚居地。改土归流后，清政府直接委派流官进行治理。但随着流官进入苗疆的有大批满汉官吏、营兵和"客民"。不少官兵和"客民"中的奸商富户，任意盘剥和欺诈苗民，侵占苗产，引起苗族人民日益激烈的反抗。如永绥县，"初，永绥厅悬苗巢中，环城外寸地皆苗，不数十年尽占为民地。兽穷则齿，于是奸苗倡言逐客民，复故地，而群寨争杀，百户响应矣"①。乾隆帝也承认："贵州、湖南等处苗民数十年来甚为安静守法。地方官吏及该处土著及客民等，见其柔弱易欺，恣行鱼肉。"②在湖南苗区，"几乎每届花甲一周，就要出事一次，从来未有百年安居无事也"③。

雍正改流后，清政府在苗区广置镇、协、营、汛，所设镇、协以镇竿镇、永绥协为重，而塘汛则普遍建立，如乾州厅设31塘，永绥厅设48汛，凤凰厅设73汛④。乾嘉苗民起义被镇压下去后，清政府加强了对苗疆的镇压，增加了不少驻军。嘉庆元年，移常德提督分驻辰州府城，下辖辰州协分防苗疆东缘的沅陵、泸溪、辰溪、溆浦等县，新设乌宿营、洗溪营、浦市营，在泸溪加添弁兵。嘉庆二年，将镇溪所营改为乾州协，并在永绥厅花园汛地增设绥靖镇，辖永绥协及保靖营、古丈坪营、铜仁协、松桃协等，并在秀山、酉阳设秀山协。结果，"诸营棋布星罗""自是苗疆兵制称大备焉"⑤。

清政府在苗疆广建碉卡哨台等军事设施，屯兵驻守。史载当

---

① 魏源:《圣武记》卷七《乾隆湖贵征苗记》。
② 《清高宗实录》卷一千四百七十。
③ 石启贵:《湘西苗族实地调查报告》，湖南人民出版社，1986，第33页。
④ 严如煜:《苗防备览》卷十一《营汛考》。
⑤ 严如煜:《苗防备览》卷十一《营汛考》。

时凤凰厅"自嘉庆二年正月以后……陆续修建沿边里围各路碉卡哨台八百余座";乾州厅"自强虎哨、湾溪起至喜鹊营止,共设碉卡九十余座";保靖县"境内自保安汛起至万岩溪止,设碉卡四十余座";永绥厅"新建碉堡百余";古丈坪"境内设碉卡十余座"等。总计"湖南凤凰等厅县历年筹修石工、汛堡、屯卡、碉楼、哨台、炮台、关门共一千一百余座",上述"五厅县共设屯丁七千名"。

为了安置屯丁,"各厅县共均出归公田六万一百余亩,除分授屯丁承种及提作乡勇盐粮共田五万六百九十余亩外,尚余田九千四百余亩,自可召佃收租,备充岁支公费"①。因此在军屯之外,各处还出现了大量民屯,在麻(阳)、泸(溪)、乾(州)三厅县,民堡为多,凤凰厅的民屯尤众②。

这一系列措施颇有成效。到嘉庆十三年,"辰沅永靖兵备道傅鼐专司苗疆十有余载,锄莠安良,除弊兴利,修置碉堡千有余所,屯田十有二万余亩,收恤流民十万余户,屯兵练勇八千人"③。仅此一项,就有数十万人口。虽然不会全是外地移民,但可以肯定,其中来自外地的人口也应不在少数。因为根据凤、永、乾、古、保五厅县志的记载,乾隆年间,这五县总人口只有174643人④,嘉庆二十一年的总人口已为299635人,说明移民的迁入肯定不会很少。

需要说明的是,清代湖南的人口迁徙现象是普遍的,不仅有大量的外省人口迁入,也有大量的省内人口迁移,而且有大量的人口外迁。如湘西地区,不仅有向省内如四厅和永顺府等地的迁移,也有向贵州、四川、云南、广西等地区的流徙。就省内流徙而言,

---

① 严如煜:《苗防备览》卷十三《屯防考》。
② 严如煜:《苗防备览》卷十二《城堡》。
③ (清)魏源:《圣武记》卷七《乾隆湖贵征苗记》。
④ 道光《凤凰厅志》、宣统《永绥厅志》、光绪《古大坪厅志》、光绪《乾州厅志》、同治《保靖志稿辑要》。

如民国《溆浦县志·氏族志》所载：清代迁入溆浦的人口很多，其中来自沅陵的最多。又如乾隆《永顺小志》载：永顺县的移民多来自辰州府、沅州府，此外也有赣、闽、广等省份的商人来此经商。就省外移民而言，乾隆《黔南识略》卷二载，贵州松桃厅的"城市、乡场，蜀、楚、江西商民居多"。乾隆《镇远府志》卷九也载，施秉县的商贩，"湖南客半之"。

（二）清代沅水流域的人口增长

与明代缺乏可信的著籍户口数据不同，清代中后期各地都有比较丰富的户口记载。至于清前期的户口数，则与明代相似，也没有可靠的记录。何炳棣指出，清前期的"丁"只是纳税单位，并不是人口统计单位，与人口无关[①]。所以，清前期的地区人口数是不能依据人丁数来推算的。不过，清前期的原额人丁与滋生人丁记录的变化还是能在一定程度上反映人口数的增长（见表2-13）。

表2-13　清前期湖南沅水流域统计人丁数量的变化

单位：口

府名	常德府	辰州府	沅州府	永顺府	靖州
原额人丁	36099	14104	原额并滋生共 256379	31469	13803
滋生人丁	696404	447118		170103	315902

资料来源：钦定四库全书本《大清一统志》湖南省，卷二百八十、二百八十四、二百八十五、二百八十六、二百八十九。

表2-13说明，在原额人丁数万的基础上，滋生出数十万人丁，

---

① 〔美〕何炳棣著《明初以降人口及其相关问题》第二章，葛剑雄译，三联书店，2000，第41页。

规模是很大的。

不过，要更加准确地说明清代各地人口的增减态势，还是需要采用切实的数字。曹树基对沅水流域的清代人口数有过比较全面的统计，颇值参考，现经摘录整理，制成表2-14。

表2-14　清中后期沅水流域的人口增长

（单位：万人）

地区	1776年	一统志	1820年	1851年	1880年	新政数	1910年
常德府	106.6	122.0	127.0	131.9	151.5	163.4	179.8
辰州府	80.6	89.8	90.9	101.0	106.5	108.6	108.6
沅州府	55.0	53.7	60.0	62.4	64.5	66.3	66.3
靖州	50.5	60.8	53.7	65.1	50.8	52.3	52.3
镇远府	48.9	57.3	58.3	63.5	68.7	51.9	74.6
思州府	10.6	12.6	12.6	13.5	14.4	11.2	15.4
铜仁府	10.1	13.1	13.1	15.3	17.7	18.6	20.5
松桃厅	9.2	11.5	12.0	14.5	17.3	21.9	20.8
四厅	19.0	19.3	24.7	19.9	35.7	54.0	42.8
永顺府	49.8	64.3	71.6	71.1	75.9	81.3	81.3
合计	440.3	504.4	523.9	558.2	603	629.5	662.4

资料来源：曹树基《中国人口史》第五卷，复旦大学出版社，2002，第693、696页。

从表2-14可以看出，沅水流域的人口数量从乾隆中叶的440.3万增至清末的662.4万，总数是稳步增长的。这种人口规模的持续增长，无疑为沅水流域的经济开发增添了较为丰富的劳动力。

但是，流域内部各地的人口增殖并不平衡，从而对各地经济开发的作用也就不同。上表中的人口数据并不都是准确的，为了更具体地把握人口变化，下面即主要依据地方志资料，分区说明清代中后期沅水流域各地区的人口增长状况。

1. 沅水下游地区

地处沅水下游的常德府大部分属于平原，只有桃源县西部为山区，虽然水害不轻，但人口居住的条件相对优越，因而数量稳定增长。同治《武陵县志》卷十七《食货二·户口》论曰：

> 武陵处楚南一隅，其士敦诗书，其民习耕织，安土而重迁，不逐末务，轻去其乡，故二百年来户口称盛。

据光绪《湖南通志》卷四十九《户口》载，嘉庆二十一年，常德府已有 202562 户、1249996 口。光绪《桃源县志》卷三《赋役志·户口》也说："嘉庆二十一年计户 127235，口 453775，视明初且加至十倍之多。二百年深仁厚泽，民得以益畅其生机，则成效亦可觇矣。"

2. 沅水中部地区

在沅水流域中游地区，人口增长也是显著的，见表2-15。

表2-15 清代辰州府（含沅州三县）的人口增长

年代	乾隆三十年		嘉庆二十一年	
户数	民 17642 苗 10705	合计 28347	辰州府 131093 沅州府 92380	合计 223473
口数	民 77565 苗 50427	合计 127992	辰州府 908902 沅州府 595335	合计 1504237

说明：乾隆《辰州府志》所载的乾隆三十年的户口数似乎不可靠。

资料来源：乾隆《辰州府志》卷九《户口》，光绪《湖南通志》卷四十九《户口》。

表 2-15 说明，辰州府在乾嘉时期的 51 年间，从 12 万多人增至 150 万多人，增长了十倍以上，幅度是很大的。嘉庆以后，沅水中游地区的人口增长并未停滞。如溆浦县，嘉庆二十一年，全县有户 43358、口 247850。到了民国七年，根据调查，合共有户

63446、口 333589。① 从嘉庆二十一年到民国七年，溆浦县的人口数又增长了 34.6%。

沅水中游地区的人口为何在清代不断地增长？移民的作用是显著的。表 2-16 以溆浦县为例说明人口增长与移民的密切关系。

表2-16　溆浦县外来移民氏族统计

来源地	宋代氏族数	元代氏族数	明代氏族数	清代氏族数	合计
湖南	4	8	24	71	107
江西	16	11	16	15	58
苏浙	1	0	3	0	4
其他	1	1	11	1	14
合计	22	20	54	87	183

资料来源：民国《溆浦县志》卷十四《氏族志》。

可以看出，明代和清代迁入溆浦县的氏族占了 77%，其中明代占 29.5%，清代占 47.5%。可见，清代迁入的移民数量是最多的。就这一事实来说，辰州府的人口增长较快是可能的。

在辰州府的上游沅州府，人口增速也很快，见表 2-17。

表2-17　清代沅州府的人口变化

年代 县名	乾隆二十二年		乾隆五十三年		嘉庆二十一年	
	户数	口数	户数	口数	户数	口数
芷江县	26853	152533	33146	200597	40880	239170
黔阳县	12780	106171	25397	147270	29760	192535
麻阳县	12850	70368	15976	125114	21740	163630
合计	52483	329072	74519	472981	92380	595335

资料来源：乾隆《沅州府志》卷十二《丁口》，同治《沅州府志》卷十二《户口》，光绪《湖南通志》卷四十九《户口》。

在芷江县，清初战乱造成当地人口的严重损失，"吴逆变乱，

---

① 民国《溆浦县志》卷七《赋役志·户口》。

沅城被贼兵盘踞,人民逃散"①。但"自康熙十九年削平叛逆之后,国家休养生息,丁户倍蓰于前"②。至乾隆六十年,已有承粮花户计 36751 户,大小男丁妇女 212855 名口,到嘉庆二十三年拨出晃州厅后,芷江县还有承粮花户 37211 户,新奉编查烟户大小男丁妇女 233840 名口③。其中原因之一,就是芷江县的赋役负担比较轻,史载:"湖南洞庭以西,免征漕米。邑以山多田少,征饷尤轻。"④ 这对人口增殖是有利的。

晃州厅的情况更能反映增长过程。史载:"自嘉庆二十二年改设晃州厅,人口日增。土著民人共 5018 户,寄籍民人 949 户,大小男丁妇女 56716 名口。"⑤ 虽然"晃州密迩溪峒,世罹劫掠",但"我国家止戈为武,和泽先后,逃民兹复。诏旨重申,肇我厅于六里,虽占籍他方者不少,而复我邦族,日益蕃滋,当不待生聚十年,可以成林总之象,守土者尚益思诚求保赤以占维鱼"⑥。此处户口的增长既有自然的繁衍,又有大量的寄籍户口。

麻阳县也是"生聚日盛,每逢编审,人丁有加"⑦。

黔阳县虽然屡遭"苗寇",但由于"土谷腴美",人口也持续增长,"嘉庆二十一年,户 29760,口 192535"⑧。

3. 沅水流域西北部地区

清代,沅水流域西北部地区是永顺府和三厅地区,作为改流和新辟地区,其人口增长更为迅速。改流后的移民迁

① 同治《芷江县志》卷八《田赋志·丁粮》。
② 同治《沅州府志》卷十三《田赋》。
③ 同治《芷江县志》卷八《田赋志·丁粮》。
④ 同治《芷江县志》卷八《田赋志·丁粮》。
⑤ 道光《晃州厅志》卷十二《户口》。
⑥ 道光《晃州厅志》卷十二《户口》。
⑦ 同治新修《麻阳县志》卷三《赋役》。
⑧ 同治《黔阳县志》卷十四《户书·户丁》。

入和经济发展带来了原土司地区人口的大幅度增长（见表2-18）。

表2-18　清代沅水流域西北部地区的户口变化

年代 州县	康熙	雍正	乾隆	嘉庆	道光	咸丰	同治	光绪	宣统
永顺县	—	[12] 10082 44024	[25] 34187 185022	[21] 54310 302690	—	—	[10] 27888 141962	—	—
龙山县	—	[7] 18192 90171	[26] — 136192	[19] 24188 141934	—	—	[4] 25716 148540	—	—
保靖县	—	[10] 7122 20349	.—	[21] 20476 96840	—	[10] 20454 92284	—	—	—
永绥厅	—	[10] 5228 23638	[15] 8170 37459	[21] 16461 75434	—	—	—	[34] 16039 67310	—
凤凰厅	—	—	[21] 12249 51383	[21] 14942 744669	[2] 14955 74739	—	—	—	—
乾州厅	[43] 4557	—	[29] 7704 38660	[21] 7190 25900	[16] 8190 27860	[2] 11055 21130	[8] 13713 24445	—	—

　　说明：表内上行为户口数的系年，如乾隆竖行下的〔29〕即表示乾隆二十九年，中行为户数，下行为口数。据《民国永顺县志》卷十二，引王伯麟《永顺县志》，乾隆七年永顺县户19693、口103683；又引黄德基《永顺县志》，乾隆五十八年永顺县户54003、口306401。据《光绪乾州厅志》卷三，乾隆四十六年乾州厅口32717；道光元年户7290、口26010；道光二十七年户8500、口28345；咸丰四年户11426、口26684；同治元年户13587、口33253；同治五年户13683、口34230。

　　资料来源：民国《永顺县志》卷十二，嘉庆《龙山县志》卷二，光绪《龙山县志》卷四，同治《保靖志稿辑要》卷二，宣统《永绥厅志》卷十五，道光《凤凰厅志》卷四，光绪《乾州厅志》卷三。

　　据表2-18，龙山从雍正七年到嘉庆十九年，年均增长率为

5.4‰，此后增长慢下来；永顺从雍正十二年到嘉庆二十一年，年均增长率为 23.8‰，此后人口增幅减少；保靖从雍正十年到嘉庆二十一年，年均增长率为 18.7‰，此后增幅有所下降；永绥从雍正十年到嘉庆二十一年，年均增长率为 13.9‰，此后到光绪三十四年时也有减少；乾州按户数计算（口数与户数比例不合理）从康熙四十三年到乾隆二十九年，年均增长率为 9.2‰，此后到嘉庆二十一年时有所下降，然后人口又不断增加，从嘉庆二十一年到同治八年，年均增长率为 12.3‰；凤凰从乾隆二十一年到道光二年，年均增长 5.7‰。

分析上述各地的人口增减，可以归纳出两种不同情形。

第一，龙山、永顺、保靖、花垣等县在雍正年间改土归流后人口大幅度增加，这主要是大量移民迁入的结果；嘉庆以后增长放慢甚至有所减少，主要是因为人口已趋近饱和，不仅移民迁入已经不多，并且还有人口外迁。

如保靖县，从雍正十年编户为 7122 户、20349 口，至乾隆二十五年编户增至 12237 户、52435 口，户数增加近一倍，人口增加一倍多，其中土户 7952 户、34497 口；苗户 3227 户、12386 口；客户 1418 户、5552 口。到嘉庆二十一年，编户更增至 20476 户、96840 口，即改流后八十年，户数增加二倍，人口增加三倍多 [1]。

又如永顺县，雍正十二年编户共 10072 户、44024 口，其中土户 5510 户、28654 口；客户 1344 户、5226 口；苗户 3218 户、10144 口。至乾隆二十五年，编户已有 34187 户、185022 口，户数增加两倍多，口数增加三倍多。其中土户 20346 户、113765 口；客户 9155 户、46123 口；苗户 4686 户、25133 口 [2]。客户

---

① 同治《保靖志稿辑要》卷二《户口》。
② 民国《永顺县志》卷十二《户口》。

在三十年间增长了七倍以上。

第二，乾州与凤凰的人口增长则受到"苗疆"防卫和"苗患"的较大影响。如乾州厅，从康熙到乾隆年间，人口增加很快，是人口迁入较多的结果，但在嘉庆时人口又有较大幅度减少，这是由于战乱导致人口或亡或迁的结果。

4. 沅水流域南部即靖州地区

与上述地区略有不同，靖州地区的户口增长并不多（见表2-19）。

表2-19 清代沅水流域南部地区的户口变化

年代 州县	康熙	雍正	乾隆	嘉庆	道光	咸丰	同治	光绪	宣统
会同县	—	—	—	[22] 14693 100048	—	—	[13] 20893 109987	—	—
靖州	—	—	[22] 32455 153341	—	[16] 28378 128567	—	[12] 16382 74152	[33] 20822 79906	—
通道县	—	—	[22] 15043 76079	[17] 16175 65138	[16] 16412 68141	—	—	—	—
绥宁县	—	—	[60] 59069 200950	—	[7] 61239 207237	[10] 69239 204726	—	—	—

说明：表内上行为户口数的系年，如乾隆竖行下的［60］即表示乾隆六十年，中行为户数，下行为口数。据光绪《靖州直隶州志》，靖州直辖地乾隆七年户23955、口119328。

资料来源：光绪《靖州直隶州志》卷四。

从表2-19中，可以推算出，会同县从嘉庆二十二年到同治十三年，年均增长率为1.7‰。绥宁县人口规模较大，但从乾隆六十年到咸丰十年间也增加很少，65年间年均增长率为2.8‰；

通道县人口从乾隆二十二年到道光十六年共 79 年间户数有少许增加，口数却有些减少。靖州人口更为特殊，从乾隆二十二年到同治十二年的 116 年间呈现负增长，年均为 -6.24‰，从同治十二年起人口才转为增加，直到光绪三十三年，年均增长率为 2.2‰。

为何会有这种情况？据《靖州乡土志·户口》载：

> 自咸丰来，迭遭兵燹，户损过半，今查州境，汉户二万零八百二十二口，男四万四千一百二十六，女三万五千七百八十。按户数增于同治，而丁数不增，询州人，称光绪九年牛瘟，民户大困，二十五、六年水旱频仍，二十七年夏大疫，户口渐减，今考十九汉里，每里不过千余丁，惟贯六、古一里数盈三千，汕村、由一、在四、贯二、贯五里数盈二千，在城坊六千，且有客籍在内。

据此可见，兵灾、水旱和瘟疫是导致靖州户口减耗的重要原因。

但是，不仅靖州，会同和通道等县的人口也增长很少，应该还有其他原因。例如，靖州和会同洪江的人口中工商业流移民较多，工商业人口极易流散，故"自咸丰年来迭遭兵燹，流离死亡，民数损过半"[①]，人口锐减，而会同县与通道县也受到影响，几乎停止增长；至于绥宁县，大概由于僻处东隅，人口相对稳定。

5. 沅水流域西部即黔东地区

关于黔东地区的户口数量变化，据曹树基教授的研究，增长更缓慢（见表 2-20）。

---

① 光绪《靖州直隶州志》卷四《户口》。

表2-20　黔东沅水流域各府厅清代人口数

（单位：万人）

年代	松桃厅	铜仁府	思州府	镇远府	黎平府	合计
乾隆四十一年	9.2	10.1	10.6	48.9	28.2	107
嘉庆二十五年	12.0	13.1	12.6	58.3	33.6	129.6

资料来源：曹树基《中国人口史》第五卷，复旦大学出版社，2002，第264页；嘉庆重修《大清一统志》。

曹树基指出，在贵州，"黎平府、镇远府和思州府是清代中期以后人口增长速度最低的地区……究其原因，在于人口的迁入较少，区域开发程度不高。"[①]

思州府的人口直到民国时期仍然稀少。民国《岑巩县志》卷八《地理志·户口》说：

岑巩地处偏隅，交通梗阻，工商业尚未发达，故县城内外住户不满三百，乡村惟驾鳌田畴辽阔，庐舍栉比，人烟稠密。此外多崇山峻岭，零星散处，聚居者少。全县荒山荒地约占总面积十分之六七，现未垦种，虽曰民性疏慵，亦足征人口稀少之一斑。

民国十九年该县只有9784户、44650口。

玉屏县的人口在明代尚多来自移民，但到了清代就增长乏力。乾隆《玉屏县志》卷五《赋役志》载："玉邑向属楚卫，在明盛时号位富庶"。该志卷二《区域志》也说："吾邑前明时官军两籍多江南人，其语言服习以及吉凶诸礼岁时各仪皆有江左之遗。"但明清之际，人口损失巨大。乾隆《玉屏县志》卷五《赋役志》云，清初"叠经兵燹，凋残已甚，田无栉比之形，户止零星之数，

---

① 曹树基：《中国人口史》第五卷，复旦大学出版社，2002，第265页。

贫寡之患所自来矣"。直到乾隆年间，"休养生息已逾百年，乃有承平之乐焉""原额户口共 1560 户，新增户口共 229 户"。"然而家鲜盖藏，俗苦呰窳，不有积贮，其何所恃以为水旱之备乎。若夫市场有所，仅乃为小民纤啬之活计，而地方粮食，所产无多，实苦外贩之络绎。盖沅江一水通舟，为玉邑贫民之病久矣"。由此可知当地人口增殖之艰难。

镇远府的户口增长在明代就很缓慢，史称："镇郡自宋元以前未列版图，至明，厥制屡更，徭役未改，籍斯土者既累于贡递，又残于苗逆，民之生气已亡矣"。入清以后，经百数十年来的休养生息，人口才渐增。"原额户口 6963 户，新增户口 2564 户"①。其中不少为附籍汉民。

此外，天柱县原隶湖广，雍正五年割归黎平，雍正十二年改隶镇远府，其人口也是难有增长。光绪《天柱县志》卷二《地理志·乡里》称："柱邑自昔盛时，烟火万家，村落鳞次，亦久称富庶之乡。第数百年来，人事递有变迁，物力亦多减耗矣。"

综上所述，清代沅水流域各地的人口增长并不平衡，常德府、辰州府、沅州府的增速大致是平稳的，而永顺府的增速最快，三厅的增速较慢，靖州和黔东各府州的增速最低。这一格局，既是各地的经济开发进程的反映，也是影响区域经济开发成效的基本因素。

---

① 乾隆《镇远府志》卷十四《户口志》。

第三章
农业开发

　　明代以前，除了下游平原和中游河谷地区已发展起稻作以外，沅水流域大部分地区的农业生产还处于较原始的粗放水平。宋代，"沅湘间多山，农家惟植粟，且多在冈阜，每欲布种时，则先伐其林木，纵火焚之，俟其成灰，即播种于其间，如是则所收必倍，盖史所言刀耕火种也"①。辰州"农作稍惰，多旷土，俗薄而质"②，沅州"地界山溪，刀耕火种"③。这样的农业耕作还属于典型的粗放农业。

　　到了元明之际，从《大明一统志》引述的文字仍可以看到沅水流域农业经济的原始粗放性。在风俗方面。辰州府，"砦窠偷生而无积聚，信巫鬼，重淫祀，少斗讼，寡盗贼，山谷间颇杂猺俗"。靖州，"州介山溪，俗杂蛮獠，以刀耕火种为业"。永顺司，"渔猎养生，刻木为契""土民裔出盘瓠，身服五色斑衣，刀耕火种，渔猎养生"。保靖司，"喜食腥膻，淫祀邪鬼""土民服花衣短裙，露顶赤脚，被发椎髻，好持刀枪，喜食腥膻，不知五常，岁时杀牛屠狗，淫祀邪鬼，刀耕火种为业"。

　　在地方物产方面。常德府产金（武陵、桃源、龙阳三县出，今无）、石碌（桃源县出）、包茅、佛头柑和霜柑（俱沅江县出）。

---

① （宋）许观：《东斋记事》，转引自傅筑夫《中国封建社会经济史》第五卷，人民出版社，1989，第228页。

② （元）脱脱：《宋史·地理志》。

③ 同治《沅州府志》卷十九《风俗》，引《图经》。

辰州府产麸金（沅州及沅陵、辰溪、溆浦、黔阳四县出）、水银（沅陵、卢溪二县出）、铜（辰溪县出）、铁（卢溪、辰溪、溆浦三县出）、丹砂（沅州及沅陵、麻阳三县出。砂之品甚多，出老鸦井者为上，其大如粟，有芙蓉箭镞光色明彻者又为鸦井之最）、石青（沅陵、辰溪、麻阳三县出）、石碌（沅陵、卢溪、辰溪、麻阳四县出）。靖州产葛布、金（州县俱出）、九肋鳖（沅江出）、乌头、五倍子（州境出）。永顺司产水银、丹砂、黄蜡、麝香、石英、兰、马、野牛、猿、锦鸡、白鹇。保靖司产丹砂、水银（五寨长官司出），黄蜡、豹、熊、猿、豺、獭、竹鸡、白鹇（宣慰司境出）。①

可以看出，直到明代前期，沅水流域的社会经济状况有如下几个特征：第一，辰州、靖州、永顺、保靖之民主要以原始的刀耕火种和渔猎为生，只有常德府勤于耕织，与发达地区接近；第二，辰州、靖州、永顺、保靖的瑶蛮獠土民不少，汉人不多，聚居于城市；第三，物产以稀有的矿石、野生动植物为主，有金、银、水银、铜、铁、丹砂、石青、石碌、石英、黄蜡、包茅、佛头柑、霜柑、九肋鳖、乌头、五倍子、麝香、马、野牛、豹、熊、猿、獭、竹鸡、白鹇，基本上是天然物，只有葛布等属于人工制品。

从明代开始，沅水流域的农业生产在大规模的移民屯垦和技术传播带动下，开始向精耕细作迈进，首先开垦了数量可观的农田。

一　土地开垦

（一）明代沅水流域土地资源的开发

明代，数十万移民迁入沅水流域，开垦其中的盆地河谷，

---

① 天顺《大明一统志》卷六四、六五、六六。

导致耕地面积大增。在沅水下游的常德府，平原宽阔，水网纵横，唐宋时已有大量土地被开垦成农田。到了明初，在全国各地纷纷调配人力垦荒力农的形势下，有常德府武陵县民向政府建议说：

> 武陵等十县，自丙申兵兴，人民逃散。虽或复业，而土旷人稀，耕种者少，荒芜者多。邻近江西州县，多有无田失业之人。乞敕江西，量迁贫民开种。庶农尽其力，地尽其利。①

这一建议得到采纳，户部派人赴江西，分配丁多人户和无业人员前去垦种，常德府的农业发展得到促进。

明代中后期流民运动兴起后，地处洞庭湖平原的常德各属进入加速开垦时期。表 3-1 中的官民田土面积及田赋额变化可以说明常德府的垦田成绩。

表3-1 明代常德府耕地面积、田赋额一览

年代	府县	官民土田	田赋夏税麦	秋粮米
洪武二十四年	本府	9562顷99亩	2833石	96655石
	武陵县	3702顷20亩	1126石	38365石
	桃源县	3772顷1亩	676石	36883石
	龙阳县	1920顷33亩	1031石	19605石
	沅江县	168顷45亩	无麦，丝428两	1802石
永乐十年	本府	6704顷90亩	2120石	69037石
	武陵县	3011顷15亩	1002石	31148石
	桃源县	2208顷81亩	407石	22683石
	龙阳县	1295顷88亩	710石	13182石
	沅江县	189顷5亩	无麦，丝483两	2024石

---

① 《明太祖实录》卷二百五十。

续表

年代	府县	官民土田	田赋夏税麦	秋粮米
成化八年	本府	6775 顷 61 亩	2219 石	69252 石
	武陵县	2031 顷 43 亩	1002 石	31180 石
	桃源县	3221 顷 7 亩	407 石	22686 石
	龙阳县	1311 顷 35 亩	710 石	13247 石
	沅江县	211 顷 76 亩	无麦, 丝 516 两	2140 石
弘治五年	本府	6781 顷 77 亩	2121 石	69501 石
	武陵县	3035 顷 86 亩	1004 石	31325 石
	桃源县	2220 顷 66 亩	407 石	22682 石
	龙阳县	1298 顷 21 亩	710 石	13243 石
	沅江县	228 顷 4 亩	无麦, 丝 541 两	2251 石
正德七年	本府	6817 顷 90 亩	2121 石	69664 石
	武陵县	3037 顷 49 亩	1004 石	31342 石
	桃源县	2220 顷 61 亩	407 石	22731 石
	龙阳县	1316 顷 40 亩	710 石	13339 石
	沅江县	243 顷 39 亩	无麦, 丝 541 两	2251 石
嘉靖元年	本府	6824 顷 17 亩	2120 石	69635 石
	武陵县	3037 顷 58 亩	1005 石	31310 石
	桃源县	2227 顷 5 亩	407 石	22731 石
	龙阳县	1316 顷 40 亩	709 石	13339 石
	沅江县	243 顷 91 亩	无麦, 丝 541 两	2252 石
嘉靖十一年	本府	6824 顷 69 亩	2121 石	69639 石
	武陵县	3037 顷 68 亩	1005 石	31311 石
	桃源县	2227 顷 5 亩	407 石	22731 石
	龙阳县	1316 顷 4 亩	709 石	13339 石
	沅江县	243 顷 92 亩	无麦, 丝 540 两	2252 石
万历初年	本府	6825 顷 48 亩	—	—
	武陵县	3037 顷 68 亩	—	—
	桃源县	2227 顷 10 亩	—	—
	龙阳县	1316 顷 60 亩	—	—
	沅江县	244 顷 10 亩	—	—

资料来源：嘉靖《常德府志》卷六《食货》，万历《湖广总志》卷十《田土》。

据表 3-1，洪武二十四年，常德府的官民田地总额为 9562 顷
99 亩，永乐十年为 6704 顷 90 亩，成化八年为 6775 顷 61 亩，弘治
五年为 6781 顷 77 亩，正德七年为 6817 顷 90 亩，嘉靖元年为 6824
顷 17 亩，嘉靖十一年为 6824 顷 17 亩，万历初年为 6825 顷 48 亩。
可以看出，洪武二十四年的田亩数最多，永乐年间的田地面积减至
6704 顷 90 亩，但此后直到万历，田亩面积一直在扩大，共增加了
120 顷 58 亩。这种增加额未必能反映当时土地垦辟的真实状况。不
过已足以证实明朝中后期常德府的土地开垦成效是明显的。推动土
地开垦的最主要动力就是堤垸的修建。对此，下一节将做出说明。

沅水中游的辰州府地区，溪河纵横，但多崇山峻岭，土地开
垦异常艰辛，唐宋时期土地利用相当粗放，刀耕火种。在生产力
大为提高的明代，军屯与民垦先后展开，辰州府取得了前所未有
的垦地实绩，特别是河谷盆地的开垦，如沅陵县：

　　自元明以来，他省避兵者率流徙于此，今之号称土著者，
原籍江西十之六七，其江、浙、豫、晋、川、陕各省入籍者
亦不乏，衣服言语皆华人，亦固其宜山谷。[1]

众多外来流移民在沅陵县的山谷中垦殖土地，在元明时期就
已开始。表 3-2 是明代辰州府的田地面积及其赋额情况。

表3-2　明代辰州府耕地面积、田赋额统计

府州县	成化八年田亩	正德七年田亩	万历初年田亩	田赋（夏税秋粮）
辰州府	4007 顷 37 亩	4065 顷 1 亩	4073 顷 88 亩	成化 51082 石 正德 51247 石
沅州	836 顷 14 亩	840 顷 69 亩	846 顷 19 亩	成化 6791 石 正德 6736 石

① 同治《沅陵县志》卷三十七《风俗》。

续表

府州县	成化八年田亩	正德七年田亩	万历初年田亩	田赋（夏税秋粮）
黔阳县	640 顷 47 亩	650 顷 72 亩	660 顷 58 亩	成化 5361 石 正德 5291 石
麻阳县	322 顷 1 亩（注）	224 顷 39 亩	231 顷 13 亩	成化 1509 石 正德 1518 石
沅陵县	880 顷 91 亩	881 顷 30 亩	881 顷 40 亩	成化 14258 石 正德 14269 石
泸溪县	186 顷 13 亩	188 顷 4 亩	192 顷 82 亩	成化 1023 石 正德 3105 石
辰溪县	286 顷 99 亩	287 顷 28 亩	292 顷 29 亩	成化 4679 石 正德 4683 石
溆浦县	952 顷 95 亩	966 顷 49 亩	969 顷 47 亩	成化 15406 石 正德 15545 石

说明：麻阳县的成化八年数字应为 222 顷 1 亩之误，因为田赋在这一年为 1508 石有余，正德七年的田赋为 1517 石有余，有所增长。

资料来源：嘉靖《湖广图经志书》卷十七《辰州·田赋》，万历《湖广总志》卷十《田土》。

史载辰州府在"明以前，丁困于役，地荒于蛮"[1]。与前代相比，上表中的辰州府田地面积达到了 4000 多顷的规模，确是很难得的成绩。

再来分析明代土地的增加额。以表中各州县的田亩合计，成化八年为 4105 顷 60 亩，正德七年为 4038 顷 91 亩，万历初年为 4073 顷 88 亩，与辰州府的田亩总数略有出入，而麻阳县的成化亩数似为 222 顷 1 亩，故并不影响统计结果。以表中总数而论，辰州府的田地面积在成化八年为 4007 顷 37 亩，正德七年为 4065 顷 1 亩，万历年间为 4073 顷 88 亩，从成化八年到万历初年，经过一百年，只增加了 66 顷 51 亩。以七个州县的广大地域而言，明中后期辰州府的土地开垦成效远不能与常德府相比。

---

[1] 乾隆《辰州府志》卷九《赋役考·田赋》。

土地开发利用的低水平反映了明代辰州府农业经济发展的落后。方志对此有明确的反映。明人侯加地说：

> 辰郡四望皆山，厥土硗确，厥田下下，沅州、溆浦稍称沃壤，辰溪次之，麻阳、泸溪又次之。刘应中曰：辰郡故明时秋粮五万一千五石有奇，夏税六百二十三石有奇，及其末造，兵燹繁兴，荒芜日甚。[1]

在沅水流域南部的靖州，是苗侗民族聚居区，也多山、少平地，自宋代开设州县以后，面貌逐步得到改观。史称"自宋初纳土输贡，始列版图，元明以降，地辟民聚"[2]。明代，靖州作为重要的军事据点，驻有重兵，因此屯军的开垦颇有成绩。表3-3 是明代靖州田亩和田赋数额。

表3-3　明代靖州耕地面积、田赋额

州县	成化八年田亩	正德七年田亩	万历初年田亩	田赋额
总额	1044顷17亩	1041顷20亩	856顷76亩	成化20714石 正德18856石
本州	215顷22亩	215顷95亩	218顷6亩	成化6307石 正德6311石
会同	247顷12亩	249顷24亩	249顷54亩	成化7438石 正德7451石
通道	115顷39亩	215顷57亩（注）	115顷62亩	成化895石 正德895石
绥宁	466顷44亩	460顷44亩	273顷54亩	成化7005石 正德4200石

注：通道县正德七年的田亩数疑是115顷57亩之误。

资料来源：嘉靖《湖广图经志书》卷十九《靖州·田赋》，万历《湖广总志》卷十《田土》。

[1] 乾隆《辰州府志》卷九《赋役考·田赋》。
[2] 光绪《靖州直隶州志》卷四《赋税》。

据表 3-3，靖州的田亩数额曾经达到上千顷规模，但在明中叶后不断减少。这种现象，一方面说明靖州的土地开垦取得过较大成效，另一方面说明也许是因为人口流亡和土地兼并等因素，导致在籍田亩日益减少。

在黔东地区，明朝广布屯军，促进了当地的土地开垦。洪武八年，明将汤和、周德兴讨平思州后，"于诸峒分屯立栅，与蛮民杂种"[1]。据研究，"卫所在贵州以百户所为单位，设立屯堡，开垦土地。湖广都司所属六卫一所估计有屯田 30 万亩"[2]。平均每卫开垦 5 万亩。同时，黔东的招民垦荒也颇有成效。如黎平府：

> 自洪武十九年大军平定之后，居民死于锋刃者十七八，后渐招集流亡，种植树艺，以稻熟刈把为则，以四剪为手，十手为把，每把纳秋粮二升焉。[3]

万历年间，明政府"丈量田土，黔东的镇远、思州、思南、石阡、铜仁、黎平六府，开发较早，共有民田 841894 亩，约占全省民田总数的大部分，以思南府最高，为 137371 亩，黎平府最低，为 27229 亩"[4]。

但是明代黔东的田地抛荒现象也是普遍的。嘉靖《贵州通志》在记述镇远府、铜仁府、黎平府的土田时，都注明是抛荒田。其原因在嘉靖《贵州通志》卷三《土田》中有所揭示：

> 贵州自国初置军卫，设屯田，官军三分守城，七分下

---

① 《明太祖实录》卷一百七十一。
② 《贵州通史》编委会：《贵州通志》第 2 卷《明代的贵州》，当代中国出版社，2002，第 192 页。
③ 嘉靖《贵州通志》卷三《土田》。
④ 《贵州通史》编委会：《贵州通志》第 2 卷《明代的贵州》，当代中国出版社，2002，第 192 页。

屯住种，人有定名，田有定额，故田不抛荒，粮无缺乏。百八十余年以来，地方多事，逃亡事故，十去七八，坐是田地荒芜，子粒无征，节年逋负追并峻严，而官军并困矣。卫所虽以军舍余，会计补种，输纳籽粮，然住止有城屯之异，籍是以免役，粮固不缺，而田益荒也。亦未甚便。嘉靖癸丑岁，巡抚贵州都御史刘大直临境，目击凋敝，因令各该卫所清查前荒田地，招集军民流离诸人，芟秽耕种，许以三年成熟，照数纳粮，则所谓会计人役者将亦可以少缓矣。

这里指出的原因不仅有"地方多事，逃亡事故，十去七八"，还有"节年逋负追并峻严，而官军并困"。

总之，黔东的土地开垦与靖州相似，明初一度大增，中后期不增反减。

最后还需要指出，明代的卫所驻军是开垦土地的生力军。表3-4可以证明沅水流域的军屯成绩显著。

表3-4　沅水流域卫所屯田面积和征收籽粒情况

卫所	嘉靖时屯田面积	岁征屯田籽粒	万历时屯田面积	屯粮
常德卫	942顷69亩	11837石	1007顷36亩	12795石
辰州卫	田928顷37亩，地31顷22亩	11498石	1033顷92亩	12416石
沅州卫	—	13409石	705顷57亩	8301石
平溪卫	—	3920石	—	—
清浪卫	—	4356石	—	—
镇远卫	田121顷60亩	2159石	—	—
偏桥卫	田263顷34亩 地430亩	3738石	—	—
镇溪所	—	76石	—	—
靖州卫	—	14437石	294顷11亩	3537石
铜鼓卫	—	4598石	—	—

续表

卫所	嘉靖时屯田面积	岁征屯田籽粒	万历时屯田面积	屯粮
伍开卫	—	12369 石	—	—
天柱千户所	—	924 石	—	—
文溪千户所	—	650 石	—	—
武冈千户所	—	2046 石	—	—

资料来源：嘉靖《湖广图经志书》卷十七《辰州·田赋》，卷十八《常德·田赋》，卷十九《靖州·田赋》；万历《湖广总志》卷二十九《兵防·军制》。

表 3-4 中，各地卫所的军屯面积或籽粒多少各不相同，但足以说明明代沅水流域的军屯成就是突出的。如常德卫，原额屯田 802 顷 28 亩零，该纳籽粒米 10257 石 3 斗零；弘治十七年增田 155 顷 17 亩，籽粒米 1639 石零；嘉靖七年又增田 4 顷 72 亩，籽粒米 31 石零[①]。

（二）清代沅水流域耕地面积的增长

明末清初的战乱对沅水流域的社会经济造成了极大的破坏，土地荒芜严重。顺治十三年，桃源地方"民逃官捋，田地抛弃"；辰州则"庄佃书役夺捋逃亡，田地尽为茂草，百里绝无人烟"[②]。

清朝政局逐步稳定后，沅水流域的荒地逐渐得到垦复。如康熙三年五月，湖南"宝、永、辰、郴、靖五府属"报垦 634 顷；同月，"岳、长、衡、辰、常、靖六府属"又报垦 518 顷 36 亩[③]。雍正年间，沅水流域的耕地面积情况，可以在一定程度上反映当时的垦地成绩（见表 3-5）。

---

① 嘉靖《常德府志》卷十四《兵防志·屯田》。
② 户部尚书车克等题本，顺治十三年六月二十三日，转引自方行《中国经济通史·清代经济卷》上册，经济日报出版社，2000，第 37 页。
③ 彭雨新：《清代土地开垦史资料汇编》，武汉大学出版社，1992，第 431 页。

表3-5　清代湖广沅水流域各州县田亩原额

府州县	原额	实在	报垦	合计
常德府	29986顷17亩	29561顷85亩	78顷44亩	29640顷29亩
辰州府（含沅州）	15287顷54亩	15133顷54亩	67顷43亩	15200顷97亩
永顺府	—	782顷50亩	—	—
直隶靖州	6678顷35亩	—	242顷77亩	—

资料来源：雍正《湖广通志》卷十九《田赋》，《钦定四库全书》本。

清代中叶，长江中游平原地区已开垦殆尽。在逐渐增大的人口压力下，无地贫民只好向山区寻求寄生之地。而社会经济的繁荣和商业性农业的发展，有力地推动了山区的开发。玉米、番薯等一些耐寒、耐贫瘠、耐干旱作物广泛传播，也十分有利于山区开发。因此，陕南、四川、湖北、海南、山东、江苏、安徽、浙江、江西、福建、贵州、云南等省山区相继得到开发，出现了垦山的高潮[1]。

湘黔交界山区也未能例外。各地人民不仅极力垦殖生荒地，而且想方设法改良土壤，改造低产田地，使之宜于耕种。据乾隆《黔阳县志》卷二十六记载，当地人民"煅石为灰，禾苗初耘之时，撒灰于田，而后以足耘之，其苗之黄者一夕而转深青之色，不然则薄收"。这种改造冷浸田的方法，无疑提高了土地开垦的成效。

经过几十年的开垦，到乾隆年间，沅水流域的耕地面积继续增加（见表3-6）。

表3-6　乾隆中叶沅水流域的土地面积

地区	常德府	辰州府	沅州府	永顺府	靖州
田地塘面积	30572顷3亩	7970顷49亩	7237顷11亩	1017顷84亩	6950顷73亩

资料来源：《钦定大清一统志·湖南》卷二百八十，二百八十四，二百八十五，二百八十六，二百八十九，钦定四库全书本。

---

[1]　方行等：《中国经济通史·清代经济卷》上册，经济日报出版社，2000，第135页。

从康雍时期到乾隆年间，常德府的土地面积由 29640 顷
29 亩增长为 30572 顷 3 亩，辰州府和沅州府由 15200 顷 97 亩
增长为 15207 顷 60 亩，永顺府由 782 顷 50 亩增长为 1017 顷
84 亩，靖州即使原额田土不减，也由 6921 顷 12 亩增至 6950
顷 73 亩。

如果分析一下垦殖指数，可以更明确地看出土地开垦的成绩
（见表 3-7）。

表3-7　清代嘉庆年间沅水流域各州县垦殖指数

单位：顷，%

地区	土地面积	垦殖指数	地区	土地面积	垦殖指数
常德府	167745	22.42	辰州府	188520	5.23
沅州府	120000	7.08	永顺府	206430	0.64
靖州	146880	5.82	乾州厅	15855	0.82
凤凰厅	26055	2.89	永绥厅	16635	4.01
晃州厅	22410	2.21			

资料来源：龚胜生《清代两湖农业地理》，华中师范大学出版社，1995，
第 98 页。

但是，沅水流域各地的土地垦殖和耕地分布很不平衡，下面
分述各府州厅的垦地情况。

沅水下游常德府土地开垦已尽。史载："常德错处山水之
交，土隘而瘠，自国家休养生息百数十年，旷土游民不闻于
境矣。"[1]

在辰州府，溆浦县到同治年间已"无旷土，少游民"[2]。但府
属各地的土地开垦进程很不一致。乾隆中叶，府属四县和三厅的
土地面积就相差悬殊（见表 3-8）。

---

[1] 嘉庆《常德府志》卷十《赋役考·户口》。
[2] 同治《溆浦县志》卷八《风俗》。

表3-8　乾隆中叶辰州府的田地面积

厅县	原额田地	归并屯田
沅陵县	2717顷12亩	52顷78亩
泸溪县	774顷92亩	63顷38亩
辰溪县	1117顷10亩	423顷83亩
溆浦县	2605顷31亩	191顷77亩
四县合计	7214顷46亩	731顷77亩
乾州厅	镇溪13顷15亩	—
凤凰厅	五寨司183顷7亩	丈垦219顷17亩
永绥厅	—	—

资料来源：乾隆《辰州府志》卷九《赋役考·田赋》。

沅州府的土地开垦成绩更为可观。同治《沅州府志》卷十三《田赋》：

沅州府原额民赋，并丈增首垦，共田地塘六千四百五十七顷九十六亩。康熙元年沅、黔、麻归并辰、沅、靖三卫，沅州归并罗、便、晃三堡，及康熙二十八年黔阳县归并武冈州原并靖州卫，共屯田六百四十八顷四十九亩；又雍正八年，沅、黔、麻归拨黔省玉屏、青溪、开泰、镇远、施秉五县寄庄原额屯田地二百四十四顷二十三亩有余；又乾隆八年，芷、黔二县归拨施秉县原额屯田九顷六十四亩。共（民屯）田地塘七千三百六十顷三十二亩，内除芷江县原额砂田二十六顷二十六亩。又雍正八年沅州开拨黔省玉屏县管辖原额及续报首垦民赋田地塘二十一顷八十一亩；又乾隆七年及十八年芷江县详请豁除怀、便、晃三汛建造衙署营房归公田地十四亩有余；又芷、黔、麻接管黔省各县屯田开除芜荒七十四顷九十九亩七分有余。实存（民屯）田地塘共七千二百三十七顷十一亩。

不仅这里的 6457 顷田地已经包括了首垦田地，而且各地归并的卫所田地也有不少属于开垦地，两项合计达 7237 顷多，可见开垦田地之多。

就下属各县而言，也可看出沅州府土地开垦的成绩不小。如《芷江县志·田赋志》所载民田：

> 国朝原额田地塘各二千八百三顷八十六亩。因吴逆变乱，人民逃散，田地荒芜，陆续垦复，至康熙二十七年奉文清丈，二十八年颁发弓式，令各里民掉丈，二十九年复丈，三十年州守祖光佩令民自丈自首，不拘荒熟，概行丈量造报。奉抚部院王题奏原额外，丈增荒田地塘三十顷二十五亩。

但是，"各民纷纷以粮亩不清议论，连年不已。迨至康熙三十七年，奉抚部堂李为湖南田赋事宜等事，案内题奏请改正，务于原额无亏。檄行到州，州守包太隆传集士民公议复丈，照依古制木弓计算，以二十四步为一分，以一分为率，议设纲弓，每纲分为百眼，每眼计算一分，不拘田之湾（弯）斜盈缺，逐一铺丈计算，于三十八年清丈，三十九年捲丈，四十年丈竣造报"。经过这次土地清丈，县属耕地有所增加："康熙三十年原额外丈增民赋在城等里 18 顷，地 6 顷 96 亩，塘 17 亩，平便田 4 顷 53 亩，地 65 亩，塘 3 亩，以上额外共丈增田地塘 30 顷 35 亩。"此后，雍正八年又"额外首垦在城平便田 966 亩，内开除外，实存额外首垦民赋田 5 顷 81 亩，雍正十二年分额外首垦民赋在城田 1 顷 9亩，共新垦田 1 顷 13 亩"[①]。可见，芷江县的土地面积至少在康雍时期是不断扩张的。芷江县的屯田也是持续扩大的，据同治《芷江县志》卷九《屯田》：

---

① 同治《芷江县志》卷八《田赋志》。

　　邑僻居西楚，山多田少，自宋辟草莱，置屯卫，延及我朝，土地日广，丁壮日多，撤卫归粮，计田承丈，而规模益宏远，乃湛恩汪濊叠降，永不加赋之诏。虽屯田所以羁縻边徼，今亦皆熙熙然，游化日光天下也。

　　总之，民田和屯田都在增加，为农业的发展打下了更加坚实的基础。沅州府麻阳县，民户"勤于垦荒，劳于耕耔，壤狭田少，山麓皆治"①。

　　在靖州直隶州，土地开垦成绩相对有限②。靖州本州在康熙年间有原额田1530顷15亩、原额地68顷69亩、原额塘31顷42亩，共田地塘1630顷26亩。又在顺治十八年归并靖州卫屯田，原额屯田119顷68亩③。民田和屯田合计1749顷94亩。绥宁县，原额内额外首垦民赋田2181顷33亩、原额地79顷、原额塘3顷11亩，原额田地塘共2263顷44亩。又有屯田，原额归并靖州卫及归并城步县额外丈出屯田地塘149顷。会同县，原额田地塘共2100顷12亩。通道县，原额田211顷32亩、原额地1顷36亩、原额塘1顷42亩，田地塘共214顷10亩，又有屯卫额内额外并寄庄屯田共54顷11亩。

　　可以看出，靖州各属田地数以通道为最少，嘉庆《通道县志》卷三《赋役志·田赋》引用《旧志》曰："通邑额田，合汉苗五里止二百一十余顷，较之绥、会各邑，为数甚少，而土尤瘠。"说明当地农业资源相当薄弱。

　　永顺府的土地开垦成绩是少数民族地区中最显著的。在保靖县，改土归流后县令王钦命晓谕民众："平地坡地可以垦殖杂粮，自应勤耕稼，至于土埠高岗，尽可种桐。""凡尔民人，务遵教导，

———————————
① 同治《麻阳县志》卷五《风俗》。
② 光绪《靖州直隶州志》卷四《贡赋》。
③ 康熙《靖州志》卷二《则壤》。

急为遍植,此乃尔民成家之法,根本之事,各宜踊跃,奉行毋违。"[1]
同治年间,保靖县已经"野无旷土"[2]。光绪《龙山县志》的编
者说:"尝以事,经僻乡,见岗阜陡蠡之处,丛荆礌石之间,
寸尺墝土无不垦辟。时当种植,居民崎岖上下,若猿玃然,极(易)
失足,颠仆不休。"[3] 可见其土地开垦之艰难。再以不属典型的
古丈坪厅为例。据光绪《古丈坪厅志》卷十一《物产·田志》:

> 相传雍正时改土归流,大造皇册,古丈坪厅所辖境内田
> 地山场,皆经官丈量,惜其籍不可复见。嘉庆年间行屯田,
> 均三留七,是专指田而言,又系有余之家,除自耕食外,余
> 田均输,其零星小户之田,概不在算。二百年来,垦荒成熟者,
> 又无可稽。今因可知者志之。

该志所载古丈坪厅成熟田有 2774 亩,此外,"凡田未在均
列及陆续成熟者无从钩核",而且"自均屯至今百年,水冲沙压,
人力不齐,所废田若干,亦无从钩核。但屯田之废不可耕者甚少
所闻"。可见水田并不多。"古丈坪厅境周匝五百里,内除水田、
林木外,概可以地之,约计以十分计算,水田居十分之三,熟地
居十分之四,旱地居十分之一,岩山荒地居十分之二"。可知境
内还有一半是熟地和旱地,只因没有经过丈量,不知面积实数。

在三厅地区,乾州厅的开垦土地并不多,而且往往归属邻县。
乾隆《乾州志》卷一《田赋志》:"经征镇溪所原额屯粮秋粮二
项田地一十三顷一十五亩。"光绪《乾州厅志》卷三《田赋志》
仍然称:"乾州田赋甚属寥寥,缘开辟较迟,幅员未广。东南本
属泸邑,田赋仍归泸邑,西接凤凰厅,田赋仍归凤凰,北方一带

---

① 雍正《保靖县志》卷四《艺文》。
② 同治《保靖志稿辑要》卷四《风俗》。
③ 光绪《龙山县志》卷十二《物产》。

皆山，惟于深山穷谷中零星开垦者，其粮归乾。"

凤凰厅的田地面积较为可观，道光《凤凰厅志》卷四《田赋志》："经征（白岩、乌引、芦荻、杜望、宋沱五里）原额成熟田百八十三顷七亩。又康熙五十二年额外丈出田二百十二顷十三亩。"但毕竟是"厅境山多田少"①。

永绥厅的土地开垦也颇有规模。史称：

> 厅中向称山多田少，近年开土作田者甚多，故田日加增。合厅之俗，大抵勤于耕种，男女合作，无甚富亦无甚贫。崇尚儒术，爱惜（身）体而兼信佛巫，安居乐业，醇风近古，洵称乐土。②

需要指出，清政府组织的屯田活动提高了苗疆及其周边地区的土地开垦和利用水平。以著名的嘉庆均田为例，清政府从嘉庆二年至十五年，先后在永绥、凤凰、乾州、保靖、古丈、泸溪、麻阳7厅县实施"均田"，强夺农民田地，安设屯田。永绥厅"寸土归公"，凤凰厅"均七留三"，乾州厅"均三留七"，以少部分拨给屯军耕种，大部分以恩赐形式给予农民佃耕，共均出十五万二千多亩③，可见耕地之多。当时仅在古丈的本城保、冲正保、西英保、功全保、罗依堡等地就有屯田达七百多亩④。直到清末，垦田仍在一些地方进行，如永绥厅，"厅中向称山多田少，近年开土作田者甚多，故田日加增"⑤。

在黔东，据《清实录》记载，从雍正至嘉庆期间，贵州向朝

---

① 道光《凤凰厅志》卷十八《物产》。
② 宣统《永绥厅志》卷六《地理门之十二·风俗》。
③ 石启贵：《湘西苗族实地调查报告》第六章《清代屯防》，湖南人民出版社，1986，第198～191页。
④ 民国《永顺县志》卷十二《食货》。
⑤ 宣统《永绥厅志》卷六《风俗》。

廷报告所垦田亩数目，乾隆三年有思州、正安、玉屏等十一府县开垦田土 911 亩，八年有铜仁、威宁、荔波、绥阳等 21 府州县垦荒 7650 亩，十三年有修文、瓮安、湄潭、玉屏四县垦田 155 亩，十四年有镇远等处垦田 308 亩，二十年有思州、清镇、黄平、湄潭等七府州县垦地 738 亩，二十二年有思州府开田 780 亩，三十三年有黄平、天柱等四州县垦田 198 亩，五十八年有黄平、湄潭、施秉三州县垦田 354 亩 [①]。在这些府州县中，思州、玉屏、铜仁、镇远、天柱等，都属沅水流域，可以说明清代中叶黔东的土地开垦是有成绩的。但进而考察各府县方志，可以发现各地的土地开垦颇为不易。

道光《铜仁府志》卷四《食货·户口》说："贵州土地硗确，惟正之供不敌中原一大郡，铜仁又贵州之一隅，田多仄险，民少盖藏，生计甚微，殆荒瘠之甚耳。"说明铜仁府田地甚少而又贫瘠。

康熙《思州府志》卷四《赋役志·户口》称：

> 第人有逃亡而土无死徙，何以兵燹之后失额如许，即云土亦荒芜，历年岂无开垦，计土报丁，似可渐复。乃平定以来上下相蒙，曾无议及此者。

该志作者认为清初思州府应有土地开垦，只是未能上报升科而已。由于地处大山之中，直到民国时期，思州（改名岑巩）的田地垦种仍未有大的改观，史称"地处偏隅，交通梗阻，工商业向未发达，故县城内外住户不满 300，乡村惟驾鳌田畴辽阔，庐舍栉比，人烟稠密。此外多崇山峻岭，零星散处，聚居者少。全县荒山荒地约占总面积十分之六七，现未垦种，虽曰民性疏慵，

---

① 《贵州通史》编委会：《贵州通史》第 3 卷《清代的贵州》，当代中国出版社，2002，第 141、143 页。

亦足征人口稀少之一斑"①。这里说全县有十分之六七都是荒山荒地,应是实情。

玉屏县的开垦田地也是很少的。史载"玉屏县旧为平溪卫,所辖平屯、麻屯、沅屯三屯,雍正六年奉旨划清地界,经黔楚两省会议,将附近湖广麻屯拨归麻阳,附近湖广沅州之沅屯拨归沅州,将附近玉屏县之沅州西溪六里拨归玉屏"②。乾隆时,县境田地"实在成熟田地七千六百十九亩七分余"。此后增加新垦并成熟各田共计一百三十二亩。该地"初设卫防戍,以军种屯,以屯养军。但所领屯田,均系有司拨出,或土司废地,故多瘠薄"③。田既不多,又多贫瘠,对农业的发展之不利可想而知。

思州府以南的镇远府,有不少可垦地。史载:

> 镇远居民半草山,无复中州绣壤相错、星棋罗落之象,山高嶂僻,深林密菁,三五户而为村,多或数十家而成寨,鲜有至数百户者,故户少而寨多。又故明集军屯田,今屯归于民而屯名存。山石多洞,往苗人居之而名峒,峒与洞通……土著皆他乡寄籍。④

可见清代来此垦殖之民不少。在长期开垦之后,镇远府的田地面积相当可观,乾隆年间已有原额田地 235178 亩,实在成熟田地 134261 亩⑤。

综上所述,清代沅水流域的大量土地得到开垦,从而促进了

① 民国《岑巩县志》卷八《地理志》。
② 乾隆《玉屏县志》卷二《区域志》。
③ 乾隆《玉屏县志》卷五《赋役志》。
④ 乾隆《镇远府志》卷十二《峒寨》。
⑤ 乾隆《镇远府志》卷十三《田赋》。

山区农业的发展，也使社会面貌不断改观。史称："民自内地而迁，历年开垦，渐觉充裕。"[1] 辰溪县，"辰邑山多田少，生计为艰，农民耕作田谷而外，或山或地，广种荞麦、粱、菽、包谷诸杂粮，及棉麻烟叶桐茶松榆等树，以资生计。近虽山巅水涯，亦皆垦艺无旷土矣"[2]。

当然，沅水流域的农垦受气候、土壤、水资源等自然条件限制，确有不易克服的困难。乾隆《辰州府志》叙述了在山区开垦土地的过程之艰辛：

> 顺治间，民初获衽席之安，然尔时兵革尚未全销，人民稀少，艰于垦植。至康熙元年清丈，止存粮麦一万五千九百五十六石有奇，及逆藩变后，惟泸、溆、黔、麻四县幸居稍僻，粮数咸如元年，沅陵、辰溪、沅州当云贵之冲，荒粮至四千四百七十五石，通计辰属，仅存一万一千四百八十石。寻沅陵、沅州报垦一千二百八十余石，而沅陵之民困矣。计湖南九府，粮凡六十余万石。辰为九郡之一，而粮数尚不及靖州之最少者。嗟此贫瘠之民，边荒之地，视丰腴之州郡，何啻天壤哉。[3]

正由于土地开垦相当艰难，所以乾隆年间，沅水流域的许多地方还是"山多田少"。如泸溪县，"邑田少民稀。"[4] 在辰溪，"辰邑山多田少，生计为艰"[5]。

还应看到，黔东各府县的田地在开垦后又有严重的抛荒现象，

---

① 乾隆《辰州府志》卷十四《风俗考》，引《永绥厅段志》。
② 道光《辰溪县志》卷十六《风俗志·农事》。
③ 乾隆《辰州府志》卷九《赋役考·田赋》。
④ 乾隆《泸溪县志》卷十《赋役》。
⑤ 道光《辰溪县志》卷十六《风俗志》。

见表 3-9。

表3-9 乾隆四年黔东各府县田亩、田赋

府县	原额田地（亩）	荒芜田地（亩）	实在成熟田地（亩）	原额本色正米豆粮	田荒无征米豆粮	实在有征正米豆
镇远府	235178	100918	134260	本色 8080 石	4973 石	3089 石
镇远府亲辖	23936	10914	13021	本色 496 石	213 石	—
镇远县	91053	69436	22100	本色 2575 石	2020 石	556 石
施秉县	30372	20568	9804	本色 3707 石	2739 石	948 石
天柱县	89336	—	89336	本色 1302 石	—	1302 石
思州府	90142	34591	55551	本色 853 石	143 石	710 石
思州府亲辖	48380	8320	40060	本色 853 石	143 石	710 石
玉屏县	14675	7605	7070	折色 1841 石	1806 石	754 石
青溪县	27087	18666	8421	折色 2709 石	1867 石	842 石
铜仁府	85035	13468	71566	本色 1195 石	192 石	998 石
铜仁府亲辖	53539	11129	42410	本色 678 石	154 石	520 石
铜仁县	31496	2340	29156	本色 516 石	38 石	478 石
黎平府	136664	—	136664	本色 979 石 折色 13015 石	—	本色 979 石 折色 13015 石
黎平府亲辖	26337	—	26337	本色 979 石 折色 1379 石	—	本色 979 石 折色 1379 石
开泰县	91335	—	91335	折色 9133 石	—	折色 9133 石
锦屏县	6299	—	6299	折色 1260 石	—	折色 1260 石

资料来源：乾隆《贵州通志》卷十二至十三《食货·田赋》。

表 3-9 中，抛荒田地的面积是惊人的。以镇远府为例，在 235178 亩田地中，只有 134260 亩实在成熟田，竟有 100918 亩荒芜，占 43%。如此多的田地荒芜，说明土地垦殖的效益很低。

还需指出，沅水流域人丁的增长速度毕竟比耕地的增长要快，见表 3-10。

表3-10　乾隆年间沅水流域载籍人丁和耕地

地区	原额人丁	滋生人丁	田地山塘	额征地丁正杂银
常德府	36099	696404	30572顷3亩	99772两
辰州府	14104	447118	7970顷49亩	59153两
沅州府	256379		7237顷11亩	28096两
永顺府	31469	170103	1017顷84亩	823两
靖　州	13803	315902	6950顷73亩	36527两

　　资料来源：钦定乾隆《大清一统志》卷二百七十五、二百八十四、二百八十五、二百八十六、二百八十九。

　　因此，从明代到清代，在沅水流域田地面积增加的同时，人均耕地逐渐减少，可见表3-11。

表3-11　沅水流域部分地区人均耕地变化

时代 地区	明代			清代		
	人口数	田亩数	人均田亩	人口数	田亩数	人均田亩
常德府	144544人	682548亩	4.72亩	1249996人	2412415亩	1.93亩
辰州府	116916人	233598亩	2.00亩	908902人	721420亩	0.79亩
沅州府	37816人	173790亩	4.60亩	595335人	634993亩	1.07亩
靖州	88690人	85676亩	0.97亩	619181人	621358亩	1.00亩
永顺府	—	—	—	642466人	80240亩	0.12亩
合计	387966人	1175612亩	3.03亩	4015880人	4470426亩	1.11亩

　　说明：乾隆《大清一统志·湖南》所载田地山塘面积如下：常德府3057203亩、辰州府797049亩、沅州府723711亩、靖州695073亩、永顺府101784亩，都高于晚清田亩数。

　　资料来源：万历《湖广总志》卷十至卷十一；光绪《湖南通志·赋役志》，户口、田赋。

　　据表3-11，沅水流域人均耕地在明代尚有3.03亩，到了清代，下降至人均1.11亩。说明沅水流域的人地矛盾已空前突出。

二　水利兴修

　　沅水流域的下游地区开发较早，早在唐代就已兴建了若干水利工程。据《新唐书·地理志》记载，在朗州武陵县，北有永泰渠，光宅中，刺史胡处立开，通漕，且为火备；西北二十七里有北塔堰，开元二十七年刺史李进增修，溉田千余顷；东北八十九里有考功堰，长庆元年刺史李翱开，溉田千一百顷；又有右史堰，二年刺史温造增修，溉田二千顷；又北一百一十九里有津石陂，圣历初县令崔嗣业开，溉田九百顷；等等。

　　宋代，常德地区继续兴水利，开农田，据《钟相杨幺轶事》载："靖康之乱，中原衣冠随皇舆而南迁，其寓鼎州者比比皆是……侵占湖沼淤地，筑垸为田，延袤百里。"[①] 可见，宋代此地已在湖区兴办水利，建设垸田。

　　在沅水中游地区，溆浦县的水利事业兴办较早。宋元时开始已有兴建。民国《溆浦县志·水利》载，县内三区"大陂坝，狐狸江，引鸣凤溪水，灌右岸桥头水田二百余亩，伍秀禄倡修，分八头灌水，四日轮流，旧志作元向希安创修"。

　　明清时期，在两湖平原和山区大兴水利的形势下，不仅沅水流域下游的水利事业继续扩大，而且中上游山区的水利建设也蓬勃开展起来，中小型水利工程普遍兴建，大大提高了水资源的开发利用水平，在一定程度上解决了山区稻作的灌溉难题。

（一）明代水利工程的逐步兴建

1. 下游常德府的水利兴盛

　　在沅水下游常德府，除了唐宋兴建的水利工程继续发挥作用

---

① 转引自陈致远《常德古代历史研究》，北京图书馆出版社，1999，第108页。

外，明代中叶滨湖地区还出现了修筑堤垸的高潮。

在武陵县，据《天下郡国利病书》记载，"县临江，多设堤防"，其新建的水利工程如下：

槐花堤，在县清平门外一里许。

柳堤，在县东门外通北门。

花猫堤，在县东门外临大江。

南湖，在县西十五里，系官路。

屠家堤，在县东三十里。

皂角堤，在县东三十里。以上四堤，嘉靖十三年大水冲决，知县钟銮修。

赵家堤，在县西，近大江，自南湖至河洑，知府欧阳恂修。

东田堤，在县东十五里。

长江堤，在县东二十里，春夏水涨，与江相通。

宿郎堰，在县东九十里，周九十七里，捍湖障江，广、德二村居民于内耕种，知府欧阳恂、方仕先后修成。

这些堤堰建成后多次被洪水冲决，当地官府多次斥资重修。如《武陵县堤考略》称：

> （嘉靖）三十九年以来，诸堤复决。知府叶□[1]春估勘，大修宿郎堰堤，修决口一十二处，计长二千二十余丈；槐花、佛子、南湖等堤，修决口二十四处，计长一千九十余丈；其宿郎堰又有水塝二座以便蓄泄，曰上塝、曰下塝，各长九尺高六尺阔五尺。[2]

常德府属桃源县，境内多山，故陂塘设施的修筑多于堤垸。

---

[1] 此处原文模糊，但据前后文推断应为"应"字。

[2]（清）顾炎武：《天下郡国利病书》，湖广上（原编第二四册）水利，湖广下（原编第二五册）水利，常德府。

明万历年间，县内的陂塘分布如下：上坊9座、下坊8座、新安村17座、高都村12座、水田村12座、杜青村17座、东七里10座、西东村14座、白石村10座、□鸠村14座、莫溪东村12座、莫林村15座、延口村10座、上七里15座、大安村12座、下苏村15座、黄沙村10座、后春村15座、硖洲村15座、香山村12座、高桥崇宁22座、沙罗村8座、土东村12座、大田村10座①。以上24村坊，共计建有306座陂塘，平均每村有12.75座。明代修建的这一批陂塘，在清代继续发挥作用。

在桃源县境东部的平原则修建了堤垸，如杜青堤，"长千余丈，距府南四十里，明万历间知府张鹍筑"。光绪《湖南通志》收录了俞一黼的《杜青堤记》，曰：

> 府治南江四十里，其地曰杜青村。平原芜衍，三面襟江。春夏新涨，禾黍为壑。回荏兹邦者，父老陈利病，议堤防，率以力诎诿。郡侯张公下车之始，佥议如初，爰进郡民，指示经略，从水势冲决处而堤之。命邑佐孙君董焉，民欣欣焉，感激和会。执役数月，事竣。署司李智公乐赞其美，邑侯王公获襄厥成。堤弦江背，延袤千余丈，高二丈有奇，广准之。甚哉！侯之造鼎民者远也。……鼎父老请以勒诸石。侯名鹍，关中泾阳人。司李名几先，晋阳五台人。邑侯名褒善，东莱都昌人。邑佐名卿，赣州安远人。②

为了挡住江洪，桃源县民还修建了几座石柜，上石柜在儒学前，元延祐年间建，明万历年间知县郑天佑修；下石柜在劝善寺前，明万历年间知县刘炅筑；又在迎熏门外有新石柜，高

---

① 万历《桃源县志》卷二《地文志·陂塘》。
② 光绪《湖南通志》卷四十七《堤堰二·桃源县》。

二丈九尺有奇^①。

此外，嘉靖、万历时期，为了捕捞水产，桃源县民在沅水河上建起了不少鱼梁，史载"邑濒大江，为沅酉诸洞汇流，暖冬，水落石出，市民于江中植木垒石为鱼梁，春夏水涨，鱼下，获利颇巨"。其名称及位置如下：

> 大龙宝（南十里大江），小龙宝（同上），当江木存（南五里大江），直□（同上），新直溶（同前），偏木存（以上俱赵家州傍），磨房木存（东六十里），左家木存（东八十里），□单木存（南五十里），侯家木存（南六里），越子木存（南二里），赛龙宝（又名麻绳，东四十里），清江浦（南四十里），白林洲（南三十里），竹根汉（南二十里），羊儿缴（南五十里），马观（南三十里），龚公木存（□二十里），杨洲木存（东三十里），□家木存（俱东十里）。

但鱼梁设施增多以后，对沅水泄洪与航运产生了不利的影响，于是万历年间，地方官吏与民间纷纷建言革除此弊。

> 第至迩年，河流冲决，乃为舟楫之梗，少失回避，害不忍言，县令嵩明郑公延年条陈申请革去要害数座，常欲立碑江畔，以垂久远，因迁去遂已。万历四年福清郑公天佐复议申请无论冲僻尽革，以免射利者籍口岁课一十五□□，于商税□代纳，自是舟行所安，□□□无穷之惠也。^②

经过多年努力，终于解决这一问题，恢复了水运。

---

① 光绪《湖南通志》卷四十七《堤堰二·桃源县》。
② 万历《桃源县志》卷二《地文志·鱼梁》。

2. 沅水中游辰州府的水利初兴

总体而言，明代沅水流域的水利建设重点地区是常德府，也颇有成效，至于其他府州，水利事业处于起步阶段。表3-12据《天下郡国利病书》记载制成，可在一定程度上反映了这一点。

表3-12　明末沅水流域部分州县堤坝

州县	武陵县	桃源县	龙阳县	沅江县	沅陵县	泸溪县	辰溪县	溆浦县	沅州	黔阳县	麻阳县	靖州	会同县	通道县	绥宁县
堤坝	10	—	11	1	1	—	—	—	—	—	—	1	—	—	
灌溉水源	2	2	4	—	—	0	2	4	1	6	1	1	5	1	4

资料来源：顾炎武《天下郡国利病书》原编第24册，湖广。

表3-12所列，并未全面，如桃源县修建的许多陂塘，未被收录。但也足以说明，辰州府的水利事业乏善可陈。万历年间，泸溪县邑令吴一本对此有所陈述：

> 昔神禹之沟洫，周官之潴防，与历代良有司，陂塘池堰之修，皆所以备旱潦而利生民者也。泸溪之田，高者易于旱，下者易于潦，则水利尤其所当务者。予尝阅历郊野，既寡塘池以潴水泽，询之民间，亦乏器具以资灌溉。春雨则耕，否则耕莫能施矣。既耕而种也，农人所谓以时耘耔、以时灌注、粪多而力勤者，非惟不务，亦不知有此务焉。其置之也若弃矣。必天之雨赐时，若可望有秋。一遇旱干则赤地千里，其何以蓄五谷而育民人也乎。切计今必乘农隙之时，严示浚治之令，庶水利兴而旱涝不能为之灾也。生民其有攸赖哉。①

当时泸溪县"既寡塘池以潴水泽"，又"乏器具以资灌溉""春

---

① 乾隆《泸溪县志》卷四《水·水利》。

雨则耕""一遇旱则赤地千里",几乎无灌溉水利可言。

不仅农田水利未能兴办,泸溪县的城市防洪也在明代尚无进展。乾隆《泸溪县志》有一篇《泸溪县新建县治碑记》,曰:

> 泸溪为辰属邑,当郡上流,地滨两江,时有水患,然易盈易平,民以为常。比隆庆辛未夏五月,霪雨旬日,洪水滔天,自县治廨宇以及公馆驿传,荡析无遗焉。民居存者仅十之三四,盖自设县以来,所未有之变也。①

辰溪县的水利事业也处于起步阶段。明代有一位官员因在辰溪兴办水利而一直被后人怀念:"虞球字伯玉,崇仁人,宏(弘)治十年通判辰州。巡历辰溪,邑多山,岁每苦旱。球亲诣田间,相度水道,令民凿陂塘潴水,以资灌溉,民至今受利焉。"② 此后,辰溪县继续兴建水利工程,例如"射虎洞堰,灌田千余亩。堰高三四丈,两旁有圳。明万历二十四年众姓公修"③。这样的工程效益相当可观。

溆浦县在明代的水利成绩相对突出。方志中有若干记载,如"杉木塘和岩口塘,二塘接连,在岩脑上乡右龙阳殿上,面积共四十余亩,灌田八百余亩,杉木塘,宋季李处文创建,岩口塘,明初朱世洪创建"。又有"杜家坝,独石村,引四都河水,灌右岸塘头等村田三千七百余亩,明初舒克义、李良四、向贵三等创建,弘治三年复修,自坝口下至青石桥止,编立小甲二十三名,以圳路系桥江宅基,议立长车两架,昼夜车灌,田亩不在小甲数内,其圳深五尺,宽三尺,段奉质、易书贤、艾从妍等勒有碑记"。还有"牌楼边塘,连接二口,面积五亩零五厘四毫,灌田数百亩,明初周荣卿合丫沙坝、九甲坝、柳林坝同修"。又如"举人塘和

---

① 乾隆《泸溪县志》卷十三《廨署》。
② 光绪《辰州府乡土志》第三章《政绩》。
③ 道光《辰溪县志》卷八《水利志》。

办塘，茅坪村，二塘接连，面积共三十亩，灌田七百亩，明举人李克从建"。还有"千工坝，马耀溪，引龙潭河水，灌湖田、大田、窑头、万水、茅坪等处田三千七百余亩，（明）覃希纯建"①。

3. 沅州、靖州地区的水利初兴

沅州的麻阳县，是明代沅水中上游地区水利建设成绩最突出的地方。清初的《麻阳县志》具体载录了县内各都的堰塘名称和修建人。计有：一都，25堰；二都，15堰；三都，12堰；四旗都，10堰；石荡都，20堰；石渠都，22堰；市都，27堰，4陂，4塘，4池，共143处水利工程。该志引用明代知县蔡心一的话说：

> 塘堰，粒食之源也。源大则堰，源小则塘，以疏以积，以备缓急，田农之必务也。何乃尽借天时哉！迩来得堰利者始欣然加额示感，则塘之利可类晓矣。视督令之初，不无"多事"语者，何如也？噫！小民诚难与虑始矣。②

反映了创建水利的艰难。

麻阳县在明代就建设如此多的堰塘，未免有人怀疑。但同治《麻阳县志》更为详备地记录了县境内的塘堰工程，证明其绝大部分建于明代无疑。现作统计，制成表3-13。

表3-13 明清麻阳县水利工程统计

里名	各甲塘堰数	备注	里名	各甲塘堰数	备注
一都里	六甲5，四甲3，一甲1，十甲3，九甲2，八甲1，二甲2。共17处	有16座为明代开建	二都里	三甲2，二甲3，五甲1，七甲2，四甲1，八甲4，九甲1，十甲2。共16处	皆为明代所开

---

① 民国《溆浦县志》卷三《山川·水利》。

② 康熙《麻阳县志》卷三《水利》。

里名	各甲塘堰数	备注	里名	各甲塘堰数	备注
三都里	六甲3，三甲1，四甲3，八甲1。共8处	皆为明代创修	旗都里	九甲2，六甲3，二甲1，三甲1，四甲2，十甲1，八甲2。共13处	皆为明代开建
惹都里	八甲1，四甲7，七甲1，一甲6，三甲1，五甲3。共19处	皆为明代开建	渠都里	十甲4，七甲1，五甲3，一甲3，三甲3，八甲9，二甲3。共26处	23处为明代开建，3处为新增
市都里	五甲5，二甲3，六甲8，十甲3，九甲4，三甲3，四甲1，未载甲名1。共28处	27处为明代开建	永都里	六甲1，五甲2，七甲2，九甲1，三甲2。共8处	皆为明代开建。县志：一都7，三都1
兴都里	五甲1	县志为惹都	各里合计	136处塘堰	131处为明建

说明：同治《沅州府志》还列出了每处塘堰名称和开建人姓名。

资料来源：同治《沅州府志》卷十《塘堰》，同治新修《麻阳县志》卷一《塘堰》。

表3-13所列，与康熙县志的记载对照，略有出入，但基本上是一致的，说明麻阳县的水利格局在明代已基本形成。

在芷江县，明代也建设了若干水利工程。如万历《沅州志》所载："州境有塘五，曰圭竹塘，曰南溪塘，曰莫家村塘，曰清水塘，曰石门塘，云俱洪武年间开浚，各设塘长一名。"[1]

在靖州，有关水利的史料缺乏，但不一定就没有成绩。据光绪《湖南通志》卷四十七《堤堰二》所载，在会同县，明成化间知县刘永建藕塘，在县东一里。

---

[1] 同治《沅州府志》卷十《塘堰》。

4. 黔东地区的水利

明代，黔东各府也开始建有陂塘，或者有意识地引水灌田。如镇远府城西六十里有平宁陂，思州府有"养苗溪，在府城西北八十里，有巨石障流，土人架木槽引以灌田"①。

总之，明代沅水流域的水利以下游平原比较发达，中上游山区只有部分地区建有一些堰塘。

（二）清代水利工程的普遍修治

1. 下游常德府的水利盛况

清代，常德府的水利修治持续发展，中叶时出现鼎盛局面，为稻作生产的发展提供了有力的保障。在武陵县，堤障数量多达上百处，见表3-14。

表3-14 清代武陵县水利工程一览

名称	位置	规模	备注
柳堤	在县东门外通北门即便河岸也	—	《一统志》
乌鸡堤	在县东十里	长五十五丈	—
东田堤	又东五里	—	—
长江堤	又东五里	—	—
皂角堤	又东十里	—	—
屠家堤	又东五里	长九十一丈	—
伍家堤	—	长百十二丈	—
龙里堤	—	长三百二十一丈	—
阳雀堤	—	长五百五十五丈	—
上东堤	—	长七百二十九丈	—
下东堤	—	长二百十一丈	—
四老口堤	—	长三百七十七丈	—

① 嘉靖《贵州通志》卷二《山川》。

名称	位置	规模	备注
观音庄堤	—	长四百二十三丈	—
马家窖、接官亭、新陂等堤	俱在县东	—	—
金鸡堤	在县西南二十里	—	—
槐花堤	在县西门外	长三丈八尺	—
南湖堤	在县西二十里	长二百五丈	《一统志》、《府志》
赵家堤	—	—	今废，《县志》
花猫堤	—	长三十三丈五尺	—
铁窑堤	—	长二十七丈	—
易家堤	—	长二十八丈八尺	—
罩纱堤	—	长百六十二丈	—
洗手堰堤	—	长四十四丈	—
落路口、莲花庵、白头湖、唐家湾、菖蒲、明月、曲尺湾、南湖铺等堤	俱在县西	—	以上各堤皆康熙二十一年修，雍正六年发帑重修，加高三尺，宽五尺
白沙新堤	—	—	乾隆五十一年复发帑银七千七百八十二两有奇，改修
水府庙、老官、易家三堤	—	—	发帑银二千一百四十三两有奇，修复
镇堤庵、莲花庵、老塘堆、四老口四堤	—	—	发帑银七千三百五十三两有奇，修复。《一统志》、《府志》
翁公堤	在县东长乐村	—	乾隆间知县翁运标筑。《旧志》
芦洲障	在县东	长二千七百一十一丈	—
姚家障	—	长六千六百七十八丈	—
王家障	—	长千一百七十八丈	—
文子障	—	长三千六百丈	—
黄溪南障	—	长三千二百七十六丈	—

名称	位置	规模	备注
黄溪北障	—	长二千四百二十五丈	—
木瓜障	—	长二千二百三丈	—
德远障	—	长千一百八十八丈	—
乌汊障	—	长二千三百二十二丈	—
张家、永益、保安、扁草等障	俱在县东南	—	—
溪障	在县东北	长三千六百八丈	—
官堤障	又东北	长二千八百五十八丈	—
黄花障	—	长四千五百四十二丈	以上各障，俱康熙二十一年修，雍正六年发帑重修，加高三尺宽五尺
各村障民堤	—	—	乾隆五十一年发帑银八千八百九十四两有奇修复
各官堤	—	—	五十二年发帑银三百十六两有奇，续修
各村障民堤	—	—	发帑银千九百二十二两有奇，续修 《一统志》、《府志》
宿郎堰	在县东九十里	—	《一统志》
右史堰	在县北万金村	—	《一统志》 长庆二年刺史温造增修，开后乡渠九十七里，溉田二千顷，造以起居舍人出为刺史，故以官名（《唐书地理志》）
里田堰	在县北八十里	—	《旧志》
考工堰	在县东北	—	《一统志》 武陵东北八十九里有考功堰，长庆元年刺史李翱因故汉樊陂开，溉田千一百顷，翱以尚书考功员外郎出为刺史，故以官名（《唐书地理志》）

续表

名称	位置	规模	备注
小塘堰	在县东北百二十里	—	《旧志》
北塔堰	在县西北十五里		《一统志》 武陵西北二十七里有北塔堰，刺史李琎增修，接古莼陂，由黄土堰注白马湖，分入城隍及故永泰渠，溉田千余顷（《唐书地理志》）
永泰渠	在县北万金村	—	《一统志》 武陵北有永泰渠，光宅中，刺史胡处立开，通漕，且为火备（《唐书地理志》）
赵塘	在县东北		《旧志》
东田陂	在县东三十里	—	—
官陂	在县西二十里	—	—
赤塘陂	在县南五里	—	—
高陂	在县南二十里	—	—
泥塘陂	在县南三十五里	—	—
杨陵陂	在县南五十里	—	—
大姑陂	在县南六十里	—	—
进阳陂	在县北二十五里	—	—
箬陂	在县北三十里	—	—
梅陂	在县北四十里	—	《旧志》
西洋陂	在县北五十里	有九十九汊，灌田千顷	《一统志》
泄陂	在县北六十里	—	—
黄陂	在县北八十里	—	《旧志》
津石陂	在县北	—	《旧志》 武陵北百一十九里有津石陂，本圣历初令崔嗣业开，李翱温造亦从而增之，溉田九百顷（《唐书地理志》）

续表

名称	位置	规模	备注
槎陂	在县东北	—	《一统志》 武陵东北三十五里有槎陂，崔嗣业所修以灌田，后废，大业五年刺史韦夏卿复治槎陂，溉田千余顷，十三年以堰坏废（《唐书地理志》）
崔陂	在县东北	—	《一统志》 武陵东北八十里有崔陂，亦嗣业所修以溉田，后废（《唐书地理志》）。崔陂即古放鹤陂，梁崔穆于此罗双鹤，因放之，后鹤衔双璧置穆庭中，故名，后湮塞，嗣业复之（《旧志》）
牯牛陂	在县东北八十里	灌田千顷	《一统志》
大蜡陂	在县东北八十里	—	—
江陂	在县东北九十里	—	—
古莼陂	在县西北十五里	—	唐刺史李琎增修，溉田甚溥，俗呼洗马堰，产莼菜（《旧志》）
纯纪陂	在县境	—	《一统志》 纯纪陂今名白马陂，隋开皇中刺史乔难陀修，其利不减郑白二渠（《通典》）
上石柜	在县西南	—	后唐副将沈如建，叠石江边，以御水势（《明统志》）
下石柜	在县东南	—	后唐副将沈如建，叠石江边，以御水势（《明统志》）

续表

名称	位置	规模	备注
中石柜	在府学前	—	元延祐六年常德路监哈珊建，高二丈。清乾隆三十一年知县王永芳请帑重修
花猫堤石柜	在清平门外二里	—	旧建。清康熙九年知府胡向华重修。乾隆五十四年湖广总督毕沅巡抚浦霖请帑重修（《府志》）
沙窝石柜	在河街下	—	旧建，乾隆五十七年知府李大囊加修一丈七尺，名积石坝
回峰寺石柜	—	—	旧建，乾隆十年知县翁运标重修，即翁公堤也（《府志》）
千功坝	在县西南百里	—	—
桐岚、诸家、大山等坝	—	—	《县志》

资料来源：光绪《湖南通志》卷四十七《堤堰二》。

在桃源县，据光绪《湖南通志·堤堰》载，县城上坊有陂塘9座，下坊有陂塘8座，高都、水田、莫溪、大安、香山、土东等村有陂塘各12座，下苏、后眷、硖洲、新安等村有陂塘各15座，杜青村有陂塘17座，高桥村有陂22座，东七里、白石、黄沙、延口、大田、沙罗等村有陂塘各10座，西东村、鹁鸠村有陂塘各14座，莫林村、上七里村有陂塘各15座。总计已有306座陂塘。这一规模与前述明代的陂塘数量基本相同，可能大部分属明代修建，明代桃源县的水利基础就已奠定。清代新修的为数不多，如王屋岩坝在县西北，嘉庆十年巡抚景安题准修筑。

同治以后，随着水环境发生的变化，常德府的水利优势有所削弱，特别是其东部湖滨地带，水灾增多，农业生产开始衰退，正如同治《武陵县志》卷七《地理·风俗》所载："近则东北一带水患频仍，世业者亦多自食其力矣。"

2. 中游辰州府的水利大兴

地处山区腹地的辰州府，水利修治在清代日益兴盛，但各县由于自然条件不同而表现出若干差异。现据乾隆《辰州府志》记载，分述各县的水利事业如下。

沅陵县的工程数量不多，有马底坝二、杨溪坝二、板溪保坝一、杨武保坝一、界亭坝二、荔溪坝一、茄苇保坝一、杨溪保坝一、乾溪坝二、淘饭坝二、青桐村坝一、散水保坝三、碣滩坝一、莲花坝一、洞庭保坝一、清水保坝一、求街坝一。偌大一个沅陵县，仅有24坝。

泸溪县的工程则多得多，乾隆《泸溪县志》载有236座陂塘圳坝，笔者统计列表如3-15。

表3-15　泸溪县水利工程统计

坊都图	在坊一图	在坊二图	一都	二都	三都一图	三都二图	三都三图	三都四图	三都五图	四都	五都一图	五都二图
陂	4	1	—	3	1	3	—	2	1	2	—	2
塘	12	26	9	2	11	28	5	9	23	48	11	25
坝	—	1	—	—	—	—	—	—	4	—	—	—
圳	—	—	—	1	—	—	—	—	—	—	—	2

资料来源：乾隆《泸溪县志》卷四《水·水利》。

辰溪县的工程数量更为可观，计有：方田乡，陂塘堰坝五十五；酉山乡，陂塘堰坝五十；铜山乡，陂塘堰坝六十四；石马乡，陂塘堰坝三十；碧涧乡，一百三十三坝；大村乡，一百八十五坝；斜滩乡，陂塘堰坝六十五；板溪乡，陂塘堰坝七十二。上述八乡共计654座堰坝。堰坝的数量如此众多，但实际灌溉面积很有限，一般为数十上百亩，例如：

桑溪坝，城东二十里，灌田百亩余。

大葭坝，城东十五里，在真溪，灌田数十亩。

龚家坝，城东二十五里，在修溪，灌田数十亩。

舒家坝，城东三十五里，在柿溪，灌田数十亩。

欧家坝，城东三十五里，在柿溪，灌田数十亩。

□□□，□□三十五里，在鱼罗溪，灌田百亩。

龙潭冲上下二岩坝，城南三十里，在嵩溪，上坝灌左坪田百余亩，下坝灌右坪田数百亩。

芦冲坝，城南四十里，在梨溪，灌田二百余亩。

清水坝，城南八十里，在龙门溪，灌田百余亩。

柳林坝，城东九十里，在黄溪，灌田百余亩。

板山坝，城南四十里，在嵩溪，灌田三百余亩。

溆浦县的水利工程与泸溪县数量相近，乾隆年间共计 227 座塘坝，分布如下：车头乡，坝四塘一；溪口乡，坝六塘四；油洋乡，坝二十七塘三；朱湾乡，坝十七塘二十；上马田，坝二塘四；莲塘乡，坝十塘三；龙潭乡，坝六；下马田，坝六；仲夏乡，坝四；江口乡，坝五；大潭乡，坝十塘八；覃村乡，坝十九塘六；花桥乡，坝十塘六；牌田乡，坝十二塘五；明川乡，坝十二塘三；底庄乡，坝十三塘一。政府官员在地方水利事业中发挥了积极作用，如"陶公坝，思蒙口上，引虾溪水，灌右岸田六百余亩，清乾隆丙子邑令陶金谐督修"[1]。

在长时期的水利建设实践过程中，溆水流域的小型水利设施在工程技术上，日益精细化、系统化。乾隆时期的溆浦县志对此有比较具体的记述，引录如下：

---

[1] 民国《溆浦县志》卷三《水利》。

凡立坝，必就滩砌筑，坝尾留溶——土人谓舟行处为溶，坝首浚沟，制水入㳇——土人谓圳曰㳇。又于近坝处开口消水，曰闬，恐水涨坏㳇也。㳇塍埋石通中以分水，曰氹，氹下有㳇。如田高，水不能入，用木板壅水入田，曰塞榨溪。坝积水不多者，于坝下傍㳇处塞小坝，以盈上坝之水，曰腰坝。坝上另立小坝接水，曰扶水坝。㳇遇他㳇横隔，则枧而过之，小者以木，大者以石，曰枧。近江之田，虽可作坝，不可凿㳇，则如安水碓法，激水转轮，缚筒注水，递入于枧，曰筒车坝。塘之利如坝，大者为堰塘，小者通谓之塘。塘亦有氹，大氹用石，小氹用陶器及木。在上者曰闬氹，在中者为腰氹，在下者为底氹。塘大者下亦有坝，有㳇。而最奇者因山为池，于两山中凿池使深，引泉注之而塞其口，为堤，使厚而坚，用以潴水。①

可以看出，溆水流域的灌溉水利形成了一套系统的设施，从截流、引水、提水、蓄水、泄洪、分水到行船，都有相应的技术和设施，表现出了较强的适应性和一定的科学性。正因如此，引水才能够长达数里甚至十几里，发挥出可观的灌溉效益。例如，县境西部的落水洞，位于县治西五十里白岩头山下的半溪垅，流分高圳、低圳，由七星殿山脚下穿过，抵茅里坪合流，经倒水湾，凡十余里，才入清溪，灌田达八百余亩。

乾隆以后，辰州府的水利开发除了自然条件限制较大的部分地区，继续向深度、广度拓展。

在沅陵县，同治年间的坝数还是24座：马底坝二、杨溪坝二、板桥保坝一、杨武保坝一、界亭坝二、荔溪坝一、垢苇保坝一、杨溪保坝一、乾溪坝二、淘饭坝二、青桐村坝一、散水保坝三、

---

① 同治《溆浦县志》卷四《水利》，引乾隆《溆浦县志》。

碣滩坝一、莲花坝一、洞庭保坝一、清水保坝一、求岔坝一。水利修筑并未增加，也许是修志者并未了解全部实情，照录旧志。但《沅陵县志》中的分析也说明水利兴办之难：

> 论曰：辰沅为黔中咽喉，而黔中山水至沅陵而始聚。沅固山水奥区哉！……至求所谓平畴沃野，则不可多得。沅称岩邑，抑又瘠土也。掌管钥者安危固有可恃，勤抚绥者丰歉不胥可忧乎。[①]

要想在这样的山水奥区兴建水利工程，殊非易事。

也许是与沅陵县同样的缘故，泸溪县的陂塘数量在光绪《湖南通志》中仍旧不变，共 240 多处[②]。

辰溪县的水利建设取得新的进展，除了乾隆年间已经存在的 8 乡 654 座陂塘堰坝仍然在发挥水利效益外，还充分利用了山泉水源，新修了 23 座塘坝，由此扩大了水田面积。史称："辰邑田山相间，其诸山洞泉流不竭，为利甚溥。否则，堵溪为坝，凿地为塘，以资灌溉。至旱暵之年，相地高下车水戽水，是又所以济水利之穷，亦以见经理之宜预焉。"其灌溉洞泉如下：

> 马羊洞泉，灌田百余亩。
>
> 穿岩洞泉，灌田三百余亩。
>
> 仙人洞泉，灌田数百亩。
>
> 谭萝十八洞洞泉，灌田数百亩。
>
> 桐木洞泉，灌田百亩。
>
> 罗水洞泉，灌田数十亩。

---

① 同治《沅陵县志》卷四《山川·水利》。

② 光绪《湖南通志》卷四十七《堤堰二·辰州府》。

尺若洞泉，灌田百亩。

葛坪洞泉，灌田数十亩。

明沙洞泉，灌田百余亩。

滴水洞（一名响水洞）泉，灌田百余亩。

白岩洞泉，灌田数百亩。

温气洞泉，灌田百余亩。

温崖洞泉，灌田百余亩。

窒□沈洞泉，灌田百余亩。

鲇鱼洞泉，灌田数十亩。

铜盆洞泉，水自岩出，流入白竹坪，灌田百余亩。

飞水岩泉，水自岊出，流入椒坪溪，灌田百余亩。

中华山泉，灌田数十亩。[①]

这些洞泉水的灌溉面积少则数十亩，多则数百亩，真可谓因地制宜，利用水资源不遗余力。

溆浦县的塘坝到同治年间明显增多，说明当地的水利事业继续在发展。在乾隆《辰州府志》中只有二百二十七座塘坝，而据同治《溆浦县志》载：县东塘坝八十一，县西塘坝十五，县南塘坝三十一，县北塘坝百有四，新增塘坝三十四，共二百六十五处，以至当时人惊叹"邑水利大矣"[②]。到了民国编修《溆浦县志》，所载又增至四百六十七座，而且塘坝池井洞泉等各种类型皆备，对水资源的利用可谓不遗余力。正如《溆浦县志》所言：

营置沟洫，所以备旱涝也。涝则泻之，旱则潴之。平皋沃衍之区固如此矣。水乡则重在堤防，而山陬又重在坝堰。

① 道光《辰溪县志》卷八《水利志》。

② 同治《溆浦县志》卷四《水利》。

堤防用以御水，坝堰用以引水也。溆，山县，坝堰之设由来已久。岁时修治，既经劳费，两众相持或成争讼。旧志故特详焉。兹为复加考□，悉著于编。池井足资灌溉者，亦人民所利赖也。[1]

兹就民国《溆浦县志》所载作一统计，以见溆浦县的水利建设之盛（见表3-16）。

表3-16　清代溆浦县水利工程灌溉效益统计

分区＼数量	灌田100亩以下工程数	灌田100亩至400亩工程数	灌田400亩至700亩工程数	灌田700亩至1000亩工程数	灌田1000亩以上工程数	合计工程数	灌田总数（亩）
一区	13	37	1	1	2	54坝	11900余
二区	12	6	4	1	6	21坝，8塘	16880余
三区	30	43	19	2	8	54坝，43塘，1池，7洞水	3万余
四区	108	51	9	2	0	110坝，62塘，1池，2井，1泉	20380余
五区	33	34	5	1	2	43坝，31塘，2池	15750余
六区	7	16	2	1	1	14坝，6塘，1井，6洞水	6100余
合计	203	187	40	8	19	457；467	100810

说明：坝296座、塘150口、洞水13处、池4口、井3口、泉1口。由于有少数塘坝未载灌田亩数，因此分数之和457座，略少于总数467座。例如，三区有数坝未载灌田亩数，四区存在数坝共渠。

资料来源：民国《溆浦县志》卷三《山川·水利》。

据表3-16可见，溆浦县的水利工程如此众多。但是，大量

[1] 民国《溆浦县志》卷三《山川·水利》。

的塘坝属于中小型水利工程，灌溉面积在100亩以下者占44%，灌田100~400亩者占41%，灌田400~700亩者占9%，灌田700~1000亩者占2%，灌田1000以上者占4%，充分体现了山区水利以中小型为主的特点。

由于溆浦县拥有一定面积的山间平原，所以也有一些大型工程的灌溉效益相当可观，列表如3-17。

表3-17 溆浦县大型水利工程

坝塘	地点	水源	灌溉面积	备注
水口坝	一区双江口上	引郦梁山水	灌右岸田约八百亩	—
岩板坝	一区沈家村	引鸡脚冲水	灌田一千余亩	—
清溪口坝	一区草泥湾等处	引清溪水	灌田三千余亩	—
万工坝	二区圳坝头、刘家渡	引龙潭河水	灌右岸田九百八十二亩	清季洪水冲毁，暂未修复
中圳坝	二区古楼村	引双龙江水	灌左岸马田坪等处田二千余亩	梁镜建
梁鹏坝	二区古楼村、万水、茅坪、高第等处	引双龙江水	灌左岸田约千亩	—
黄连坝	二区高第、马田坪等处	引双龙江水	灌左岸田二千余亩	黄连建
头坝	二区溪口等乡神田等处	引溪口江水	灌右岸田一千余亩	—
石竹坝	二区溪口千金界水东等处	引溪口江水	灌左岸田二千余亩	即平水坝，《旧志》作五千余亩
沈虎坝	三区社坪	引四都河水	灌右岸田九百余亩	—
铜钱坝	三区岩坝潭、覃村、文家村	引三都河水	灌右岸田二千八百余亩	—
大坝	三区温湖	引三都河水	灌右岸田一千六百亩	—
老木塘	三区黄泥冲	面积三十亩	灌田一千余亩	—
干塘	三区铁溪垅干塘坳	面积八亩	灌田八百余亩	—
新堰塘	三区赤壁垅	面积二十八亩	灌田一千余亩	—

续表

坝塘	地点	水源	灌田面积	备注
神塘	神塘冲，接车三口	面积共四十亩	灌田一千二百亩	—
水矶塘	三区栋脑上张阳村	面积三十余亩	灌田一千余亩	有二都坝、黄土坝、腰坝、军家坝、石灰坝、谢林坝挨次引水
洪家坝	三区竹坳、大潭	引扶家溪水	灌右岸田千余亩	—
下红旗坝	五区渡头乡板潭，江渡头大湾	引四都河水	灌右岸田八百余亩	—
应家坝	五区塘头乡、车头、长乐坊	引四都河水	灌右岸田一千余亩	—
清溪洞	县治西四十五里	—	灌田一千余亩	—
落水洞	县治西五十里，白岩头山下	流分高圳低圳，凡十余里	灌田八百余亩	—

资料来源：民国《溆浦县志》卷三《山川·水利》。

表 3-17 中，22 座灌田在 800 亩以上的大型工程共计灌溉田地在 27600 亩以上，占全县灌田总面积的 27.5%。

灌溉设施的相对完备，是溆浦县成为辰州府的农业大县的重要原因。

3. 沅州府和靖州地区水利的曲折发展

在沅水流域上游，沅州府的水利在明清时期经过了曲折的发展过程。由于"沅境多山，大田半居高阜，而潕朗诸溪，流皆一线，消渴之时不足以供挹注，涨漫之际反易于肆溃决"。因此"需堤而防之，尤贵潴而蓄之也。塘堰之损益，岁事系焉。抱瓮者劳欤，桔槔者逸欤，过湘西而谈水利，殆天之时耶，地之力耶，人之工耶，无一可忽者"[①]。这样的水文条件，使得沅州府不论是堤坝塘堰，还是抱瓮、桔槔，都需要兴办。

---

① 同治《沅州府志》卷十《塘堰》。

沅州府的水利建设尽量做到了因水制宜，因地制宜，史载：

> 府境之水，资以溉田者有二，曰山溪，曰洞泉。壅蓄溪流者为堰，引堰之水入田者为圳，障堰而蓄水者为陂，导引泉流者为渠，刳木引水入田者为枧，凿地潴水者为塘，举具戽水入田者为斛，长厢叠板，转轮激水以升者为车。陂亦名车堰，溪亦名港，泉亦名井。郡之版图隶湖广，而距湖最远，水利之劳逊于滨湖□逸矣。①

下面对沅州府三县的水利建设分别进行考察，以见其成效和不足。

芷江县的水利事业一度兴盛。同治《沅州府志》在记述芷江县的水利时，引录《旧府志》作按语如下：

> 旧州志载各乡陂塘堰坝之数：在城一图凡五十二，城东一图凡五十三，上五一图凡三十一，上五二图凡二十二，上五三图凡三十三，上五四图凡一十一，上五五图凡二十二，中五一图凡四十一，柿子一图凡四，水宽一图凡二十六，水宽二图凡一十九，盈美三图凡四十六，镇江一图凡四十四，镇江二图凡一十一，镇江三图凡一十九，镇江四图凡三十，后山一图凡四，后山二图凡二十，平便一图凡一十七，平便二图凡八，平便三图凡一十二，平便四图凡六，平便五图凡五，平便六图凡四，总计五百有四十。②

这里所述的 540 座陂塘堰坝足以说明乾隆时期芷江县的水利

---

① 同治《沅州府志》卷十《塘堰》，引《旧志》。
② 同治《沅州府志》卷十《塘堰》。

成绩显著。

但是，上述540座陂塘堰坝，到了同治时只剩151座，见表3-18。

表3-18 芷江县塘堰统计

里名	塘堰数	备注
顺一里	3堰	—
顺二里	3堰	—
美一里	4堰	—
美二里	2塘8堰	—
美三里	1塘13堰	大屋堰灌田三百余亩，大堰开自明，灌田九百余亩
正一里	2泉池	—
正二里	1塘3堰	—
正三里	1塘3堰2泉池	—
正四里	7堰	—
世承三里	2堰	—
世承五里	6堰1池	仙人桥堰在县东一百四十里，康熙三十年里人郝继昌建，照亩摊修，灌田百余亩。上南宸井堰在县东一百四十里，乾隆七年照亩摊修灌田百余亩。下南宸井堰在县东一百四十亩，乾隆三十年照亩摊修，灌田百余亩。落水池在县东一百五十里远，灌田二百亩
水一里	3堰	—
水二里	1堰2泉	—
上二里	3塘6堰	许张堰在县西南十里，引岩田溪水，灌田二百余亩
上三里	4堰1泉	—
上四里	9堰	戏神堰在县西三十里，引龙洞溪水，照亩摊修，灌田百余亩。白泥溪堰在县西三十里，引苏家冲井泉水，灌田五十余亩
上五里	2塘1堰	—
永定里	5堰2泉	—
中二里	1塘4堰	白岩堰在马头寨，旧系里人邱定宇创置，邱□然、十云相继修治
平一里	10堰	—

续表

里名	塘堰数	备注
平二里	2堰	—
平三里	1塘2堰1泉	—
平四里	2堰	—
平五里	2堰	—
平六里	1堰	—
永正里	2堰	以上七里属晃州厅
士一里	8堰	—
后一里	3塘5堰	—
后二里	5堰1泉池	五堰俱引龙井发源，灌田千余亩，流经杨柳潭，出麻阳麻衣溪，入辰水。
合计29里	151塘堰泉池	—

资料来源：同治《沅州府志》卷十《堰塘》，同治《芷江县志》卷七《堰塘》。

堰塘数量的锐减，反映了自然环境的变迁和芷江县农业基础的削弱。其缘故颇值深思，正如《沅州府志》作者所说：

　　沅之田多无活源，必雨旸时若，可望有秋，一遇旱干，则赤地千里矣。各里在在有陂塘堰坝，虽荒芜已久，不可不严为浚治，使井井灌溉，庶水利兴而旱潦不能为之灾。然则此五百四十之数，其名目基址有存有湮，在昔已不可穷诘若此。兹条其现所有者，为数视昔只五分之一，或浚其故，或增其新，或设导于人力，或利资诸自然。工兴于里氓，而□收于终亩。在彼随时集事，不必尽里有功，而引渠截棟，有待无迁，要自不容泯灭。[①]

陂塘堰坝的大量荒废，直接导致"一遇旱干，则赤地千里"

---

① 同治《沅州府志》卷十《塘堰》。

的后果,对农业生产来说,无异于失去保障。此后,光绪《湖南通志》卷四十七《堤堰二》所载沅州府的芷江县和晃州厅塘堰继续减少。

麻阳县的水利规模奠定于明代,但经过明清鼎革和数十年战乱,到了清康熙二十四年,县境的塘堰已多荒废。当年的县志作者评论说:

> 按邑多瘠田,水源绝少,唯仰望于雨旸时若,少经旱魃则民无秋。水利自杨家古堰外,皆万历年间知县蔡心一开者。考蔡公为邑,多善政,督兴水利,其最著焉。比年登多荒废不治矣。某自莅任来,亦赖时年和丰,问塘堰之名,多不可考。今悉录旧志,以明修浚不可不急,亦不可不备也。[1]

此后,麻阳县内陆续修复原有的灌溉工程,所以明代的水利设施仍在清代发挥效用,同治《沅州府志·塘堰·麻阳县》仍在称颂明代县令蔡心一的治水功绩:

> 邑故多瘠田,水源绝少,天小旱则无有秋。蔡令病之,故谋此为亟,乃事卒有成,民食其和,易斥卤为腴田,滋旱暵以膏雨,厥功伟哉!顾蔡令有言:迩来得堰利者始欣然加额示感,视督令初,不无多事语者,何如也!噫!小民诚难与虑始矣。可见人情狃于便安,而举大功者实属之破疑任怨之人,开元诏书所谓岁功犹昧、物议纷如,盖古今同慨也。若蔡令者以百里之官创千年之利,真有古良吏风,而得为政之本矣。虽然郑国在前,白公在后,凿泾有利,实赖踵兴。……原田弥望,畎浍相属,曩来榛棘之所,遍为粳稻之川。[2]

---

[1] 康熙《麻阳县志》卷三《水利》。
[2] 同治《沅州府志》卷十《塘堰·麻阳县》。

麻阳县的水利记录在光绪《湖南通志》卷四十七《堤堰二·沅州府》中，情况基本未变："杨家古堰在县境，又一都堰二十五，二都堰十五，三都堰十二，四旗都堰十，石惹都堰二十，石渠都堰二十四，市都堰二十七，皆在县境，明万历间知县蔡心一开筑。"可见清代中叶增修的水利工程寥寥无几。

黔阳县的塘堰数量在雍正年间还不多。据雍正《黔阳县志》卷之一《山川》记载，仅为十九处，现摘录如下：

> 回龙塘：城东二里。大莲塘：城北七里，旧产莲，因名。供溪：供三寨头，源出武冈，有陂数十处，可资灌溉。清水塘：城东三里，深澄莫测，旁多怪石，四时不竭，溉润良田颇多，大旱取水祈雨，多应，薄云江水相通，常有田器从江水流入塘内，人异之，又名龙潭坪塘。红莲塘：城西南十里。金鸡塘：县南四十里托石，相传土人淘出金鸡，因名。长塘：城北七十里黎溪。竹坪堰：城北二十里。蒋家堰：城北七十里，黎溪。蒋坪下家堰：城东南一百六十里。何家坡：城北十五里烟溪。大车陂：城南二十里竹滩穰坪。大溪口陂：城东五十里大溪。大黎溪陂：城北七十里黎溪。龙田陂：城东八十里。熟坪陂：城东南一百里。婆田陂：城东南七十里。大崇溪陂：去县一百二十里。木杉溪陂：去县一百二十里。

该志作者强调了水利在县内农业发展中的关键作用，论曰：

> 陂塘所以潴水泉、滋灌溉也。黔邑山高水急，土瘠而硗，雨多则苦潦，若十日不雨则又苦旱。陂塘之胜，惟熟坪、稔禾、将坪、淇溪、烟溪、大源诸处水源颇裕，灌溉亦饶，而熟坪、

稔禾源出罗翁，田畴尤美。自王、马二贼盘踞之余，瑶人乘乱为梗十数年来，昔之所谓良田美池，今乃卒为汙莱矣。其余陂塘，源小易竭，天小旱辄已大涸，原神一乡为尤甚，若浚其源泉而益疏导之，度其高下而益陂潴之，时其蓄泄而益调剂之，则凡有源者皆足资也。

可见，兴办水利是极为必要的，但是直到雍正年间，尚未形成足够规模。

到了同治年间，黔阳县已水利大兴，塘堰增至105处，见表3-19。

表3-19 黔阳县水利建设一览

里名	塘堰数	里名	塘堰数
在城里	4塘4堰	一都里	9堰
二都一里	1塘6堰	二都二里	1塘9堰
原神里	1塘3堰	顺一里	6堰
顺二里	4堰	供一里	3堰
供二里	6堰1泉	供三里	2堰
供四里	4堰	子一里	4堰
子二里	4堰	子三里	9堰
子四里	3堰	子五里	1堰
子六里	5堰	石一里	1塘3堰
石二里	7堰	太平里	4堰

资料来源：同治《沅州府志》卷十《塘堰·黔阳县》。

至此，黔阳县的水利事业达到鼎盛阶段，之后再无明显增加。

4. 靖州地区的水利

靖州的水利建设在清初已有一定规模，农业生产是有一定保障的。康熙年间，天柱县就有不少水坝，现列表如3-20。

表3-20 康熙年间天柱县堤坝一览

图名	寨名	坝数	灌溉面积
一图	岩寨	坝三座	灌田1200亩
	雷寨	坝二座	灌田287亩
	薄皮寨	坝二座	灌田1900亩
	伍家寨	坝一座	灌田200亩
	烹寨	坝一座	灌田70亩
二图	度马寨	坝二座	灌田380亩
	江东寨	坝一座	灌田300亩
	汶溪寨	坝二座	灌田350亩
	岩门寨	坝一座	灌田40亩
	新舟寨	坝一座	灌田100亩
	长团寨	坝一座	灌田300亩
三图	楞寨	坝二座	灌田650亩
	平地寨	坝一座	灌田220亩
	都甫寨	坝二座	灌田650亩
	金子寨	坝一座	灌田150亩
	王家寨	坝一座	灌田200亩
	地锁寨	坝一座	灌田400亩
四图	刘家寨	坝一座	灌田200亩
	摆头寨	坝一座	灌田200亩
	邦洞寨	坝二座	灌田190亩
	赖洞寨	坝一座	灌田130亩
	三团寨	坝一座	灌田160亩
	陂头寨	坝一座	灌田210亩
	高野寨	坝一座	灌田120亩
天柱所	萧家	坝一座	约灌屯田550亩
	小溪	坝二座	约灌屯田650亩
合计	26寨屯	36座坝	约9807亩

资料来源：康熙《天柱县志》上卷《山川》。

《古今图书集成》也记载了天柱县的水利设施及灌田亩数[①]，与康熙《天柱县志》所载基本相同。天柱县的水利之兴，于表3-20可见一斑，当地人民对于水利高度重视，史称："朱公堤，在南坡之麓，涧水出其右，居民争水利，以灌田垅，往往凿之。令以此为邑脉，过峡之处，因筑堤数丈，以均水利。"[②]

《古今图书集成》还记载了绥宁县的50口塘和56座堰，至于靖州本州、会同、通道三州县水利，州县志俱未载，无考。

清中叶以后，靖州本州和会同县的水利开发也取得了较大的成绩。据记载，光绪年间，靖州本州共13里，建有1堰15塘39坝。会同县也建有数口塘，此外在县东平川、县南龙宝溪、县北白马溪、县东南岩头溪、县西南大坡河等河岸，各有堰坝数处[③]。

光绪《会同县志》卷一《方舆志》在记述一些溪河的过程中也说明了水利效益，现引述如下：

> 清溪，在县东……其中如带溪、金屏沙、沙坪等处堰坝数十座，溉田数十顷，又阳霞及岩壁、竹冲，堰坝水车所在多有，溉田无数。
>
> 白马溪，治北三十里，发源白马坳太安山，至青朗入渠流，堰坝水车无数，溉田甚多。
>
> 大坡河，治西南……注朗水，自吉朗澜坝以上多设堰坝水车，溉田无数。
>
> 岩头溪，治东南……注于渠水，大小堰坝数十座，灌田千余顷。
>
> 龙宝溪，在县南，源二，一自上琴庙至毗黄，堰坝数座，灌田数百亩，一自蕙汇塞寨伍寨之水，上笪其坝一座，下鱼

---

① （清）陈梦雷：《古今图书集成》第一千二百八十八卷《职方典·湖广靖州部·山川考》。
② （清）陈梦雷：《古今图书集成》第一千二百八十八卷《职方典·湖广靖州部·山川考》。
③ 光绪《湖南通志》卷四十七《堤堰二》。

梁坝一座，溉田数百亩。

至于僻处南部深山的绥宁县，水利工程也较兴旺，同治年间，"其蓄积灌田，平壤处各自为堰塘，以资灌溉，高处以山泉流灌，近溪田圹砌坝润灌，近河田圹，安设水车辘轳，转运灌济"①。此后，在光绪《湖南通志》里，仍为45塘51堰，说明水利建设没有新的进展。

通道县的水利缺乏记载，在光绪《湖南通志》里仅载县北有大鱼塘。

5. 永顺府和三厅水利

位于沅水流域西北部的永顺府和乾州、凤凰、永绥三厅，虽然溪河纵横，但多高山深谷，工程建设难以开展，因此水利落后。乾隆时期的《永顺县志》和《辰州府志·三厅》对水利尚无记录。直到清后期，才有若干进展。

据光绪《湖南通志》，永顺县有护城石堤，在县东门外，高丈余，长十余丈，咸丰二年知县陈秉钧建；又有天堰，在县东二十五里，周回六百余丈，灌田甚溥；还有湖壁塘，在县西三十里，周三千余丈，灌田千余亩；西坝，在县东南。

保靖县有张家坝，在县西南百里。

龙山县有三塘，在县南十五里，每塘相距半里许，一日三潮，潮起水溢，居民环置机舂。

乾州厅有大塘，在县西南；又厅南有双塘；又有大坝，在厅东。

凤凰厅有油草塘，在厅东；又有芦塘、清水塘，在厅东北苗砦；白泥塘，在厅西南；又有天星塘、舒家塘、牛练塘，在厅西北苗砦；又有糯塘。

永绥厅有滥塘，在厅南十一里，周回二十余丈；又南里许，

---

① 同治《绥宁县志》卷七《山川·水利》。

有汛塘,皆可灌田数十顷;又有鸭矮坝,在旧厅城南;又南有下坝。①

上引省志记录,乾州厅只有二口塘,是不全面的,因为光绪《乾州厅志》记载了七口塘、八座坝:

> 胡家塘,广三亩,在北城内,有井可取汲;王家塘,广二亩,在西城内;龙井塘,广十亩,在西壕外;竹寨塘,广五亩,在城东北三十里;双塘塘,广三亩,城北十五里;鹅栗坡塘,广三亩,城北十五里;瞿家庄塘,广二亩,城北十四里;铁寨坝,城东北十八里;文溪坝,城东北十七里;高坝,城东四十里;螃蟹坝,城南四里,神鱼洞下,水中多螃蟹,农人视水清浊知天晴雨落;大坝,城南十五里;晚子坝,城南二十里;岩龙坝,城西三里;张家坝,城西七里。②

乾州厅的水坝修筑,为开辟农田提供了必要的灌溉水源,然而对水运造成了不利影响,如"司马溪,能通小舟,数十里无陡滩,惟多车坝,必开坝方能行舟,夏月舟不能行也"。灌溉与航运的矛盾在山区的存在于此可见。

湘西山区的水利建设之艰难险阻是可想而知的,因为多在深山峡谷中开展,水道所经之处,往往两山壁立、怪石嶙峋,要引水开渠,难免穿岩渡峡。如在永绥厅,水利灌溉工程就有"穿山峡""赶山鞭""过江龙"等不同形式。所谓"穿山峡",是由于"山前平原沃野,而水在山后,势为所阻",于是"在山腹中凿一峡(道)使穿,俾水从中流,不致旁绕,以专灌溉之利"。所谓"赶山鞭",则是"沿山开沟一线,引水奔流而下,直驱田中,如一鞭相赶然"。

---

① 光绪《湖南通志》卷四十七《堤堰二》,引《旧志》。
② 光绪《乾州厅志》卷二《山川》。

所谓"过江龙",就是悬枧引水,在"两山之间横木为枧,长数丈,其形似龙,引此山之水由下而上,以溉彼山之田"①,类似今日的渡槽。

6.黔东的水利

黔东地区溪河较多,要利用溪河水,必须筑堰坝。如黎平府开泰县有西门堰,宽50余丈,可灌田500余亩;又有高堰,宽40余丈,可灌田300余亩。玉屏县也有堰坝。贵州不少地方都因有堰而作为地名,如黄平州有大堰沟、西堰、大堰湾等地名②。所以,堰坝是当地最重要的水利工程。堰坝之外,山泉也被用来灌田。在清江厅城南130里的马鞍山山坳处,有一潭,泉流不绝,山脚农户引泉水灌溉,"利溥百亩"③。此外,各种灌溉技术和工具已被普遍应用,如筒车,在黎平府,改进后的水车"大者极六十辐,高者径极三丈,筒多者极二四筒"④。不过,黔东的水利建设不仅数量少,而且效益低,对农业生产起不到明显的促进作用。

综上所述,明清时期,沅水流域的水利建设全面展开,部分地区早在明代就已奠定水利基础,不过,清代中叶的水利建设规模更大,并且向广度和深度拓展,到了清代后期,整个流域都已因地制宜地建成大大小小的水利农业区。只是限于山区环境和水文条件,加上种种天灾人祸,清后期的沅水流域水利事业没有能取得新的进展,反而走向衰落。这样的水利建设历程,正是农业发展的由盛到衰的重要因由。

---

① 宣统《永绥厅志》卷六《水利》。

② 《贵州通史》编委会:《贵州通史》第3卷《清代的贵州》,当代中国出版社,2002,第144~145页。

③ 《贵州通史》编委会:《贵州通史》第3卷《清代的贵州》,当代中国出版社,2002,第146页。

④ 光绪《黎平府志》卷三《食货志》。

三　作物种植和经济林特产开发

　　明清时期，沅水流域的土地开垦和水利兴修相辅相成，共同促进了农作物种植业的发展。大量史料表明，在沅水流域的粮食作物中，由于水利建设的不断推进，水稻种植面积日益扩大，只有不能种植水稻的地方才种植粟、粱等杂粮作物。清代，玉米和甘薯等作物也在沅水流域普遍推广，大片山地得到垦殖。此外，山区内的经济林资源也被空前地开发利用，从而为众多山民的生活开辟了新的广阔来源。在数百年的农业开发过程中，流域内的资源、环境和生态发生了深刻变化，后果也是严重的。

（一）粮食作物的推广和种植技术的提高

1. 水稻
　　（1）水稻种植的推广和品种的多样化
　　明清时期，沅水流域的粮食作物总体上以水稻为首，而且水稻的种植水平在逐步提高，几乎赶上了全国平均水平，这是流域农业开发的重要成就。
　　首先，表现为水稻品种的多样化。由于来源广泛的大批移民的迁居，以及对外交往的不断扩大，许多水稻品种传入沅水流域，改变了原来的品种结构。水稻品种的增多，反映了沅水流域稻作生产的发展，不仅丰富了人们的物质生活，而且提高了水稻对各种土质、各种气候以及水源条件的适应能力，增强了稻谷产品的竞争力。
　　在沅水流域开发较早的常德等地，明代已盛产稻谷。据嘉靖《常德府志》卷八《食货志·物产》记载，谷属物产以稻为最多，而且品种不少。

到了清代，常德府的稻作生产更加发达，品种多达数十个。嘉庆时，常德府"境内产稻，有粳稻、糯稻、冬糯稻，一岁有早中晚三收。其早熟者曰王瓜早、五十日早，又有六十日、七十日、八十日，皆谓粘谷。糯之属曰柳条，曰光头，曰红糯。又一种漫种者名撒苗，收最早，间种之以救饥，水淹后亦可晚种。种类数十。土人各因时令之早晚、土脉之宜否，以为播种，不能齐也"①。同治《武陵县志》记载其附郭武陵县的水稻品种更为详备：

> 县境稻种凡二：不黏者禾曰秔，米曰粳；黏者禾曰稌，米曰糯。浸种之期，最早者春分以前，迟者后于清明。成熟则有早中晚之别。粳之早者曰五十日早，六十日早，黄瓜早，麻早，一坯水。中者为桃源早，南早，马尾早，油粘，桂阳粘，铁脚早，富贵粘，苏贵粘，须粘，麦谷。晚者曰冬糯谷，曰毛班子。又有一种名撒苗，收获最早而薄，农家间种之，以救饥。其糯者曰白糯、红糯、团糯、光头糯、柳条糯、江西糯、城墙糯、杉木红，品类甚繁。播种收获之时，则视其地为早晚焉。②

此处列举了 26 种水稻，分为粳、糯和早、中、晚各大类。桃源县的情况也基本相同，志称：

> 境内产稻，有粳稻、糯稻、冬糯稻，一岁有早中晚三收。其早熟者曰王瓜早、五十日早，又有六十日、七十日、八十日，皆谓粘谷。糯之属曰柳条，曰光头，曰红糯，曰半黏糯，

---

① 嘉庆《常德府志》卷十八《物产考》。
② 同治《武陵县志》卷十八《食货三·物产》。

种类数十。农人各因时令之早晚、土脉之肥饶，以为播种不齐也。①

沅水中游的辰州府，随着水利的兴办，稻作生产获得明显发展，至清代已达较高水平。乾隆《辰州府志》记载的谷之属已特别丰富：

> 辰郡多山田，谷有早、中、晚之分，而无再种之迟禾。三月播种，四月栽秧，六月收获，至九月即毕。土人呼粳米统曰粘，或以得种于占城国，故名占，不知其本字原作粘也。粘之名约计之，曰：洗耙粘，言耕种甫毕，洗耙即成。约六十日，米粒小而纯白。又有百日而熟者，曰百日早，曰黄瓜粘，粒长，色黄，而早熟。曰京粘，曰麻粘，色深红，分高矮二种，矮者与百日早同收，高者与大谷粘同收。曰金粘，曰银茎粘，其茎白色，较洗耙粘迟七八日收。曰大谷粘，立秋即熟，其收倍于麻粘。曰油粘，曰思南粘，曰桂阳粘，曰云南粘，二种相似，桂阳粘叶高于穗，茎劲。云南粘穗高于叶，茎柔，其种较多，或统曰云阳粘，曰青藁粘，宜沙田，又名沙粘。曰陇里粘，早者白露前熟，迟者白露后收。曰北风粘，初秋熟。曰五开粘，曰佛子粘，曰黄平粘，米微赤。曰冷水粘，米红气香，宜高寒地。曰苏谷粘，香稻也。曰岩粘，又曰矮粘，粒长色白，味香，晚熟。曰旱粘，宜山田，耐旱。曰种禾，种自瑶峒，宜高寒地。②

以上所列为粳稻，达二十多种，各品种都有大小、颜色、早晚、适宜等区别。此外，糯稻也有二十余种。辰州府的水稻只种一季，

---

① 光绪《桃源县志》卷二《疆域志·土产考》。
② 乾隆《辰州府志》卷十五《物产考上》。

只是有早、中、晚之别。

在辰州府，各县的稻作发展水平是比较平衡的。在沅陵县，有早、中、晚等不同稻种："邑粘稻，早熟者六十日、早百日、早矮、麻粘之属；中熟者高麻粘、大谷粘、云阳粘、峒麻粘之属；苏谷粘、岩粘、五开粘、陇里粘之属，其晚熟者也。"

不同的稻种，适宜于不同的土质，沅陵人民已经因地制宜地选种不同的品种，例如"曰青蘽粘，宜沙田；曰旱粘，宜耐旱，宜山田；曰冷水粘、曰楻木，宜高寒地；苏谷粘，香稻也，宜种低洼水田"。当地已经种植出一些优质稻种："岩粘，色正白；麻粘，色深红。皆种之极佳者。糯亦有百日糯、红糯、白糯、油糯、岩糯、麻糯诸名，有阴山糯，品最工。"[1]

在泸溪县，乾隆《泸溪县志》卷之七《物产·谷属》所载与沅陵相似，其稻种有：

> 洗耙粘，六十日熟，言耕种甫毕，洗耙即成，实田家多栽之，当青黄不接，此种先可食，米粒差小而纯白；黄瓜粘，粒长色黄早熟；早粘；麻粘，色深红，亦早熟；银茎粘；大谷粘、火烧粘；陇里粘；岩粘，粒长色白味香晚熟；佛子粘；沙粘；白日糯；银茎糯；红谷糯；丝茅糯；汕糯；桂阳糯；陈阳糯；九除糯；柳条糯；矮糯。

在溆浦县，晚清时水稻有陇粘、祁阳粘、城步粘、桂阳粘、云南粘等多种。民国初年，又普遍推广长沙粘、红米粘以及广西的麻粘等稻种[2]。

在沅水上游沅州府，稻作生产也相当发达。同治《沅州府志》

---

[1] 同治《沅陵县志》卷三十八《物产·植属》。
[2] 民国《溆浦县志》卷十五《物产》。

卷二十《物产》记载的"谷之属"，列在首要位置的是稻。同治《黔阳县志》卷十八《户书·物产》也说："黔阳多山居，所谓鱼利无几焉，而物产之宜，则有可记者。谷之属为稻凡数十种。"

在永顺府，稻作有着典型的山区特色。同治年间，该府"谷有红脚粘、桂阳粘、柳条糯诸名"[1]。同治《保靖县志》对于当地的稻作有更详细的记述：

> 粳稻：保邑山多田少，向率刀耕火种，乾隆年间开垦始多成熟，三月播种，四月栽秧，六七月收获，至九月乃毕。土人呼粳米统曰粘，有洗耙粘、百日粘、黄瓜粘、京粘、麻粘等类。又青藁黏，宜沙田，一名沙粘；冷水粘，宜高寒地；旱粘，宜山田，耐旱。

保靖县又有"糯稻。糯之类不一，百日糯，立秋即熟；早禾糯、银茎糯，立秋后熟；丝茅糯、油糯，或曰油黏糯，皆白露后熟；又有红壳糯，分迟、早二种，早者立秋即熟，迟者霜降后熟"[2]。到了民国，该府稻种仍在增加，如永顺县："县属今有马尾粘、龙须粘、青粘、麻粘、高脚糯、矮脚糯、九月糯、百日早、黄瓜早诸名，不能悉载。"[3] 由上所述可知，永顺府的稻作发展较迟，而且偏重于耐寒耐旱的稻种。

在三厅地区，如凤凰厅，"谷有早、中、晚之分，而无再种之禾。自三月播种，四月栽秧，六月收获，至九月即毕"[4]。

在沅水流域南部的靖州，稻作环境与沅州相近。然而因为气候缘故，水稻成熟时间明显较迟。光绪《会同县志》卷三《食

---

① 同治《永顺府志》卷十《物产续编》。
② 同治《保靖县志》卷三《食货志·物产·谷之属》。
③ 民国《永顺县志》卷十一《食货·物产》。
④ 道光《凤凰厅志》卷十八《物产·谷之属》。

货志·物产》记载谷类时，指出在通常的水稻之后还有晚禾。
而嘉庆《通道县志》卷八《风土志·土产》更明确地说：

> 稻有早、晚二种，早稻熟于六月，晚稻熟于七月，糯稻较迟，
> 此各处土宜不甚相远者。惟通邑则早稻、晚稻又各迟一月，
> 以山高、避阳、水冷而土湿耳。故必迟种迟插，而成熟必待八、
> 九月，则六七月犹属青黄不接之时，盖因地气使然耳。

在黔东，思州、镇远等府县的水稻种植也品种多样，因山地
与平原气候、水土不同，不仅有早熟、晚熟之别，还种植旱稻。
康熙《思州府志》卷四《赋役志·物产》云：

> 早谷：有六十日、白露早、洗耙早、麻粘、盖草粘之类。晚谷：
> 有香根糯、绿稠糯、黄匾糯、都匀糯、香糯、红谷糯、红毛糯、
> 过冬青、矮筒禾之类。旱稻：种山土中，平地亦种，名曰旱粘。

乾隆《镇远府志》卷十六《物产》也说，谷类有早占、晚占、
早稻、晚稻、香根早等。

其次，表现为沅水中上游山区稻田面积的扩大。沅水下游以
稻田为主，不必赘述。值得重视的是明清时期稻田面积在沅水中
游也显著扩大。它反映了山区土地开发和利用的内涵变化。乾隆
《泸溪县志》说："濒溪涧大河田，始种稻。"[①] 乾隆《辰州府志·物
产考》在介绍稻谷品种时说："辰郡多山田"，看来，不仅在溪
河两岸开辟稻田，而且"山田"（即梯田）也是辰州府稻田的主
要形式。在水源丰富的河谷平原地带，水稻种植更是最重要的土
地利用方式。在辰溪县，所有土地中，稻田面积最大，见表3-21。

---

① 乾隆《泸溪县志》卷八《风俗》。

表3-21　清代辰溪县的土地经营结构

稻田	麦地	桑地	棉花地	塘	合计
92647 亩	18525 亩	200 亩	98 亩	240 亩	111710 亩

资料来源：道光《辰溪县志》卷七《田赋志》。

据表 3-21，在辰溪县 111710 亩土地中，植稻面积为 92647 亩，占 83%。

在四山环抱的溆水盆地，由于水利建设发达，水田面积也占绝大多数，见表 3-22。

表3-22　清初溆浦县的农业用地结构

单位：顷，%

田		地		山		塘	
面积	百分比	面积	百分比	面积	百分比	面积	百分比
2408	92.4	159	6.1	7	0.3	31	1.2

说明：原文面积中的尾数，本表中已略去。表中的田分三等：上田 95 顷、中田 455 顷、下田 1858 顷。

资料来源：民国《溆浦县志》卷七《赋役志·田赋》。

表 3-22 中，溆浦县的水田面积占 92.4%，山地耕种面积不到 10%。

在沅州府，芷江县的水田面积也占九成以上，见表 3-23。

表3-23　清代芷江县的农业用地结构

单位：亩，%

田		地		塘		合计	
面积	百分比	面积	百分比	面积	百分比	面积	百分比
原额 266721	95.3	原额 12751	4.6	原额 544	0.2	原额 280016	100
实存 225048	95.5	实存 10211	4.3	实存 495	0.2	实存 235754	100

资料来源：同治《芷江县志》卷八《田赋志》。

表 3-23 说明，芷江县的土地利用绝大部分是种植水稻的田，占 95.5%，而山地利用水平很低，只占 4.3%。此外，黔阳县为"陵阜之□地，山泽之腴衍，亦一货财之渊薮也"[①]，麻阳县的"绿溪口，城东八十里，背山面水，稻田千亩，小溪中贯，为由辰入箓要隘"[②]，都反映出水田面积增加。

但在永顺府，除了若干小型盆地与河谷地带种植水稻外，广大的山原坡地水利条件差，稻作难以发展起来，正如同治《永顺府志》所说的：

> 府属多山，宜种杂粮，土平水润处乃开田种稻，山寒水冷，收获亦薄。郡地多山少田，土寒水冷，树艺无法，稻谷不蓄。[③]

在三厅地区，凤凰厅"厅境多山田"[④]，也多种植水稻。

在黔东，适合种稻的地方主要集中于平坝谷地。

总之，随着稻作品种的增多，水稻种植的适应性不断增强，不仅能够在溪河两岸辟田种植，也能在山田种植，不仅能够在低地种植，而且能在高山间种植，从而扩大了稻作面积。

（2）稻作技术水平的提高

明清时期，外来人口大量迁入，他们传播了稻作技术，加上地方政府也努力倡导，所以先进地区的稻作技术逐渐被沅水流域各地人民所接受。在长期的农业生产过程中，沅水流域各地人民先后在各主要环节提高了稻作生产的技术水平，精耕细作的耕种方式现雏形，主要表现在如下几个方面。

第一，铁农具和牛耕的推广。铁农具在沅水流域很早就已随

---

① 雍正《黔阳县志》卷四《物产》。
② 同治《麻阳县志》卷一《关隘》。
③ 同治《永顺府志》卷十《物产续编》。
④ 道光《凤凰厅志》卷十八《物产·谷之属》。

着汉族移民的迁入而被应用，明清时进一步在各少数民族地区推广开来。清朝末年，古丈县民"所持农具铁器同内地各处"①。

元代以前，沅水流域水田开垦并不普遍，谈不上推广牛耕技术。明初在大兴屯田的过程中，大规模地推广牛耕。洪武二十三年，明政府"拨沅州、思州、镇远等处官牛六千七百七十余头，分给屯田诸军"②。这一措施对发展沅水流域的稻作生产无疑具有重要意义。

清代，牛耕在沅水流域稻作中已是不可或缺的重要环节，各地方志中几乎都有耕牛的记载。据乾隆《辰州府志》卷十六《物产考下》记载，当地家生者有水牛、黄牛，"土民借以耕田，苗民无田可耕，畜而货之以供馔"。古丈县"民间全恃牛力，故牛为民之生命"③。

然而在各地民间，盗牛、食牛现象相当普遍，又使得耕牛往往相对不足。道光年间，铜仁府仍在采取措施保护耕牛。地方官府告示中说：

> 牛为养命之源，服田力穑，无一不借牛力。冬春翻犁，五六人之推挽，不敌一牛之荷负。牛之有功于人，大矣哉！试思高黍下稻，千仓万箱，酒醴以奉神明，盈止以乐妇子。微牛之功不及此，又况牛之为畜也饥啮野草，渴饮浑泉，不费主人一钱，早作夜休，行泥负重，悉惟主人是命。何德于牛哉？亦何负于人哉？彼夫力田之家每念其服耕之苦，有功于己，食其力者偿其劳，当老则蓄之，死者埋之，或至老且死，剥其皮而用其骨……何忍利其健壮，付之刀俎……近日偷牛叠案，皆由屠牛者众，易于销赃，私宰充衢，亦由食牛者众，

---

① 光绪《古丈坪厅志》卷十一《物产》。
② 《明太祖实录》卷三百八十三。
③ 光绪《古丈坪厅志》卷十一《物产》。

易于牟利。……望仁人君子于镇市乡村转相告诫，俾全物命，以重农功。道光四年。①

当地官民对耕牛的重视于此可见。

第二，劳动力投入的增加。沅水流域稻作区人民为了扩大水稻种植，提高稻谷产量，投入了几乎全部的劳动力。乾隆《辰州府志》卷十四《风俗考》云："自始耕至秋成，鲜片刻之暇。"光绪《龙山县志》卷十一《风俗》载："农家妇女亲杵臼爨炊，业纺绩，时出门馌耕者于亩，或入山樵采，背竹笼，有稚儿即置笼中，既背薪则抱于手而归。又有并其夫业耕耘者，其勤劬为甚。"民国《溆浦县志》卷十一《典礼志·风俗》也说："田有腴瘠，地有肥饶，劳逸亦异。自四月至八月，率鲜暇日。遇旱则桔槔雷鸣。比禾熟，则麦荞杂粮之属皆资人力。刈禾既毕，群事翻犁，俟来春者。惰农也犁，用牛不足，以人代之。十月以后，入室，少休，贫者伐山渔水，用御冬焉。"

集体耕种形式在沅水流域不少地方仍有遗留。乾隆《辰州府志》卷十四《风俗考》说："刈禾既毕，群事翻犁插秧耘草，间有鸣金击鼓歌唱以相娱乐者，亦古田歌遗意。"龙山县民"夏月耘苗，数家人合趋一家，彼此轮转，以次而周，耘时往往数十为曹，中以二人击鼓鸣钲，迭相歌唱，其余耘者进退作息，皆视二人为节，闻歌欢跃，劳而忘疲，其功较倍"②。又如镇远府施秉县，农民"耘时挥汗成雨，用善歌者二人前导，鼓声锣声铿然，众人从而和之，音节堪听"③。施秉县农民耕种时"以轮力合作，每至插苗时，肉与腐片大如掌，匀而食之，获时亦然"④。

---

① （清）张经田:《劝诫食牛杀牛文》，道光《铜仁府志》卷末补遗。
② 光绪《龙山县志》卷十一《风俗》。
③ 乾隆《镇远府志》卷九《风俗》。
④ 乾隆《镇远府志》卷九《风俗》。

第三，趋时耕种和稻田复种指数的提高。掌握时令对于稻作是关键技术之一。在常德府，人民总结了浸种、播种的时间：

> 郡中浸种之期，不出清明前后数日。凡稻，旬日失水，即愁旱干。夏种秋收之谷，必山涧源水不绝之亩，其谷种亦耐久，其土脉亦寒不催苗也。湖滨之田，待夏潦已过，六月方栽者，其秧立夏播种，撒藏高亩之上，以待时也。[①]

春作要在清明之时浸种，秋作宜在立夏播种。光绪《桃源县志》卷二《疆域志·土产考》也称："湿种之期，最早者春分以前，迟者后于清明。凡稻，旬日失水，即愁旱干。夏种秋收之谷，必山涧源水不绝之亩，其谷种亦耐久，其土脉亦寒，不催苗也。"说明人们对农作时节的把握已有丰富经验。

在永顺府，因"山寒水冷，气候颇迟"，故"种稻则五月插秧，八九月收获"[②]。保靖县，人民"社前种荞，谷雨下秧，以及处暑荞，白露菜，八月蒜，九月麦，随时俱宜留心"[③]。永绥厅也是"种稻则四五月插秧，八九月收获"[④]。在靖州的通道县，也依照时节耕种，如"清明：……农人于此时浸谷种"[⑤]。

对季节时令的掌握和稻种的改良，使得双季稻种植成为可能。研究者认为，贵州的某些河坝地较早种植双季稻，而两湖的进展比较缓慢[⑥]。乾隆《镇远府志》称："六七月熟曰粘谷，八九月熟曰晚谷，其类最夥。"[⑦] 湖南种植双季稻收效较为明显的是洞

---

① 嘉庆《常德府志》卷十八《物产考·水稻》。
② 同治《永顺府志》卷十《风俗》。
③ 同治《保靖县志》卷二《舆地志·风俗》。
④ 宣统《永绥厅志》卷六《地理门·风俗》。
⑤ 嘉庆《通道县志》卷八《风土志·风俗》。
⑥ 方行等：《中国经济通史·清代经济卷》上册，经济日报出版社，2000，第295页。
⑦ 乾隆《镇远府志》卷九《风俗·施秉县风俗》。

庭湖区，黄平年《陶楼文抄》卷二"湖田之稻，一岁再种，一熟则湖南足，再熟则湖南有余粟"，但那已是嘉庆、道光年间的事了。有嘉庆《常德府志》卷十八《物产考·水稻》为证：

> 南方平原，田多一岁两栽两获者，其再栽秧，俗名晚糯，非粳类也。六月刈初禾，耕治老膏田，插再生秧，早秧一日无水即死，此秧历四、五两月，任从烈日曝干无忧。此一异也。凡再植稻，遇秋多晴则汲灌，与稻相始终。凡稻，旬日失水则死期至，幻出旱稻一种，粳而不黏者，即高山可插，又一异也。

第四，育种技术的提高。有关水稻育种的记载表明，沅水流域育种技术也有提高。嘉庆《常德府志》卷十八《物产考·水稻》曰：

> 凡早稻种，秋初收藏，当午晒时，烈日火气在内，入仓廪中，关闭太急，则其谷黏，带暑气。明年田有粪肥，土脉发烧，东南风助暖，则尽发炎火，大坏苗穗。若种谷晚凉入廪，或冬至数九天收贮，雪水冰火一甕（交春即不验），清明湿种时，每石以数碗激洒，立解暑气，则任东南风暖，此苗清秀异常矣。凡苗既函之后，亩土肥泽，连发南风薰热，函内生虫，遇西风一阵，则虫化而谷生矣。

正是由于人民已注意在收获时留种，因而逐渐培育出了越来越多的水稻品种，其中还不乏优质稻种。

第五，灌溉技术的普遍应用。与水利兴修同时，人民也多采用适当有效的灌溉技术，如在常德府桃源县：

> 境内多山峪，遇旱，于涧水可至处筑坝，蓄水灌溉。南

乡怡望、杨溪、沉溪、水溪四河，均于河中筑坝灌田，亦或用筒车取水，故虽平野之地，洞水所不能到者，亦可不费人力而农耕□之方焉。[1]

在辰州府，尽管人们大力兴办水利，仍然不能单纯依靠陂塘堰坝和洞泉解决许多地方田高水低的问题。所以"近溪河者，遇旱，桔槔声相闻"[2]，正如《辰溪县志》所说：

> 辰地多山，无大平原，各乡水利多自洞出，近溪河者田高水低，非疏导所能及。每遇旱干，则或以车车水，或以蓬戽水，全资人力以济水利之不及。又，邑多水碓水碾，借水之力以代人劳，亦因利乘便，有关民生日用杵臼之利，何莫非水利乎！

为了解决这些难题，辰溪县民积累了丰富的经验和技术。道光《辰溪县志》对此有相当详备的记述，现摘录如下[3]。

一是车水之法：

> 车长七八尺及一二丈，不等制，以车箱受水，中间以板，以车叶回绕上下，车叶长数寸，贯以羊蹄，两端用公母笋蝉联之，车箱首尾以辘轳承叶，每运车，则羊蹄逐辘轳齿，旋转如环，出纳其水。短者用手挽，每车二人。长者用脚踩，一车必须数人，为竖以架植坐板，人坐其上，手扶横木，以足转轴，间以歌唱节劳，袅袅可听。若遇大旱，溪涧断流，则搬河水起江车，自六七递至十数递上下协力，昼夜轮流，用力多而收功少，亦农民不得已之计也。又有于溪坎壁立□制筒车者，设木架，竖

---

[1] 光绪《桃源县志》卷二《疆域志·土产考》。
[2] 乾隆《辰州府志》卷十四《风俗考》。
[3] 道光《辰溪县志》卷八《水利志》。

车盘，中持以轴，如纺车，形圆，广五六丈，径可一二丈，车盘四周遍置车叶，水筒水冲叶则盘运，筒随之旋转不停，筒口入水则水汲饱出水，则水随筒运，至筒口倾水处，承之以枧，引至平原，水虽微而流长，高田可免旱干。今县南多有之。

二是戽水之法：

或用木桶，或用竹篷，旁系双绳，两人对立，各以两手挽绳，俯身则水汲而入，挺身则水倾而出，以资灌溉。

三是水碓、水碾的利用：

水碓有三：曰车盘碓，如筒车形，其势缓；曰雷公车，设急流处，其势速，各相水势为之；曰杓尾碓，杵尾有受水巢，满则杵上扬，倾则杵下舂，随满随倾，每日可得米数斗。水碾之制：相水势急处，作引水渠，以木板截其流，下两旁作石壁，中植一木为柱，下置车盘受水之冲，中间以楼有眼，柱上出尺许，以两木平置柱端，至外稍张，横施两短木以摄石碾，随受粟之石盘以为度，上覆以屋蔽风雨。每入粟起碾，则去引水渠之木板，令水射车盘，盘激水旋转不息，碾随盘旋，迅如奔星，将取米则以木板截渠水，盘止碾停，米取讫，另入粟如前。一昼夜可碾粟十余石。县东南近溪河者多有之。

这些方法其实很早就已在先进地区被采用，并非辰溪县一地之法。但这些方法能在辰溪县推广，确实说明人们对于水利的讲求已经到了较高水平。

在沅州府，"壤狭田少，山麓皆治，有泉源者坐收其灌溉之利，而陂塘少治，其近水者截流筑坝，谓之堰。田渴则两人对异其具，戽水以润之，殆视桔槔为劳，而踏车引水之事今方效之"[1]。府属黔阳县，"农家勤于垦荒而拙于备旱，劳于耕耡而逸于籽耘。邑中壤狭田少，山麓皆治。有泉源者坐收灌溉之利，而陂塘少治。其近水者截流筑坝，谓之堰，田涸则两人对异水具，戽水以润之。又或为水车，转轮激水，视抱瓮为易"[2]。府属芷江县，也是"或三四人挽车引水以灌之，即值大旱，亦有半收"[3]。这些灌溉技术的应用，在一定程度上弥补了水利工程建设的不足。

第六，施肥技术的普及和提高。在常德府，人民早已针对不同土质采用适宜的制肥施肥技术。嘉庆《常德府志》卷十八《物产考·水稻》载：

> 凡稻，土脉焦枯则穗实萧索，勤农粪田，多方以助之。人畜秽遗，榨油枯饼，草皮木叶，以佐生气，普天之所同也。土性带冷浆者，宜骨灰醮秧根，石灰压苗足，向阳暖土不宜也。土脉坚紧者，宜耕陇垒块，压薪而烧之，填坟松土不宜也。

桃源县的记载也说明了用石灰等物质改良土壤的方法：

> 境内以石灰压苗者多，以骨灰醮秧者少。……石灰，按：境内以□□墨岩燃火烧灰，或用木柴烧之，田家压苗足甚肥，非独供□垩之用也。[4]

---

[1] 同治《沅州府志》卷十九《风俗·农事》。
[2] 同治《黔阳县志》卷十六、十七《户书·风俗》。
[3] 同治《芷江县志》卷四十四《风土志》。
[4] 光绪《桃源县志》卷二《疆域志·土产考》。

在沅州府，人民"近郭之田粪之，远乡不可得粪，则壅草以秽"①。同治《芷江县志》卷四十四《风土志》称："其法于岁前储草以待春作，或临春剪柔条嫩叶，聚诸亩，又犁土以覆。俟其腐败，然后纳种，则土腴而禾秀。近又有以石灰、桐子、枯饼肥田者，禾稼亦盛。树艺之后，耨治不甚用力。"同治《黔阳县志》卷十六、十七《户书·风俗》也说：

> 近郭之田粪之。远乡不可得粪，则壅草以秽，其法于岁前储草以代春作，或临春剪柔条嫩叶，聚诸亩，覆以土，俟其腐败，然后纳种，则土腴而禾秀。又煅石为灰，将耨时撒灰于田，而后耘之，色黄者一夕而青，否则薄收。灰多出桐木，煅灰者，二三月间大船装载放田，户记簿，谓之放灰，收获之后收灰谷，岁以为常。

可见，人们的制肥施肥经验已相当丰富，而且出现了煅灰、放灰、收灰谷的专业户。

少数民族地区的农耕中，也广泛推广了施肥技术。在永顺府保靖县，同治年间，"近日开辟广而地瘠薄，田土种植，俱不可少粪"②。同治《保靖县志》卷二《舆地志·风俗》也说，自嘉庆十七八年始，"田土种植，俱不可少灰粪。"

清末，永绥厅还开始应用新肥料。据宣统《永绥厅志》卷十五《食货门·物产》：

> 永绥寸土归公，生齿日繁，其为出产，难言推广矣，乃有近二十年所新出之黄白石，质料增出无限，嘉谷以惠我永

---

① 同治《沅州府志》卷十九《风俗》。
② 同治《保靖志稿辑要》卷四《风俗》。

民。黄石砂出于上下十里，抓插在根底下，肥禾至效，六、八两里所出白石砂，运铺土内，而包谷挺生，足以备两水缠绵之虞。其早白脚谷、早包谷，皆近年觅获，一至夏时，旱雨水虫等灾，而禾谷已有生成之望矣，其为益于民生者至矣。……自得石灰，向每亩收谷四石者，今可收六石，收包谷一石，今可收二石。故详说之，见肥料之为益矣。而此石质之特佳也，凡硗确之土，以岩砂铺之，遂变为沃壤。其岩灰，以竹子寨所产为最，禾苗枯槁，以灰插之，不五朝而茂盛。农人得此，遂加倍收成。

施肥技术的普及和提高意味着沅水流域稻作生产的发展已向精耕细作的农业转变。

此外，中耕除草技术也得到应用。在沅州府，水稻长成后，"农人连袂步于田中，以趾代锄，且行且拨塍间。击鼓为节，疾徐前却，颇以为戏"[①]。这种中耕除草方法迄今仍然广泛使用。

（3）稻谷产量的提高

随着稻田面积的扩大和先进稻作技术的应用，沅水流域的水稻产量也相应地得到了提高。

明代，沅水流域的水稻产量已难确知，不过仍可以从田赋粮额的记载中得到一定程度的反映（见表3-24）。

表3-24　明中叶沅水流域田赋粮额

（单位：石）

地区	常德府	辰州府	思州府	镇远府	铜仁府	黎平府
粮额	69000	51300	800	800	1170	1600

资料来源：据梁方仲《中国历代户口、田地、田赋统计》，乙表43《明天顺年间各府州粮额数》，上海人民出版社，1980，第354页。

---

① 同治《沅州府志》卷十九《风俗》。

表 3-24 反映的是明代中叶的粮赋数额，而据梁著乙表 45《明末各府州粮额数》，到了明末，粮额又有所增加，即常德府 71527 石、辰州府 51564 石、思州府 800 石、镇远府 800 石、铜仁府 1170 石、黎平府 2600 石、永顺军民宣慰使司 1610 石、保靖军民宣慰使司 1155 石。这一现象说明，沅水流域的粮食总产量有比较明显的提高。

清代前期，沅水流域稻米产量进一步得到提高。在清代文献中，叙述各地单位面积产量时，动辄 4~5 石，或者 5~6 石。如在辰州，有人置义田 255.2 亩，"岁可收净谷九百一十八石七斗四升"[①]，平均亩产竟达到 7.2 石。而辰州府的义田亩产量平均也有 3 石 6 斗。在多山的永绥厅，水田竟也可亩收谷 4 石，到了清末，因改良土壤，亩产增至 6 石[②]。

溆浦县作为农业相对发达的大县，粮食产量颇大，成为苗疆军粮的重要供应基地。民国《溆浦县志》卷七《赋役志·兵谷》称：

> 嘉庆来，每年额运绥靖、永绥二镇协兵米三千一百六十五石零，闰年加解米二百六十九石有余。请领采买兵谷（每石银六钱五分）共需银四千三百七十七两有余，闰年加银三百七十二两有余（在藩库请领。以上并旧志）。兵谷初为采买，咸、同后由采买变为帮款，各花户于完秋粮时带派，每粮一石征收兵谷五斗，折纳制钱六百五十文，由官以钱买银，协解绥靖等处。光绪二十八年，上谕裁绿营兵额，将兵谷款截留本地，兴办学堂，邑奉行。

---

① 道光《辰州府义田总记》上卷，转引自田炯权《中国近代社会经济史——义田地主和市场关系》，中国社会科学出版社，1998，第 114 页。
② 宣统《永绥厅志》卷十五。

能够如此大规模地供给苗疆军粮，无疑说明当地粮食产量的提高相当显著。

当然，也有一些资料记载的产量不高。从1~2石到4~5石，中间差距很大，其中有土地质量方面的问题，可能也有记载上的夸大或缩小。有学者搜集了一些地方的私租额资料，用来推算亩产，以作验证。现摘录其中沅水流域的部分亩产资料，制成表3-25。

表3-25　湘西部分州县粮食亩产

时代	地区	田亩类别	田亩数（亩）	租额（石）	平均亩租（石）	约估亩产（石）	出　处
嘉庆	辰溪	庙田	16	54	3.375	6.75	"档案"嘉庆十一年正月二十八日阿林保题
道光	沅州	民田	1.8	2石零	1	2	《治要》123页
道光	芷江	民田	1.8	2石	1	2	《治要》123页
乾隆	会同	膳田	6.5	14.04	2.16	3.32	光绪《会同县志》卷三
乾隆	会同	膳田	5	5.91	1.18	2.38	光绪《会同县志》卷三
乾隆	会同	庙田	160	81.6	0.51	1	光绪《会同县志》卷三
嘉庆	凤凰	屯地	缺	缺	0.8~1石多	1.6~2.5	《湖南苗防屯政考》卷六
嘉庆	永绥	屯地	4.5	良田谷15~16	3.3~3.5	6.6~7	宣统《永绥厅志》卷二三

资料来源：方行等《中国经济通史·清代经济卷》上册，经济日报出版社，2000，第260、266、267页。

在黔东，稻作总体上是比较粗放的，在黎平府，一夫甚至可耕"至七八亩"[1]。但稻谷的产量在一些地方并不低。道光年间，

---

[1] 光绪《黎平府志》卷三《食货上》。

天柱县有一处书院田共 45.46 亩，亩产为 3.77 石，另一处书院田共 69.5913 亩，亩产达 5.45 石①。

如上所述，尽管沅水流域不少地方的稻谷产量显著提高，但沅水流域仍有不少地方产粮有限，甚至经常不敷所需，发生粮荒。乾隆《辰州府志·风俗考》说："所产谷惟溆浦差足，其余厅邑率仰给旁郡""岁稍歉则入山采蕨、掘葛根、漉粉以充食。"如泸溪县：

> 计一邑所收之谷，仅足四月之粮，大半取给他邑。负粮运载者络绎不绝。一遇岁饥则采蕨、挖葛，吃石蒜、啖佛粉者不知凡几。纵有司修荒□□活，饥民嗷嗷待哺者甚众。故称谷之外荞麦、稷、黍、菽、粟、粱、麻皆是，以佐稻之不逮。②

在黔阳县，"各乡所产稻谷，不足供一岁之食，则杂植荞麦、稷、菽以佐之，然亦不多"③。因此，沅水流域的水稻种植不足以满足本地民食的需要。

2. 麦类及其他粮食作物

（1）麦类的推广种植

康熙时，湖南"种麦甚鲜"④，雍正末，各府州几乎都已有了小麦。但在沅水流域，小麦的推广并不如水稻那样有成效。

在常德府，因不适宜种麦，或嫌其产量偏低，人们实行稻与杂粮连作，"农人于秋收后遍种荞麦，亦有春种夏收者，较种小麦为倍"⑤。桃源县也是"境内秋后种荞麦，一种，春种夏收，

---

① 光绪《天柱县志》卷四《学校志》。
② 乾隆《泸溪县志》卷之七《物产·谷属》。
③ 同治《黔阳县志》卷十六、十七《户书·风俗》。
④ （清）郭琇：《请遵成例》，《华野疏稿》卷四，《文渊阁四库全书》本。
⑤ 嘉庆《常德府志》卷十八《物产考》。

又有燕麦,味较甘"[1]。

在辰州府,麦则"辰郡春秋皆种,一岁二收,有苦、甜二种"[2]。

在永顺县,"土性寒,不宜种麦,皆市之沅陵、永定(《府志》)。案:今县中有老麦、酱麦、三月黄、五月麦诸种,或种于田,或种于山地,足供本境之用,歉则市之桑植"[3]。

在永绥厅,"境内因山寒水冷,不产二麦,近今附城之处亦多有种植者",但产量不多,"麦,俗名牟麦,为老麦,三月下旬获;来麦名燕麦,四月获,岁共出数百石"[4]。

在凤凰厅、乾州厅、靖州等地,麦类作物在地方志中几乎都在黍、粟等作物之后被略作记述。如道光《凤凰厅志》卷十八《物产》载有"黍,麦,菽,粟,芝麻";光绪《乾州厅志》卷十三《物产》载有"黍,麦,菽,粟,芝麻";光绪《会同县志》卷三《食货志·物产》也记录有"黍、粟、大麦、小麦、收、黄豆、扁豆、大豆、饭豆";等等。在这些山寒水冷之地,麦类种植都不占重要地位,

在黔东,思州府有大麦、小麦、燕麦三种[5]。在黎平府,道光时,知府胡林翼发布公告,劝导农民在收割粳糯后,"不拘一定""随地之所宜",选种大麦、小麦、胡豆、豌豆之类,并规定"成熟后,田主准分十分之三,不得多取"[6]。说明麦类种植得到推广。

总而言之,由于气候、水土等条件限制,麦类种植在沅水流域的推广比较有限。雍正八年八月,湖广总督迈柱提供了一份调查资料,如表 3-26 所示。

---

① 光绪《桃源县志》卷二《疆域志·土产考》。
② 乾隆《辰州府志》卷十五《物产考上》。
③ 民国《永顺县志》卷十一《食货·物产》。
④ 宣统《永绥厅志》卷六《地理门·风俗》,卷十五《食货门·物产》。
⑤ 康熙《思州府志》卷四《赋役志·物产》。
⑥ 光绪《黎平府志》卷三《食货下》。

表3-26　沅水流域部分地区麦类及杂粮作物种植情况

单位：%

府州	常德府	辰州府	永顺府	靖州
种麦所占比例	50	50	30	10
不种麦所占比例	30	20	40	80
种菜豆杂粮比例	20	30	30	10

资料来源：方行《中国经济通史·清代经济卷》上册，经济日报出版社，2000，第297、298、299～300页。

据表3-26可知，麦类种植在沅水流域自下游向上游递减，麦类种植主要限于河谷平原地带。

（2）其他杂粮作物的种植

与麦类种植难以普及相较，中国传统的各类杂粮在沅水流域种植是广泛的，也在人们生活中占有重要地位，特别是明代和清前期。

在稻作发达的常德府，人们除了植稻，也种植各种杂粮作物，主要有豆类、粟、蜀黍等。

> 豆类：大豆，江西吉郡种法甚妙。绿豆，今境内绿豆宜立夏节前后种。境内黄豆，勤农多种于田塍隙地。蚕豆，田亩沙淤之地遍种之，亦备荒之嘉谷也。麻，境内山乡种麻甚少，湖乡多种。梁、粟，山乡暨人家园圃间种梁，至粟则湖淤之地弥望无极，秋种冬收，其利最普。黍，山乡间有之。蜀黍，俗呼为高粱。①

辰州府的杂粮也多种多样：

> 黍，有二种，黏者可和糯秫酿酒作饵，不黏者可以作糕，

---

① 嘉庆《常德府志》卷十八《物产考》。

煮粥，可以济荒，可以养畜，稍可缚扫帚，茎可制箔席，编篱，
供爨，最有利于民者，土人谓之高粱。稷、菽，其类甚繁。……
粟，捣米煮粥，炊饭磨面皆宜……瑶山多种之……苗民皆恃
此代谷。[1]

在泸溪县，"地多山，少平地，悬崖陡壁，皆栽桐榆，艺菽
粟"，在"高坡侧壤，广植荞麦、包谷、高粱、穄子诸杂粮。畏
旱，频雨则稔。山农所资，不专以麦禾为丰歉也"[2]。在辰溪县，
史载"辰邑山多田少，生计为艰，农民耕作田谷而外，或山或地，
广种荞麦、粱、菽、包谷诸杂粮，及棉、麻、蔬菜、桐、茶、松、
榆等树，以资生计"[3]。

沅州府也广植麦荞、菽、粟、黍、糜子、蜀黍、薏苡、芝麻
等杂粮[4]。同治《沅州府志》卷十九《风俗》还说："各乡所产
稻谷不足（《芷江县志》：或岁歉），则杂植荞麦、稷、菽以佐之。"

在永顺府，各类杂粮普遍种植。改土归流前，"《永顺土司
志》云：永邑山多田少，刀耕火种，食以小米、穄子为主"[5]。
到了同治年间，"土苗穷幽跻险，穰剔烧薙，以艺黍、稷、菽、
粟，民食所资，杂粮为多。地复苦瘠，有再易、三易者。若果瓜
菜蔬，仅足自给。渔猎所得益鲜。盖可志者希矣"[6]。《保靖县志》
对于这些杂粮的经济意义有充分的论述：

粱……邑中青、白者间有之，赤、黄二种居多，酿酒，味
甜美，或舂作饼，蒸食，稍可缚帚，茎可织箔席，编篱，供爨，

---

[1] 乾隆《辰州府志》卷十五《物产考上》。
[2] 乾隆《泸溪县志》卷之八《风俗》。
[3] 道光《辰溪县志》卷十六《风俗志》。
[4] 同治《沅州府志》卷二十《物产》。
[5] 同治《永顺府志》卷十《风俗》。
[6] 同治《永顺府志》卷十《物产》。

最有利于民，俗谓之高粱。粟……捣米煮粥，炊饭磨面，皆宜。[1]

既可做粮食，也能做手工业原料，这是杂粮作物广受欢迎的重要原因。

永绥厅，也有各种杂粮，如"春荞，三月种，五月收。秋荞，七月种，九月收。杂粮，四五月种，七八月收"[2]。杂粮的经济意义同样很重要，史载：

> 粱，俗名小米谷，别省名高粱米，有粘、糯二种，黄、白二色，苗人用夥大米煮饭、做粑多，民人做粑夥，食少。菽，村民夥米煮食，岁出无多，均二三月种，六七月间收，苗乡七八月收。惟黄豆，岁出万余，千石出境，五六千石收，经费六七百千文。绿豆，岁出二三百零石，做油货，做粉。黍，俗名粘高粱，最少，苗人种以自食，亦用煮酒。稷，俗名糯高粱，岁出亦少，苗用煮烧酒，民用煮甜酒、粑粑两宗卖。[3]

不仅可作日食，还可出卖以获利，特别是黄豆，产量很高，能给人们带来丰厚的收入。

在黔东地区，思州府虽然种植麦类，但更多的是种植黍（高粱）、粟（即小米，有黄白二种）、粱（即穄子，米似粟而大）、荞（有苗荞、甜荞二种）、豆类等[4]。镇远府也种植小米、豆类、高粱等，而施秉县"荞麦、胡麻、豆粮最稀，惟小粟尚耘"[5]。

需要指出，沅水流域的杂粮种植长期处于"刀耕火种"的粗

---

① 同治《保靖县志》卷三《食货志·物产》。
② 宣统《永绥厅志》卷六《地理门·风俗》。
③ 宣统《永绥厅志》卷十五《食货门·物产》。
④ 康熙《思州府志》卷四《赋役志·物产》。
⑤ 乾隆《镇远府志》卷十六《物产》，卷九《风俗》。

放耕作阶段，明清时期也未能例外。这种局面的长期延续，反映了流域内农业开发的不足。在桃源县，光绪《桃源县志》卷一《风俗考》说：

> 沅湘间多山，农家惟植粟，且多在冈阜。每欲布种时，则先伐其林木，纵火焚之，俟其成灰，即布种于其间，所收必倍。盖史所言刀耕火种。

辰州府的一些地方还保留着唐宋时期的畲田习俗。乾隆《辰州府志》卷十四《风俗考》"辰郡山多田少，刀耕火种""辰地山多田少，农民刀耕火种。方春，砍倒树，举火焚之，名曰剥畲，火熄乃播种其田，收获恒倍，然亦不能尽然"。乾隆《泸溪县志》卷之八《风俗》载："农民刀耕火种，三四月时，砍杂树木，举火燔之，名曰剥畲。火熄乃播种，其获恒倍。"

在永顺府，乾隆以前也是刀耕火种，在永顺县，"按旧土司家乘，永邑山多田少，刀耕火种，食以小米、穆子为主，稻谷多仰给永定卫、大庸所两处，土人淳直畏法，无苗人悍恶之风，亦无汉人狡诈之习。各处所种以小米、穆子为主，不甚种稻谷，即种，亦不知耕耨"[1]，"山农耕种杂粮，于二三月间薙草伐木，纵火焚之，冒雨锄土撒种，熟时摘穗而归，弃其总稿"[2]。乾隆时期开始采用耕耘技术，"今教之耕耘，辄欣然听信"[3]。龙山县"邑少田，居民赖山土为常产，冬日觇荒土可垦处，薙草斩木，纵火燎之，谓之烧畲。久荒则地力足，经火则土性松，迄春加以锄垡，种莳杂粮，甚硕蕃，足济终岁之食"[4]。

---

① 乾隆《永顺县志》卷四《风土志》。
② 同治《永顺府志》卷十《风俗》。
③ 乾隆《永顺县志》卷四《风土志》。
④ 光绪《龙山县志》卷十一《风俗》。

在三厅，永绥厅"山多田少，水耕火耨者多。方春，砍杂树燔之，名刺畲。火熄，乃播种其田。收获恒倍。然亦不能尽然。自始耕自秋成，鲜片刻之暇。田功甫间，群事翻犁"①。

在靖州，通道县民"不商不贾，惟事农业，火耕水耨，宛若豳土遗风"②。

总之，明清时期，在沅水流域，水稻种植的精细化和杂粮作物种植的粗放传统并存。如上所述，水稻种植需要充足的水利灌溉，这在山区是有很大困难的，如泸溪县，由于"泸地瘠薄""泸山多田少，雨三日则潦，晴十日则旱"。尽管"祈晴祷雨，岁岁有之"③。由于水利事业的局限，更多土地只能种植杂粮。而传统杂粮作物的生产又过于粗放，都有各自的局限性。当然，杂粮的种植虽然落后，但对民生的作用的确不可忽视，也是山区开发的一个方面。

3. 新粮食作物的引种与推广

（1）玉米

研究表明，湖南省大规模地种植玉米，是在雍正改土归流、大批流移民入居之后。到了乾嘉之际，在湖南，玉米已成为与稻谷并列的重要粮食产品了④。

在沅水流域，玉米、番薯等作物的推广种植是粮食生产中的大事。地方文献中有大量的记载反映了这一事实。

在常德府，尽管稻作发达，人们也种植"玉蜀黍，俗呼为包谷，苗高七八尺。磨米做饭，亦与粳稻同功。本地但取为酒"⑤。

在辰州府，乾隆时已广泛种植玉米，史载：

---

① 宣统《永绥厅志》卷六《地理门·风俗》。
② 嘉庆《通道县志》卷八《风土志·风俗》。
③ 乾隆《泸溪县志》卷七《物产·谷属》。
④ 方行等：《中国经济通史·清代经济卷》上册，经济日报出版社，2000，第359页。
⑤ 嘉庆《常德府志》卷十八《物产考》。

玉蜀黍，俗名玉米，一名玉芦，一名苞谷，一名积谷。……今辰州旧邑新厅，居民相率垦山为陇，争种之以代米。七八月间，收其实，□□以炊，色白而甘，特较稻米稍淡耳。山家岁倚之，以供半年之粮。其汁浓厚，饲猪易肥，肩挑舟运，达于四境。酤者购以酿酒，所谓辰酒者，半是此也。又有研粉为粢者，以粉揉之，入汤成素馔以供客，为利甚普。故数十年来，种之者日益多。[①]

玉米在当地已经成为主食之一，也被用于养猪、酿酒、揉粉、做汤等，人民的生活因此而改观。

在沅州府，雍正《黔阳县志》卷四《物产》尚无玉米的记载。到了乾隆年间编纂《沅州府志》，所载当地已遍植包谷："此种近时楚中遍艺之，凡土司新辟者，省民率携孥入居，垦山为陇，列植相望。"[②]到了同治年间，同治《沅州府志》卷二十《物产》、同治《芷江县志》卷四十五《物产》、同治《黔阳县志》卷十八《户书·物产》都载有玉蜀黍。

永顺府原系土司地，雍正年间改流设府后，客民普遍引种玉米，到乾隆二十年代末，玉米已是"杂粮中所产最广者"[③]。同治《永顺府志·物产》称："包谷，土名玉米，杂粮中所产最广。"同治《保靖县志》记载说：

玉蜀黍，俗名包谷，本草谓之玉高粱，苗叶俱似蜀黍，而肥矮亦似薏苡，苗高四五尺，开花成穗，如秕麦状，苗心别出一苞，苞上出白须垂，垂久则苞折子出，颗颗攒簇，子大如梭子，黄白色。保邑地土瘠薄，乡民率多垦山播种，收

---

① 乾隆《辰州府志》卷十五《物产》。
② 乾隆《沅州府志》卷二十四《物产》。
③ 乾隆《永顺府志》卷十《物产》。

期有早、中、晚之分，春籤以炊，色白味甘，且耐饥，邑中甚多。①

龙山县的玉米种植也很多，"玉蜀黍，俗名包谷。邑属山县，土物多宜，此山居穷民，赖以济食"②。民国年间，永顺县的玉米种植已极为普遍，"包谷，土名玉米，杂粮，（县）中所产最多"③。

苗、瑶、土家等各少数民族也大量种植玉米，作为他们的重要口粮。嘉庆十九年，陶澍在《陈奏湖南山田旱歉情形折子》中说，"窃湖南一省丰山丰水……至于深山穷谷，地气较迟，全赖包谷、薯、芋、杂粮为生"④。

在三厅地区，乾州厅于乾隆初年已有"御米"的种植⑤。此后，境内"惟山多田少，所食者多系荞麦、包谷、菽豆、杂粮等类"⑥。凤凰厅也种玉蜀黍⑦。在永绥厅，"高坡侧壤，广植荞麦、包谷、粟、菽、豌豆、红薯，虽悬崖之间亦种之"⑧。

玉米的种植在永绥厅的农业经济中很有影响，史称：

包谷：黄、白、乌、红四种，分粘、糯，兼杂色。乌红最少，黄、白多。二月种，民地六月收，苗地七八月收。又，九子包，每树按节结实九包，五月收，最少岁共出万余石。苗乡自食，并缩酒，卖甚众。贫民做粑，卖村市，熬糖，做粉卖。每石

---

① 同治《保靖县志》卷三《食货志·物产》。

② 光绪《龙山县志》卷十二《物产·谷属》。

③ 民国《永顺县志》卷十一《食货·物产》。

④ （清）陶澍：《陶文毅公全集》卷九，道光二十年刊本，《故宫珍本丛刊》影印，海南出版社，2000。

⑤ 乾隆《乾州志》卷二《物产》。

⑥ 光绪《乾州厅志》卷五《风俗志》。

⑦ 道光《凤凰厅志》卷十八《物产》。

⑧ 宣统《永绥厅志》卷六《地理门·风俗》。

十大官斗，现价易制钱一十二千文，较米每石十大官斗，现价少易制钱四千六百文。①

包谷的价格虽然比不上稻米，但其收益颇为可观。

在南部的靖州，康熙二十三年的《靖州志·物产》尚无玉米记载。嘉庆《通道县志》已载有包谷②。

黔东多山，也是沅水流域种植玉米较早的地区。康熙时期，思州府已有"玉米，一名包谷米，一名雨麦"③。乾隆时，玉屏县有"玉米，即包谷米"。④ 镇远府也有"玉米，一名包谷"⑤。随着产量的增长，玉米在黔东人民的经济生活中，不仅用作粮食，还逐渐用来酿酒、揉粉，《志》称：

> 玉蜀黍，亦名玉米，俗呼包谷，茎叶似高粱，而高茎稍，有枝状雄花，穗茎侧有一二轴，长尺许……有黄、白、紫三种，皆清明后种，六七月收。可做烧酒，溲粉，邑产以大有、天马等乡为多，余次之。⑥

（2）番薯

番薯也是自海外引进的高产粮食作物。它在沅水流域的种植推广几乎与玉米同步。

在常德府，嘉庆《常德府志》卷十八《物产考》载有"甘薯，俗名为薯，亦曰红薯"。如桃源县的山区有"甘薯、红薯。山居

---

① 宣统《永绥厅志》卷十五《食货门·物产》。
② 嘉庆《通道县志》卷八《风土志·土产》。
③ 康熙《思州府志》卷四《赋役志·物产》。
④ 乾隆《玉屏县志》卷五《赋役志·物产》。
⑤ 乾隆《镇远府志》卷十六《物产》。
⑥ 民国《岑巩县志》卷九《物产志一》。

人取其易生，多种之以代粮，且酿酒，为御冬备荒之佳品"①。

在辰州府，乾隆时已种植番薯。《府志》记载其形态、种法和用途甚详：

> 曰甘薯。……可生食、蒸食、煮食，可作粉、酿酒，养人与米谷同。来自海外，俗名番薯，因其色红，又名红薯。种法：或用藤插入地，或切薯片栽之。一亩可收数十石，数口之家便足一年之食。叶可作菜，藤收干，可饲养牲畜，其性耐旱，又不畏蝗，种之易生，一岁两熟。今辰郡亦治种之。②

在沅州府，雍正《黔阳县志》尚无番薯记录。乾隆《沅州府志》已载："番薯，三邑间有种者。"番薯在沅州府"种之易生，一岁两熟。"③ 只是当时番薯被列为蔬之属，大概是因为没有成为重要的粮食。同治《黔阳县志》说："番薯，味甘健脾，可作粉、酿酒，与米谷同，来自海外，故名。又名红薯。"④

在永顺府，同治《永顺府志·物产续编》载有甘薯。如保靖县，"薯形圆长，紫皮白肉，味甚甘美，补益脾胃，可生食、蒸食、煮食，可作粉、酿酒，养人与米谷同。来自海外，俗名番薯，因其色红，又名红薯。邑多种之"⑤。光绪《龙山县志》也说："藷亦作薯，乾隆五十一年，张侍郎若淳请敕直省，劝种甘薯，以为救荒之计。山东陆中丞耀有《甘薯录》颁行。前志属蔬类，然邑穷，民赖其济食，与包谷同，故附于此。"⑥ 说明番薯在山区已由蔬菜变成为重要的粮食。光绪《龙山县志》卷十一《风俗》云：

① 光绪《桃源县志》卷二《疆域志·土产考》。
② 乾隆《辰州府志》卷十五《物产考上》。
③ 乾隆《沅州府志》卷二十四《物产》。
④ 同治《黔阳县志》卷十八《户书·物产》。
⑤ 同治《保靖县志》卷三《食货志·物产》。
⑥ 光绪《龙山县志》卷十二《物产·谷属》。

居民收藏高粱、包谷诸种，编竹为囤，纳其实于内，以茅覆之，其囤皆距门外十数武地，谓露风则不蠹朽也。或连秆穗，骈挂檐前，食时方取之，落其实。藏甘薯、芋魁，用土窖。

可见，甘薯在当地的经济地位已相当重要。

在乾州、凤凰等三厅，至迟在道光年间也都种植了甘薯，在方志中列入蔬菜类①。番薯在三厅的经济生活中是相当重要的，如永绥厅，"白薯，村寨人多种，每斤易制钱二十余文。红薯，村寨人多种，城汛人少种。岁出数千万斤不等，村寨人多做饭食。此物丰，粮价贱，此物若歉，粮价贵。每斤易制钱四文至七八文不等，视年岁歉丰"②。甘薯的丰歉竟然影响到了粮价，足见其产量颇大。

在靖州，也有番薯的种植。"蔬之属五十六：红薯、白薯"③。

如上所述，清代沅水流域的玉米和番薯种植是很广泛的。而笔者翻阅志书，发现洋芋（马铃薯）的种植记载很少。宣统《永绥厅志》卷十五《食货门之物产》载有洋芋。民国《岑巩县志》卷九《物产志一·蔬类》也有"马铃薯，俗名洋芋，可熟食或制淀粉"等记载。也许是因为洋芋不宜于砂土，且需要较多的水分，对土质和气候的要求相对要高，所以直到清末才有较多的种植。

总之，明清之际自海外传入的玉米、甘薯等粮食作物，清前期也在沅水流域普遍推广，在较大程度上缓解了山民的粮食紧张问题，也明显促进了山区的经济开发，产生了巨大影响。

---

① 道光《凤凰厅志》卷十八《物产》，光绪《乾州厅志》卷十三《物产》。
② 宣统《永绥厅志》卷十五《食货门·物产》。
③ 光绪《靖州直隶州志》卷四《物产》。

（二）经济作物的种植和经济林特产的经营

清代前期，湖南的山区出现了众多的棚民，他们以经济作物的种植和山地特产经营为主要生计，引起了社会的广泛关注，史载"楚南幅员辽阔，山多峻岭，每有外府州县及邻省人民移来，搭盖茅棚栖居，或佃地开垦，种植瓜果蔬菜营生，或砍柴挖蕨而活"①。这里所述的情况在湘东地区相当普遍，但在湘西山区，类似的棚民并不多，但也有一点相同，即经济作物的种植和经济林特产的开发业已空前兴旺。

1. 经济作物的种植

如前所述，沅水流域的粮食生产经常不能满足本地人们的食物需要，为何又能扩大经济作物的种植？研究表明，在粮食生产不足的地方，也能发展起经济作物。原因有二：第一，地区之间贸易的发展可以为山区人民提供所需要的粮食，例如雪峰山区的新化县，"茶桐杉竹，诸凡有资民生日用之物，所产亦繁，民以此装运邻境，易谷米以食"②。山区农民的衣食生活资料，可以用土特产品与外地交换得来。第二，在山区种植的许多产品，如茶、果、木等，并不占用多少耕地，与粮食种植的矛盾不大。相反，众多经济作物和经济林的种植，既可以尽地利，又能带来丰厚的收入。正由于此，明清时期，沅水流域的棉、麻、烟、茶、桐油、木材等产品的种植经营有长足的发展，而且与全国市场的联系空前密切起来。经济作物的种植和经济林特产品的经营，集中体现了山区农产品的商品化。

在沅水流域，由于粮食生产的进一步发展和商品经济大潮的

---

① 《湖南省例成案》兵律卷五，转引自方行等《中国经济通史·清代经济卷》上册，经济日报出版社，2000，第450页。

② 《湖南省例成案》户律卷七，转引自方行等《中国经济通史·清代经济卷》上册，经济日报出版社，2000，第472～473页。

推动，越来越多的土地也被种上了经济作物。但是，各种经济作物的种植并不平衡，达不到充分开发的程度。

（1）棉花及其他衣料作物

在沅水流域，棉花等纤维作物的种植，主要是为了满足人们自己的衣着需要，属自给性生产。

众所周知，明初，政府规定民间有田五至十亩者，须种桑、麻、棉各半亩，十亩以上者倍之。这一政策对沅水流域产生了影响。如常德府，明代中叶已"多绵（棉）花：一名木绵（棉），树高三四尺，春种秋收，其花结蒲，蒲中有茸，细如鹅毛，茸中有核，大如豆，用轮车绞出之，乃弹以弓，为絮，充衣被纺绩之用"[1]。到了清代，常德府仍然"境内产棉，有黄、白二种。黄者不多种，俗呼为紫花；白者，湖岸高地，本高五六尺。山乡瘠地，高仅二三尺而已"[2]。

沅水流域中上游也有不少地方植棉。如辰州府，明中叶已产"绵（棉）花，各州县皆出，独溆浦多焉"[3]。到了清代，辰州府"各乡村多莳棉花"[4]。

永顺府和乾、凤、永三厅大概是在清代才种植棉花，而且产量不多。同治《永顺府志》卷十《物产》称："棉花，所产可给本境，织成布皆粗厚。"宣统《永绥厅志》卷十五《食货门·物产》也说："棉花，少种，且自种自织，无人出卖。"光绪《乾州厅志》卷之五《风俗志》也是"地宜棉者少，桑麻遍野，赖以为衣。得之既艰，故其用亦最俭约，服物器皿最鄙陋"。

沅州府也产"吉贝，即棉花，郡中多树艺者，然纺织虽勤，

---

① 嘉靖《常德府志》卷八《物产·货之属》。
② 嘉庆《常德府志》卷十八《物产考》。
③ 嘉靖《湖广图经志书》卷十七《辰州府·土产》。
④ 乾隆《辰州府志》卷十六《物产考下》。

仅足衣履之需"，^① 可见也种植并不多。

如上所述，常德府、辰州府是沅水流域种植棉花的主要地区，有一定范围的商品化。而沅州府、永顺府、三厅、靖州的棉花种植较少，仅足自给而已。

植棉之外，沅水流域还种植其他的衣料作物，如桑、麻、葛等。

桑。明洪武年间，常德府知府张子俊积极"课农桑，劝蚕绩"，但是成效不著，直到清代，常德府仍不种桑，"境内不种桑，野生，间出丝枲，悉供商贩，不工组织，锦绮之属取之江浙远方。如欲兴蚕事，别有种植书在"^②。明洪武二十九年，明政府命人"于淮安府及徐州取桑种二十石，遣人送至辰、沅、靖、全、道、永、宝庆、衡州等处，各给一石，使民种之"^③。沅水中上游地区成为接受桑种的重点地区，无疑推动了蚕桑业的发展^④。清代中叶，辰州府已多种桑，史载：

> 桑……辰州种之者甚多，有数种，叶大如掌而厚曰白桑，叶薄者曰鸡桑，先椹而后叶者曰子桑，叶尖长者曰山桑，皆可饲蚕，其实曰椹，可为方品。^⑤

在永顺府，同治《永顺府志·物产》有"桑，土人以之饲蚕"。保靖县有"桑，保邑不多种，乡都有野生者"，又有"蚕，饲以桑叶，食而不饮，三眠三起，二十七日而老，自卵出为……保邑向所畜者，今稀少矣"^⑥。可见，除了辰、沅、靖地区人工种桑，其他地区主要是以野生桑饲蚕。

---

① 同治《沅州府志》卷二十《物产》。
② 嘉庆《常德府志》卷十八《物产考》。
③ 《明太祖实录》卷二百四十六。
④ 乾隆《湖南通志》卷一百〇四《名宦九》。
⑤ 乾隆《辰州府志》卷十六《物产考下·木之属》。
⑥ 同治《保靖县志》卷三《食货志·物产》。

麻。明嘉靖《常德府志》卷八《物产》云：常德府"有麻：
一种苎麻，植于高地，一科数十茎，宿根，临春自发，一岁三收，
绩为纱，可以为线。桃源多绩以织布。一种云葛麻"。嘉庆《常
德府志》卷十八《物产考》也载有麻，"麻有数种，府属惟沅江
多种之"。乾隆《辰州府志》卷十六《物产考下·木之属》有
"苎……辰郡并种之，夙根培灌，岁可三刈，解其皮刮之，长肥
而脆者绩为夏布，短瘦者纫为绳索，为用良普"。同治《沅州府志》
卷二十《物产》有"苎，多有种者，取供缝纫挽缚之用"。同治
《永顺府志·物产·药草之属》有"麻，保邑多种之，夙根培灌，
岁可三刈，解其皮刮之，长肥者绩为夏布，短瘦者纫为绳索，为
用良多"。可知，麻的种植颇广。

葛。嘉庆《常德府志》卷十八《物产考》说："境内不种葛，
有野生者，引蔓一二丈，紫色，可作绤绤。"乾隆《辰州府志》
卷十六《物产考下·木之属》称："葛……辰人种之，取其藤皮，
以石灰水渍而刮之，绩以成布，谓之葛布。"同治《永顺府志·物
产》也有葛，葛的种植没有麻那么广泛。

（2）茶叶

明清前期，湖南的植茶与制茶业随着地区开发与茶叶出口
而迅速发展起来。湖南的茶叶品种主要为绿茶、黑茶。道光末
至咸丰年间，适应外销的需要，红茶开始盛行。就全省的商品
茶生产而言，茶叶产区集中于洞庭湖流域的岳州、长沙、常德几
府[①]。其实其他府州也有，沅水流域的茶叶种植是比较可观的，
只是茶叶的商品化仅在少数地方有所发展。

常德府的一些地方从明到清均产茶叶，其产地主要集中于府
境西南的山区丘陵地带。明嘉靖《常德府志》卷八《物产·货之
属》说："茶，高乡有之，二月采。沅江亦多"。嘉庆《常德府志》

① 方行等：《中国经济通史·清代经济卷》上册，经济日报出版社，2000，第612页。

卷十八《物产考》也载：

> 茶，府北三十里茶林山，产茶颇佳，甚少。桃源、武陵
> 近安化界产者亦佳。龙阳多杂以茅栗树芽。沅江产者味稍薄，
> 别一种，叶六角，有刺，初芽时亦可采为茶。

各县志也有类似记载，同治《武陵县志》卷十八《食货
三·物产》曰："茶，邑南境近安化者间种之。"光绪《桃源县志》
卷二《疆域志·土产考》云：

> 茶，北乡甚稀，东西乡并不产茶，惟南乡近安化界产者
> 颇佳。每夏，茶商至邑，区为三等，沉溪一带为上，杨溪一
> 带次之，水溪则下矣。各溪只隔一山，而味迥殊。茶商尝杯
> 中汁，即能辨其为某溪茶，而土人不能自辨也。龙太常谓，
> 桃花源西所产茶，用蒸法如芥。桃花源西正沉溪之地，则沉
> 溪之茶自明已名矣。

可见，常德府的茶叶种植有相当的规模和基础。

辰州府植茶也不少，史载"茶……辰郡艺者亦多，亦间有佳
制"[1]。府属各县如溆浦县，茶叶是"常品物"[2]。

沅州府也有不少茶叶种植。同治《沅州府志》卷二十《物产》
曰："茶，山野多树，种植圃中者谓之园茶。"

永顺府产"峒茶"，但不善制茶。同治《永顺府志》卷十《物
产》载："峒茶，四邑皆产，而桑植为多，味较厚。土人不谙制
造，柴烟烘焙，香气损矣。"龙山县则出产"雨前茶"[3]。同治《保

---

① 乾隆《辰州府志》卷十五《物产》。
② 民国《溆浦县志》卷九《食货志二·物产》。
③ 光绪《龙山县志》卷十二《物产·食货》。

靖县志》卷三《食货志·物产》："茶，保邑少艺此者，惟里耶
一带亦间有佳制，谓之里耶茶。"可见，永顺府也有名茶生产。

古丈县的茶叶后来相当有名，早在光绪年间县民已"全赖桐、
茶、杂粮，以补不足""罗依溪市水田亦美，种植桐、茶为大宗，
商贩聚于溪口"[1]。

只有靖州"非产茶之区，民间日用多由洪市贩运供给，然亦
无甚佳品。乡民间有种植者，叶老方取，以供一啜，非有火前、
雨前之择，犹不足于用。此茶之所以必仰给于他境也"[2]。但是
嘉庆《通道县志》卷八《风土志·风俗》说，境内在"谷雨前后
摘茶芽，烈火炮制，三炒三挪，微火焙干，味颇香美"。说明有
些地方还是产茶，只是产量少，未被外界所知而已。

（3）烟草

清代湖南的植烟地区也是不少的，在沅水流域许多地方种植
有烟草。

在常德府，嘉庆《常德府志》卷十八《物产考》有"烟，即烟草"。
光绪《桃源县志》卷二《疆域志·土产考》也载有烟草。

在辰州府，乾隆《辰州府志·物产》载有"淡巴菰，俗名烟草，
一名相思草，辛温，治滞气、停痰、风寒、湿痹、山岚、瘴雾为宜"。
在民国《溆浦县志》卷九《食货志·物产》中，"蔌叶，淡巴菰"
是常品物，即平常产品。

在沅州府，同治《沅州府志》卷二十《物产》载："烟草，
近人皆嗜此，郡县多有种者"。同治新修《麻阳县志》卷五《物产》
也有烟草。

在永顺府，同治《永顺府志·物产续编》："烟，郡属皆有，
然龙山县之龙车坪甚夥，郑兰坝者最佳。"光绪《龙山县志》卷

---

① 光绪《古大坪厅志》卷二《舆图》。
② 光绪《靖州直隶州志》卷四《茶法》。

十二《物产》称："蔫叶，一名淡巴菰，蔫又作烟，邑正南坝出者最佳。"保靖县民也多植烟草，同治《保靖县志》卷三《食货志·物产》说："淡巴菰，俗名菸草，一名相思草，辛温，治滞气停痰、风寒湿痹、山岚雾瘴为宜，邑多种之。"

在黔东，贵州黄平州在嘉庆间盛行种烟，嘉庆《黄平州志》卷四载："旧志亦不载烟草，今则遍地栽之，州南及东北一带为甲。"黎平府的烟草种植也颇为兴盛，光绪《黎平府志》卷三："烟之利，过于稻数倍。"

上述各地区，烟草的种植，或是制药，或是吸食，商品化程度有较大的提高。

（4）油桐、油茶及其他油料作物

油桐是沅水流域的主要经济林，有着很高的经济价值，为流域山地开发的重要方面。

常德府的油料作物种类不少，有楂油、桐油、菜油、麻油、棉油、木油等多种。同治《武陵县志》卷十八《食货三·物产》曰："油，有楂油、桐油、菜油、木油、麻油、棉油诸类，有一种豆豉油。"特别是桐、楂，种植很广。史称"桐，郡中诸桐间有，而膏桐特多，取实榨油，人咸利之"，又说："楂，《农政全书》：楂在南中为利甚广，或直书为茶，尤非也。按：北地不产，前人未食其利，故未载也。"① 这里的"楂"应该就是油茶，在常德府产量颇多。同治《武陵县志》卷十八《食货·物产》称："楂：邑中产此最多，子可取油，或因字书无此解，遂直书为茶，殊误，详《农政全书》。"常德府的油桐种植以桃源县最多，光绪《桃源县志》卷二《疆域志·土产考》称："桐：境内诸桐间出，而膏桐特多，取实榨油，人咸利之。"

沅水中上游山区在明代即已开始广泛种植油桐。到清代中叶，

① 嘉庆《常德府志》卷十八《物产考》。

生产更盛。

辰州府的油桐种植就很普遍。乾隆《辰州府志·物产》载：

> 桐，辰州有其三……膏桐又名荏桐，俗呼油桐，树小，长亦迟，实大而圆，粒大如枫子，取作油，入漆。沿山种之，自下而上，行列井然。谢鸣盛诗"有时种树似乘梯"，盖咏此也。辰民借此以为利。

在泸溪县，桐油生产在当地经济中占有重要地位，明代泸溪知县吴一本对此有详细论说：

> 按泸溪物产俱同他处，惟民所重，在食与货，顾崖山瘠土，五谷鲜有□□丰年所入，仅足以克衣食，可无饥寒耳。其以货兑银而可以足公私之用者，莫大于桐、麻二油也。故商人先期合约以定价，或临期计值以贸易。而溪洞沅漵之河，舟船辐辏焉。吾民之欲称货而输纳者，胥此赖之。夫何桐子不结，麻以虫蠹，几十年于兹，而官私之费悉取足于谷粟焉。斯民匮矣。

一旦桐子歉收，当地人民就失去了最重要的收入。清乾隆年间，泸溪境内盛产"桐油，有黑、白二种，商贾竞趋其利，辰油遍天下"[①]。不仅油桐，辰州府的油茶种植也很重要，乾隆《辰州府志》卷十六《物产考下·木之属》称："油茶……开白花，结实，可榨油，名茶油。"

在永顺府，同治《永顺府志》卷十《物产》载明了桐油的重要经济价值："山地皆种杂粮，岗岭间则植桐树，收子为油，商

---

① 乾隆《泸溪县志》卷七《物产·货属》。

贾趋之。民赖其利以完租税、毕婚嫁。因土宜而利用，此先务也。"
同治《保靖县志》卷三《食货志·物产》也说："桐，实大而圆，
取子榨油，需用多端。沿山种之，自下而上，行列井然。乡民多
借此以为利，商贾趋之。"由于桐子经济价值大，当地人民捡拾
无遗。如光绪《龙山县志》卷十一《风俗》所云："寒露后，收桐、
茶实，持竹竿击坠之，临深涧则堵其下流，不使随水而去。岩巢
林取薄，周搜索之，乃止。其邻里男妇，极贫无生业者皆踵于后，
拾其遗者。"油茶的种植也有重要地位。同治《保靖县志》卷三《食
货志·物产》说："又一种曰茶子树，结实可榨油，名茶油。"

值得注意的是，光绪《古丈坪厅志》卷十六《艺文上》收录
了一篇《蓄禁桐茶碑序》（道光三年立，村人公议，无署者名），
反映了当地人民对于油桐经济的依赖和重视程度，文中说：

> 吾乡之中贫寒日甚，生产不繁，土地皆瘠，山广田少，
> 非膏腴之地可比。所出之利，别无大宗，其五谷杂粮不足以
> 供地方之用。惟桐茶，此地方之一大利也。奈何游手好闲之
> 流，惰农自劳，不昏作劳，往往伐木不已，而伤其财源，是
> 以一人有饥寒之忧，众乡焉有不同者乎？兹者公议，自今以
> 始，当一体遵议款之条，共保地利。有私伐桐茶之木者，无
> 论贫富，悉罚钱三串文，至于杂木果树，有砍者罚钱一千文，
> 其所罚之钱充入公会，以修道路之崎岖。检茶检桐亦有定期，
> 不准先后参差。若有暗行检摘者，应罚钱二千文，与守桐茶
> 杂木之人食用。故于桐茶将登之时，每派八人守之，一方二人，
> 以锣击之，日夜严防盗窃。摘捡之期，避过寒露之后，乃准
> 检摘，盖取桐茶子米内多油故也。

序后附记云："此碑文甚直质，少彬彬之雅。其禁至今民间
共守，奉为世法，所保全桐茶树者若干，不可计数。民之赖以资

生亦不胜数。夫桐茶之利，为苗疆各厅所习见，而不知始事者之功，然徒曰始事者不足为至难……"因为桐茶生产在山区经济中如此重要，所以才需要大家共同维护生产秩序。

在乾凤永三厅，油桐种植也占重要地位。凤凰厅在道光年间，"贫富恃以资生者，桐油、包谷为最"①。宣统《永绥厅志》卷之六《地理门·风俗》也说："或植栽桐、茶等树，以尽地利。"

沅州府也普遍种植桐树。同治《沅州府志》卷二十《物产》："桐，紫桐、白桐、膏桐、刺桐、赤桐、梧桐，郡中诸种皆有，而膏桐特多。"因此，有丰富的桐油出售。如黔阳县一带，"国初，居民不知此利，康熙元年，知县张扶翼谕民种桐"，到了清代中叶，桐树已"各乡遍植"，桐油已"所产甚多"②。

在靖州，光绪《靖州直隶州志》卷四《物产·木之属》记有茶油树、桐油树。光绪《会同县志》卷三《食货志·物产》记有油桐，卷十三《形胜志·风俗》还说："乡居者或佐夫收茶桐，颇能耐劳。"

总之，到了清代中叶，湖南辰州、沅州、永顺、靖州诸州府都盛产桐油、茶油，所以陈玉恒在《物产论》中说，"辰沅永靖诸山，皆种桐树、茶树，收其子以榨油，而会同所产，茶子独盛"③，可知会同县的油茶种植最盛。

油桐、油茶以外，还有油菜、芝麻等油料作物，也在明清时期的沅水流域被广泛种植。在常德府，明代出产芝麻油、菜籽油。嘉靖《常德府志》卷八《物产·货之属》："有油：芝麻所压者入食品，菜子者燃灯用。"光绪《桃源县志》卷二《疆域志·土产考》载："油菜，九月种，来年四月收，子榨油，燃灯，亦可食，

---

① 道光《凤凰厅志》卷十八。
② 同治《黔阳县志》卷十八。
③ 嘉庆《巴陵县志》卷十四，转引自方行等《中国经济通史·清代经济卷》上册，经济日报出版社，2000，第455页。

为利甚溥。境内多种此，以作春需。"在山区，宣统《永绥厅志》卷十五《食货门之物产》载有油菜。油菜的种植也有很广阔的发展前景，但在沅水流域未能形成规模。

（5）蜡树

蜡虫的生产是元代以后的事情。明清时期，蜡树（又名冬青、女贞）的种植也在沅水流域有一定的地位，是某些地区的经济支柱。

常德府的部分地方产蜡树。嘉庆《常德府志》载有"女贞，蜡树"，并且生产"蜡：白蜡，黄蜡"[1]。据同治《武陵县志》卷十八《食货三·物产》，武陵县既产"女贞，名蜡树"，又产"蜡，间出"。桃源县也有"女贞，《本草》：女贞产武陵山谷，与冬青同名异物，盖一类而二种也。冬青，蜡树：……五月养以蜡子，七月收不尽揉，来年四月又得生子"[2]。

辰州府的蜡树种植很普遍。乾隆《辰州府志·物产》称："冬青，本名女贞，俗谓之蜡树，辰郡最多，岁以收蜡为利。"同治《沅陵县志》卷三十八《物产·货属》有黄蜡、白蜡。而在泸溪县，据称自元代开始，浦市近郊就有白蜡生产……蜡虫产自云贵山区，但高山不能产蜡，浦市气候温和，适宜产蜡，因此每到白蜡生产期，云贵客商成群结队采运蜡虫来浦市销售。一到盛夏时节，浦市近郊山岭上白皑皑一片，到处是裹在蜡树上的白蜡花，人称"六月雪"。人们用白蜡制成蜡烛等物以获利[3]。

永顺府和乾、凤、永等厅以及靖州也都有蜡树种植。同治《保靖县志》卷三《食货志·物产》云："冬青，近人放蜡于此树以收蜡为利。"光绪《乾州厅志》卷十三《物产》："冬青本名女贞，俗谓之蜡树，岁以收蜡虫为利。"道光《晃州厅志》卷三十七《物

---

① 嘉庆《常德府志》卷十八《物产考》。

② 光绪《桃源县志》卷二《疆域志·土产考》。

③ 湘西自治州政协文史委员会：《湘西文史资料》第二十二、二十三合辑《湘西名镇·浦市》。

产》载有蜡虫。据康熙《靖州志》卷二《物产》，绥宁县木有冬青，货有白蜡。光绪《会同县志》卷三《食货志·物产》有蜡树。不过，这些府厅州的蜡树种植不如辰州府普遍。

总之，蜡树以辰州府最多，具有重要的经济价值，特别是交通便利的泸溪浦市，在其他地区则意义有限。

（6）蓝靛、漆树

沅水流域在明代已有靛蓝的种植。明嘉靖《常德府志》卷八《物产·货之属》有靛："蓝草长二三尺，渍为靛，可染，然不及闽产。"

清代，种植蓝靛的经济收益数倍于种粮，故清代中叶后，在沅水流域也多有蓝靛种植，且在部分地区有较高效益。嘉庆年间，在贵州黄平州，"靛之为利，较之种杂粮者，不啻倍之""旧志不载，近来种者甚夥……数十年来，因以致富者不少"[1]。在湖北来凤县，蓝靛也很受重视，"种此者利倍于农"[2]。同治《沅州府志》卷二十《物产》载："木蓝，芷江西溪多种之，剪叶浸水成靛，以供染彩。"

在黔阳县，"蓝草，按：此种邑旧志不录，今县东北太平里多种之……愚民趋利"[3]。永顺府也产靛："土人于水次隙地种之，布帛多自染者。"[4] 光绪《龙山县志》卷十二《物产·食货》记载有靛。

漆树也有可观的经济效益，因此种植较多。如同治《永顺府志》卷十《物产》载有"牛漆"。光绪《龙山县志》卷十二《物产·食货》也载有漆。同治《保靖县志》卷三《食货志·物产》："漆，保邑间有之，不多种。"可见，永顺府的漆树不多。

---

① 嘉庆《黄平州志》卷四，转引自方行等《中国经济通史·清代经济卷》，经济日报出版社，2000，第460页。
② 同治《来凤县志》卷二十九，转引自方行等《中国经济通史·清代经济卷》，第469页。
③ 同治《黔阳县志》卷十八《户书五·物产》。
④ 同治《永顺府志》卷十《物产》。

漆树种植在辰州府较盛。乾隆《辰州府志·物产志》云：

> 漆……辰郡多艺之，干如柿，叶似椿樗，五六月间叶端苞而不茁，即孕漆也。斧斫节间，盛以蚌壳……至九月止，曝以烈日，盛以木瓮，售之及远方。

此外，光绪《会同县志》卷三《食货志·物产》载有漆树。道光《铜仁府志》卷四《食货》也记有漆树。

总之，蓝靛种植和漆树种植都不很普遍，只在辰州府等部分地方有明显发展。

（7）竹木

黔东南和湘西等山区盛产木材，而且多为自然林，甚至原始森林。沅水流域的木材采伐经历了一个由中游向上游逐步深入的历史过程。

在常德府，大木稀少，所产以松、竹较多，其材仅作本地之用，如造纸，制工具、家具等。嘉庆《常德府志》卷十八《物产考》载：

> 松：境内山乡颇宜松，率充薪爨，大者甚少，有十余年才拱把，即伐去复种者。竹：境内产竹十数种，疏节可为箭等者绝无。猫竹颇多。槐：此木土人多取作水车。楮：皮可造纸。

此外还产梓、柏、杉、楮、椿等木。同治《武陵县志》卷十八《食货三物产》载："竹类，邑类产竹数种，猫竹最多，绝无疏节直干可为箭□者，冬月掘竹根，未出土者为冬笋，春生者为春笋。"光绪《桃源县志》卷二《疆域志·土产考》："竹，境内产竹十余种，南乡最多，笋既为蔬，将放梢时破为竹麻作纸，山农获利几与茶等。"此外也产松木。

明清时期的湖南木材"以辰杉为上",其实是因为"税务在辰,故以辰得名,其实沅州以上皆产杉木,不独辰州也,其木以生岩石间,心有红晕而锯屑甚香者,谓之油杉,最能经久不坏,产苗峒者谓之苗木,色白质松,斯为下品"[①]。但辰州府的林木资源极为丰富,在明代就已是湖南最重要的木材产地。乾隆《辰州府志》卷十六《物产考下·木之属》记载有众多的木材和经济林,有楠竹、杉、梓、松、枞、樟、桑、柘、茶、油茶、漆、枫、槐、椿、檀、杨柳、乌桕、柏树等数十种。而在木材林中,最多的是"楠竹:其名甚多,辰郡有香楠、黄楠、牛舌楠、猪尾楠、滑楠之称,香者为佳,旧日各厅邑最多",但是"以采伐者众,今则深山穷谷不数见,亦鲜有香者",可知辰州府的楠竹至清中叶已采伐殆尽。其次为"杉:似松而直,叶如针刺,梁栋之至美者,皮亦可代瓦"。此外,辰州府的"松:大者数十围,高百余尺"。"枞:松身柏叶,辰人多树以供薪,大者亦为栋梁之用",也是大者用为材木。

永顺府在明代为土司地,曾经是山深林密,材木繁多。永顺、保靖两地盛产楠木,在万历《芜关榷志》中被列于上品,而常德府只出产"常德杂木"。此外,万历《芜关榷志》所记通过芜湖输往江南的西南木材,还有沅水流域的贵州铜仁府软河口的青柳木,镇远府的短杉板等[②]。据《明史》记载,永顺司曾多次进贡楠木,并为地方官府首选的建材来源,但到了清代,不仅大楠木无存,而且杉木也难以成材。乾隆时,永顺府已是"山渐童""良材尽",楠木、黄杨等材"近皆不可多得"[③]。同治《永顺府志》卷十《物产》也说:"楠木,有白楠、香楠。……今府属稀有,积岁砍伐,良材尽矣""杉,大者甚少,然郡属皆有之"。同治《保靖县志》卷三《食货志·物产》:"梓。楠:其名甚多,从前颇多,

---

① 光绪《湖南通志》卷六十一《物产二》。
② 李伯重:《江南的早期工业化》,社会科学文献出版社,2000,第328页。
③ 乾隆《永顺府志》卷十《物产》。

今则深山穷谷间亦有之。"楠木的从"颇多"变为"间有之"，反映了这一林木资源的利用已走到尽头。

永顺府的木材几乎伐尽，而在清末，三厅的林木还是比较丰富的。民国《永顺县志》卷十一《食货·物产·木类》说："杉，生植颇多，然不如三厅之高大。"可见，当时三厅的原始林木仍有较多的保留。

靖州的竹木资源亦很丰富，但在清末已缺少大木。光绪《靖州直隶州志》卷四《木政》云："境地崇山，多产材木。只属薪樵之用，少中栋梁之选。"不过，靖州仍是木材贸易的重要中心。光绪《靖州直隶州志》卷四《木政》称：

> 黔省所出杉木，水次必经渠河。旧设牙行以俟远省商人怀资到此，与黔民交易，并无采贩巨贾，亦无关税。凡值委办皇木之员偶一经过，俱派人往他境采办，不与本州相涉。

研究表明，湘西是明清江南木材的主要来源地之一[1]，但其木材资源到了清代也已严重消耗。湘西山区的"苗木"输出，其实有很大一部分是取道湘西的贵州木材。因此，木材输出的能力已经难以继续扩大。但在黔东，楠木、杉木等主要用材林也在道光时期砍伐殆尽。道光《铜仁府志》卷四《食货》称："楠木：旧出深山中，今已伐尽。杉木：旧产山间，今已伐尽。"

由上可见，从辰州、永保、靖州到黔东，材木的砍伐步步深入，终于导致林木资源接近枯竭，严重制约了山区经济的发展。

乾隆《辰州府志》卷九《赋役考》记述了辰州木税的征收额的变化，反映了这一历程：

① 李伯重：《江南的早期工业化》，社会科学文献出版社，2000，第329页。

本府盐、木二税，原征银二千两。康熙四十七年，巡抚赵申乔题请天柱县鸬鹚关额征木税银三十两改归辰州府征解。次年征盐税银二百七十七两二钱九厘六毫。通本折钞并盐、木二税，共银二千四百五两三钱六分有余。雍正九年，部定每年自六月二十四日起至次年六月二十三日，一年期满，共额解银一万二千五百两。前三年即统入定额数内起解。遇闰增九百两。乾隆十六年，知府谢锡佐于原额外增解银二千一百一十九两有零。二十五年，知府王承猷于原额外复增解银三千五百七十二两有零。遇闰于原额外增九百六十两有零。今每一年期满，共解银一万八千一百九十一两有零。遇闰共解银二万五十一两四钱有零。论曰：其他若盐税较旧已三倍矣，木税较旧且十倍有余。商贾日繁，民用日广，赋税日增，此诚在其位者所不宜私。而数年来，云贵酉阳出木之地，已肆伐将尽，树之十年，以待其继，求额数常敷，恐未可长恃也。兴利除弊，后之贤者，知必能审今古，度时宜而变通之，则乐利所弊，近悦远怀升平之庆，其长此无穷矣夫？

清前期盐木二税的成倍增长，反映了木材种植和采伐业的兴旺，乾隆中叶"云贵酉阳出木之地，已肆伐将尽"，木税数额难以为继，又说明了林木生产的萎缩。

为了维持木材生产，沅水中上游山区人民不得不进行人工种植，开始改变以往"知伐而不知种，以致树木稀少"的局面。

在沅水上游清水江流域，杉木在清代就已部分实现了人工栽植。据乾隆《黔南识略》记载，黔东及东南地区几乎县县种植杉树。台拱厅"地多杉树"，清江厅"树多松、杉"，镇远县"木饶桐、茶、松、柏、椿、梓、杉、柳、黄杨之属"，思州府"近亦渐植橡树、杉木"，松桃厅"树有杉、松、白蜡之属"。据道光《黎平府志》卷十二《食货志·物产》，黎平杉木在各地所产林木中最为著名,不仅"产木极多",而且外地的杉木也"不及本地所产之长大也"①。

乾隆《黔南识略》卷二十一《黎平府》详细记述了黎平府的杉树从育苗到移栽以及施肥、培育、砍伐、运销的全过程,现引述如下:

> 土人云:种杉之地,必豫种麦及包谷一二年,以松土性,欲其易植也。杉阅十五六年始有子,择其枝叶向上者撷其子乃为良,裂口坠地者弃之,择木以慎其选也。春至则先粪土,覆以乱草,既干而后焚之。然后撒子于土面,护以杉枝,厚其气,以御其芽也。秧初出谓之杉秧,既出而复移之,分行列界,相距以尺,沃之以土膏,欲其茂也。稍壮,见有拳曲者则去之,补以他栽,欲其亭亭而上达也。树三五年即成林,二十年便供斧柯矣。郡内自清江以下至茅坪二百里,两岸翼云承日,无隙地,无漏阴,栋梁楣楠之材,靡不备具。坎坎之声,铿訇空谷。商贾络绎于道,编巨筏放之大江,转运于江淮间者,产于此也。……茅坪、王寨、卦治三处,商旅几数十万。

除了黔东南,靖州、辰州等地也开展了人工种植,史称当地"多属山土,百姓栽植松杉树,长成可以伐卖"②。

总之,沅水流域木材资源的开发利用经历了一个由兴盛到衰落、由天然林到人工林的演变过程。

---

① 乾隆《黔南识略》卷十三《台拱同知》《清江通判》、卷十四《镇远县》、卷十五《天柱县》、卷十八《思州府》、卷二十《松桃直隶同知》,转引自张建民《明清长江流域山区资源开发与环境演变》,武汉大学出版社,2007,第9页。

②《雍正十一年九月初五日湖南巡抚朱纲奏》,收于《宫中档雍正朝奏折》,第3辑,第132页,转引自李伯重《江南的早期工业化》,社会科学文献出版社,2000,第339页。

　　明代前期和清代前期，沅水流域的农业发展主要表现在量的增长和规模的扩大，只有到了明清两朝的中后期，随着农业生产率的提高，才出现一定的剩余农产品，商业性农业有明显的发展。经济作物的推广种植和经济林特产的开发利用，不仅促进了农业商品化的发展，而且为手工业提供了相对充足的生产原料。

第四章
工商业进展

众所周知，中国传统社会的自然经济和商品经济并不是绝对排斥的。不论是经济发达地区还是落后地域，人们的生产资料和生活资料都不可能做到绝对的自给自足。沅水流域很早就已出现了商品经济活动，例如把木材销往洞庭湖区用于造船。就笔者所见，有关钟相、杨幺起义的史料对此有所反映[①]。不过，明代以前，沅水流域以贡赋经济和自然经济为主，商品经济因素相对稀少。

明清时期，全国性商品经济网络逐渐形成，更多人口迁来沅水流域，沅水流域的经济生产和资源开发也越来越深地卷入了全国市场，手工业和商业实现了空前的发展。

一 手工业生产的发展

明中叶以后，我国民间手工业普遍兴起，到了清代更加发展兴旺。不仅行业增多、品种增加，而且手工业分布地域和产品数量不断扩大。尤其是手工业向农村深入，向山区拓展，无论是水乡还是山村，手工业普遍发展。沅水流域的手工业生产正是在这

---

① 陈致远：《常德古代历史研究》，北京图书馆出版社，1999，第110页。

一背景下取得显著进展的。

在沅水流域这样的落后区域，明清时手工业获得显著发展，原因至少有如下两点：第一，人口的增长，使沅水流域各种资源得到开发；第二，从明后期到清代，我国的手工业在地域分布上呈现区域分工不断扩大的趋势。东部手工业发达地区对原料的需求不断扩大，沅水流域的手工业原料丰富，水运条件相对便利，因此，冶铁、造纸、棉纺织业、采煤业、制茶业、酿酒业、榨油业等都得到不同程度的发展。

（一）主要生产行业的发展

1. 纺织业

明代，常德府已发展起棉纺织业，但是技术较差，售价低廉。据嘉靖《常德府志》卷八《物产·货之属》称，当地"多绵（棉）花：一名木绵（棉），树高三四尺，春种秋收，其花结蒲，蒲中有茸，细如鹅毛，茸中有核，大如豆，用轮车绞出之，乃弹以弓，为絮，充衣被纺绩之用"。不过，常德生产的"绵（棉）布极粗，价十铢，不及江南梭布之一，俗俭且啬，故宜之"。此外，葛布制作也很落后，所生产的"葛布亦粗，聊以拭汗耳"①。

辰州府也在明中叶出产"绵（棉）花，各州县皆出，独溆浦多焉"②。由此发展起棉纺织业。清代中叶，辰州府的棉布精粗不一，乾隆《辰州府志》卷十六《物产考下·布帛之属》曰："棉布，各乡村多莳棉花，男妇并织，精粗不一。曰斑布，亦棉花所织，以黄土染其纱，机成，状如茧绸。"此外，辰州府还生产麻、葛、丝等多种纺织品，史称："曰夏布，绩苎而机成者也。曰火麻布，

---

① 嘉靖《常德府志》卷八《物产·货之属》。
② 嘉靖《湖广图经志书》卷十七《辰州府·土产》。

绩麻而织布，极粗黑。曰葛布，绩葛而机成者也。曰土绸，以蚕丝为经、棉纱为纬而织成之。曰土绢，本地蚕丝所机成者，质多黄，亦间有白者。曰苗锦，苗人以蚕丝织成者，花纹远望甚丽，近观之稍粗，然好者亦极坚致耐久。曰苗巾，蚕丝所织，红色，宽五寸许，长三四尺许。曰峒巾，蛮人绩苎所成者，白晳中，两端间以红花纹，颇类苏巾。"[1] 这些产品多为机织而成，质量普遍很低。

辰州府属各县，普遍发展起纺织业，而且种类比较齐全。清同治年间，沅陵县出产多种纺织品，主要有：

> 棉布，乡村多种棉花，较他产为良白，本地棉花用以织布，坚韧耐穿，曰家机布。斑布，以黄土染纱织成，状如茧绸。夏布，绩苎为之。麻布，绩麻为之，极粗黑。葛布，绩葛吊绸为之。绵绸，蚕丝为经，棉纱为纬而织成之。土绢，蚕丝为之质多黄，亦有白者，近颇精美，号辰绢。[2]

泸溪县的纺织业："妇女树桑饲蚕，兼治木棉，辟卢沤苎，勤纺织。"[3] 丝棉麻都有。

辰溪县的纺织业状况：

> 蚕桑纺绩，城乡皆然，中馈之司。虽富家巨室，未尝不身任其劳，更有以织纫为业者。如西乡铜山桥头、东乡黄溪口等处，妇女宵旦勤劳，以棉为布，复以布易棉，更叠取值，以资生计。邑中所出，有黄绢、□丝绢、钓绸，及铜山布、女儿布之属。商贩多于此收买。[4]

---

① 乾隆《辰州府志》卷十六《物产考下·布帛之属》。
② 同治《沅陵县志》卷三十八《物产·货属》。
③ 乾隆《泸溪县志》卷八《风俗》。
④ 道光《辰溪县志》卷十六《风俗志》。

说明道光年间，辰溪县有了"以织纫为业者"，可能出现了纺织业手工作坊，在西乡铜山桥头、东乡黄溪口等处出现"以棉为布，复以布易棉，更叠取值，以资生计"的手工业者。

在溆浦县，纺织业也是妇女的主业。民国《溆浦县志》卷十一《典礼志·风俗》："妇女纺织，昼夜不辍，用佐耕耘。"

沅州府的纺织业属于典型的自给性生产。据同治新修《麻阳县志》卷五下《风俗志》，妇女"织纺颇勤，然仅足备衣履之需。无羡余获利"。同治《黔阳县志》卷十六、十七《户书·风俗》载："农妇馌饷之余，颇勤纺绩，然仅足备衣履之缺，无羡物获利。"

永顺府的纺织业较有特色。在永顺县，乾隆《永顺县志》卷一《地舆志·物产》载有土绸、土布、麻布、丝被、土绫、斑布、洞布。在龙山县，"客籍妇女居城市者，娴针补刺绣，花鸟态致天然，然多以纺绩绵麻为恒业"。其"土苗妇女善织锦裙被，或全丝为之，或间纬以绵纹，陆离有古致。其丝并家出，树桑饲蚕皆有术。又织土布土绢，皆细致可观，机床低小，布绢幅阔不踰尺，向不知制，履肆诸人近皆能自制，与客籍妇女同"[1]。龙山县的苗锦在宋代已经成为贡品，史称"绩五色线为之，文彩斑斓可观，俗用以为被，或作衣裙，或作巾，故又称峒巾"。在保靖县，麻纺织业为主业："粗者绩麻纺织，或织手巾花被，细者绣子挑花，或挑小儿手袱衣裤。近日乡间多织布者，颇足备用。"[2] 峒布、峒巾等民族织品的制作相当精良。

在三厅，棉、麻、葛、丝纺织业都有发展。光绪《乾州厅志》卷十三《物产·布帛之属》曰：

> 曰棉布，各乡村多莳棉花，男女并织，精粗不一；曰斑

---

① 光绪《龙山县志》卷十一《风俗》。
② 同治《保靖县志》卷二《舆地志·风俗》。

布，亦棉花所织以黄土染其纱，机成，状如茧绸；曰夏布，绩苎而机成者也；曰火麻布，绩麻而织，布极粗黑；曰葛布，绩葛而机成者也；曰土绢，本地蚕丝所机成者也，质多黄，亦间有白者；曰土绌，以蚕丝为经，棉纱为纬，而织成之；曰苗锦，苗人以蚕丝织成者，花纹远望甚丽，近观之稍粗然，然好者亦极坚致耐久；曰苗布，蚕丝所织，红色，宽五寸许，长三四尺许。

可谓品种多样，尤以苗锦著名。

宣统《永绥厅志》卷十五《食货门·物产》的记载还说明了几种纺织产品的经济效益：

土□：其蚕丝，苗乡岁出百余斤，黄、白二色，织每尺，白易制钱一百余文，黄九十余文，苗妇女获利五分。

土布：墨青白三色，每尺易制钱，墨青七十余文，白四十余文，苗妇女获利二分，因民间自织，亦多名家机布。

麻布，其麻岁出千余斤，用做鞋索，多乡织，卖少，民家织亦少。

以上各类纺织产品多产自"民地"，苗地不宜，极少，"苗人每逢场市买运"。

在靖州，棉纺织业较为少见，以麻葛纺织为主。光绪《会同县志》卷十三《形胜志·风俗》曰："不产木棉，故习纺织者少，惟勤辟绩，间为葛夏等布。"嘉庆《通道县志》卷八《风土志·风俗》："妇女……职业惟勤于纺纴，或绩葛绩麻，间有纺棉以作布匹。"

黔东地区的纺织业也以麻葛为主。道光《铜仁府志》卷四《食货》："葛布，府属俱有。"

总之，沅水流域的纺织业发展水平较低，产品的自给性突出，甚至不能自足，需要外地的产品输入。只有辰州府品种较全，水平稍高，而永顺府和三厅的产品较有特色。

2. 矿冶业

明代及其以前，沅水流域的矿业还处于进贡方物的阶段，与地方民生尚未发生多大关系。乾隆《辰州府志》卷九《赋役考》："四邑中，旧有朱砂之解，今则非需用，不取也。……故旧志所载贡物，今皆弗纪。"

清代，传统的贡物经济已经结束，采矿业发展起来。

首先是采煤业。乾隆以前，地方禁止开采，以防聚众滋事。乾隆五年开放煤禁，各省纷纷报请开采。湖南是重要产煤省份，而沅水流域的产煤县并不多，主要集中于辰州府。

乾隆《辰州府志》卷十六《物产考下·货之属》载："煤，一名石炭，土人相地穴而下取之，有至数十丈而始得挖以上。其石黑，燃之可以代薪。郡产甚多，然烟臭，不如他产。"

此外，光绪《乾州厅志》卷十三《物产·货之属》也有煤："一名石炭，土人相地穴而下取之，有至数十丈而始得挖以上，其石黑，燃之可以代薪，厅产间有之。"

其次是冶铁业和铁器制造业。湖南铁矿资源丰富，自雍正十三年允许在内地开采后，迅速发展成为一个新的铁产区。沅水流域的铁矿采冶主要分布在辰州府。乾隆年间，辰州府有铸铁业：

> 铁，出自土中者，击碎，去其泥，纳炉中，镕之，开一孔流出，成片，谓之生钣，复冶，生钣成小块，为铁，谓之辰铁，俗讹作铁。山市建厂开铸，货于四方，贫富恃以为业。[①]

辰溪县的冶铁业在清中叶已相当发达。该县铁矿资源丰富，

---

① 乾隆《辰州府志》卷十六《物产考下·金石之属》。

"地方百姓采挖而煎炼之，为利甚溥，故趋利者众"。"矿厂一开，而辰之无产贫民借以生活，岁不下万余人。所出生板足供军国民生之用，更难以数计"①。每座熔铁炉"所需雇工及挑运脚夫约数十人，十座则数百人矣。邑属此食力养家者亦千计"。成为湖南的制铁中心之一。

泸溪浦市的冶铁业也很发达。据《湘西名镇·浦市》所载：

> 明代，浦市就有人开始冶铁。铁矿石有当地农民从近郊的灰洞坳、五斤坡等地露天开采得来，人工运往沅水河边，设炉冶炼。清代中叶，浦市的冶铁业从业人员数以百计。从浦市下湾经云山麓至江西会馆万寿宫，长达一公里的江边上高炉林立。浦市沿河留下的铁渣石至今比比皆是。浦市冶铁业的兴起，活跃了本地经济，也改善了农业生产条件。浦市的生铁、毛钢被销往长江中下游和两广的珠江流域。

永顺府也有铁矿，但因地处苗疆，官府禁采。同治《永顺府志》卷十《物产》："铁矿，四县俱有……以苗疆故，俱封禁。"

黔东的铁矿也未开采。道光《铜仁府志》卷四《食货》：铁，旧俱出大万山等处，久荒废。"

再次是铜矿业。乾隆四年，清政府准许商民自备工本开采铜矿后，湖南的多处地方都有商人试开铜厂。乾隆五年，由于绥宁县耙冲地方开采铜矿引起苗民滋事，所以官府将各地矿厂悉行封禁，只留郴、桂二州的矿厂，听民开采，官收税铜。乾隆十年，由于本省鼓铸的需要，再经奏请批准，除苗疆地方容易滋事不准开采外，允许其余地方招商开采②。

---

① 道光《辰溪县志》卷二十一《矿厂》。
② 中国人民大学清史所：《清代的矿业》，中华书局，1983，第249、246页。

　　然而，铜矿生产并未发展起来。不仅苗疆地区采铜业被禁止，如同治《永顺府志》卷十《物产》载："铜矿……今封禁。"而且非苗疆地区的铜矿开采多方受阻。光绪《靖州直隶州志》卷四《矿厂》曰："惟绥邑半里耙冲出铜矿，夏二、青坡等里出铁矿，因有碍田墓，久已奉文禁止，每岁地方官出示晓谕，并饬该里保证具结在案。"

　　复次还有金矿业。沅水流域很早就出金，但开采并不多，有名无实。常德府实际产金很少。明嘉靖《常德府志》卷八《物产·货之属》："间有金：《旧志》云出金，今无，然类□江人于淘沙中得之，不过丝粟耳。"嘉庆《常德府志》卷十八《物产考》也说："金，武陵、桃源、龙阳、江南溪涧颇产金。闻之淘者云：日不数分，得钱百余，仅足自给，或一日偶多得，即数日皆不得，故业此者甚少。"

　　辰州府只产"麸金，故老相传，在昔无业之民淘溪涧中，偶得之，则有金矿也。《通志》以为出沅陵、辰溪、溆浦、黔阳间，明御史薛瑄、参政游震德念地虚受产金之名，民实受赔累之困，先后奏免之"[1]。

　　黔东的天柱县也曾有黄花金厂，雍正时有奏称，"黄花厂现今止有磨山上下二洞，召集沙夫开采，亦有附近居民前来合伙分利，总非巨商大贾可比"[2]，本小利微。道光《铜仁府志》卷四《食货》："赤金，省、提二溪出，奏革。"

　　总之，金矿业在沅水流域并未得到发展，对地方经济未能发挥多大作用。

　　此外，沅水流域还有铅、丹砂、硝石以及青石等其他矿业。

　　铅。乾隆《辰州府志》卷十六《物产考下·金石之属》："曰

---

① 乾隆《辰州府志》卷十六《物产考下·金石之属》。
② 中国人民大学清史所：《清代的矿业》下册，中华书局，1983，第561页。

铅，辰郡间产之。"同治《永顺府志》卷十《物产》有铅，"今封禁，砂亦不旺"。宣统《永绥厅志》卷十五《食货门之物产》也有铅矿开采记录。光绪《乾州厅志》卷十三《物产》有铅。可见，沅水流域的铅矿开采很少。

辰州府的丹砂生产也不多，而且清代人已经怀疑"辰砂"非辰州所产。乾隆《辰州府志》卷十六《物产考下·金石之属》说："丹砂，即今朱砂也。按《广舆记》，粤西庆远府宜山县产砂，生山北者曰辰砂，生山南者曰宜砂。地脉不殊，砂亦无别。据此则辰砂非产自辰州，明矣。旧府县志以为辰砂产于黔，而郡每年有折解丹砂银，咎在古以辰砂产于辰州，殊失考据。昔时有二贡之分也，后以弗产而折钞恩也，何事冒宜山之辰砂而移祸于黔人乎？"不产辰砂，反而负担"丹砂银"，对辰州的地方经济实是一种损害。

不过，黔东出产丹砂是事实。道光《铜仁府志》卷四《食货·土产》称：

> 铜仁产者有形如箭镞者，号箭头砂最为可贵，产于万山厂，他砂皆产于土中，此砂独产于石夹缝中，取之最难，每块并无重至一两者。《黔书》：铜仁箭镞砂，色比靺鞨，大如瑟瑟，散生水晶石中，红白绚映，可宝也，余获其二，为笔床焉，此山姜先生识其所见如此，万山厂所产，尚有如鱼如马如鸡者，地灵之生物奇矣哉。厂之人以为砂精，见之不宜，今厂废。

可见，当地人们并未主动去开采砂矿。

硝石矿则以永顺府较为重要，但清代几度禁止开采。同治《永顺府志》卷十《物产》说："硝，峒产，土熬之成硝……峒内多石，土尽则止，工本所费贵于豫硝，今皆禁止私采。"又云：

乾隆四十六年，准永顺府属之永顺、龙山、桑植等县复开采硝，每硝百斤，需工本运脚五两九钱一分八厘，岁可出硝数千斤。嗣因苗变封禁，嘉庆十年咨部复采其地二十年，因各硝洞刨挖净尽，题请封闭。

总体来看，沅水流域的矿产业集中于煤和铁两种，以辰州府比较发达。更多的矿藏在明清时期未被开发。

3. 榨油业

明清时期，沅水流域的榨油业随着山区开发而繁荣起来。到乾隆时很多州县都种桐树、油茶，出产桐油、茶油。桃源县的货物以"鱼米油茶为最，黔、蜀、闽、广、江、浙、陕、豫之商毕集"[①]。

辰州府、沅州府、永顺府、靖州等地普遍盛产油料。史称"辰、沅、永、靖诸山，皆种桐树、茶树，收其子以榨油，而会同所产茶子独盛"[②]。

在沅陵县，同治《沅陵县志》卷三十八《物产·货属》载有桐油、木油、麻油、菜油、茶油等多种油料。

麻阳、泸溪等县都以桐油为利薮，所出桐油大量运往各地。

黔阳县在清初种植桐树尚少，自从康熙元年知县张扶翼"谕民种桐"以后，"各乡遍植"，桐油逐渐成为黔阳的大宗输出货品。地濒沅江的洪江，因水路便利，成为"油商囤积之地"，咸、同时产出更多[③]。

在龙山县，盛产桐油，"邑惟桐油为大庄"，油桐树"沿山种之，自下而上，行列井然……龙民多借此以为利，商贾趋之"。

---

① 道光《桃源县志》卷三。
② 嘉庆《巴陵县志》，转引自郑昌淦《明清农村商品经济》，中国人民大学出版社，1989，第483页。
③ 同治《黔阳县志》卷十八《物产》。

每年桐子开花之时，"有油之家缺日用，向有钱者预领油价，言定油若干斤，钱若干千，价无一定……十月兑油，或兑桐子，如期不得误。而权子母者，遂举倍称息"①。

保靖县植桐也不少，"取子榨油，需用多端……乡民多借此以为利"②。

总之，桐油生产是沅水流域手工业的重要行业，它对地方经济发展的贡献很大。

4. 陶瓷、砖瓦和石灰制造业

清前期，随着社会经济的发展，人民生活水平逐渐提高，不仅日用陶瓷器皿生产进步，而且以砖瓦房代替土坯、茅草房，土木营建之风随之而起，带动了石材砖瓦业的发展。

如黔阳县，史载："石工锥凿，树坊立表，大口可观。砖埴有三处，曰卜冲，曰托口，而桐木称最。甀盆鬲口，器皆中度。"③

石灰的用途非常广泛，既是建筑材料，又可改良土壤。石灰业比砖瓦业的分布更为广泛。明嘉靖《常德府志》卷八《物产·货之属》云："有石灰，地窖中，以火煅石，遂成，桃源出。"清乾隆《辰州府志》卷十六《物产考下·货之属》也说："石灰，土人挖石矿烧炼，以水发之，成灰白色，可资粉壁、粪田之用。"乾隆时，黔阳县的桐木地方，出产很多砖瓦、石灰，史载"灰多出桐木。煅灰者二三月间大船装载，放田户计簿，谓之放灰，收获之后收灰谷，岁以为常"④。光绪《乾州厅志》卷十三《物产·货之属》："石灰，土人挖石矿烧炼，以水发之，成炭，白色，可资粉壁、粪田之用。"石灰业的普遍发展给不少山民带来了可观的收益。

---

① 嘉庆《龙山县志》卷七《风俗》。
② 同治《保靖县志》卷三《食货志》。
③ 同治《黔阳县志》卷十六《户书·风俗》。
④ 同治《黔阳县志》卷十六《户书·风俗》，引乾隆《县志》。

5. 烧炭业

柴、炭生产在沅水流域也是比较重要的一门手工业。明嘉靖《常德府志》卷八《物产·货之属》说，境内"多炭：有黑白二色，俱桃源出"。嘉庆《常德府志》卷十八《物产考》也有炭。

在永顺府，烧炭业相当普遍。同治《永顺府志》卷十《物产》载：

> 炭：有黑白二种，今产者多黑炭，永顺之坝溪、桂竹园、桐木园、贺虎溪、黑彭、青峪，保靖之誓溪河、他棲、梅胡，龙山之大井，桑植之畲刀沟、高埠溪、唐家湾、四方山、牛咸泥、鸦果山、熊家坪、钟家滩等处，俱有客民或土民设厂筑窑，烧贩他境，取用者多，山渐童而薪亦渐桂（贵）矣。

三厅的柴薪生产也有一定的发展，对山民来说柴薪往往不可或缺。光绪《乾州厅志》卷五《风俗志》称："乡居力穑者众，有业者服田畴，业少者多柴薪入市以资食用。"

6. 造纸业

辰州府是湖南重要的纸产区。辰州府多楮树，人们"多沤之以为纸，谓之榖皮纸，亦曰构皮纸"[①]。同治《沅陵县志》卷三十八《物产·货属》载有"皮纸，连四纸，草纸"。

在泸溪县的浦市，民间造纸作坊相当多，主要建在附近的都歧苗寨小溪边，两岸布满了作坊。因为寨子周围满山是竹子，都歧人就利用山竹、稻草、芭茅做原料，生产鞭炮纸、烧纸、火煤纸（取火用）、草纸、老帘纸（写字用）、皮纸（糊油篓用）等[②]。

---

① 乾隆《辰州府志》卷十六《物产下》。
② 湘西自治州政协文史委员会：《湘西文史资料》第二十二、二十三合辑《湘西名镇·浦市》。

其他地区也有造纸业，如道光《铜仁府志》卷四《食货》所说："沟树，即楮，实生山中，可以为纸。"

此外，沅水流域还有其他手工业。如浦市的鞭炮，在明末已开始生产，至清中叶相当兴盛，几乎家家户户加工鞭炮，鞭炮业的兴旺促进了造纸业的发展①；又如皮革业，同治《黔阳县志》卷十六《户书·风俗》说，当地有一种"攻皮褐鞔人，为靴、为箱、为帽盒、为扎几，颇有佳制"；等等。

（二）手工业生产技术的进步

明清时期沅水流域的手工业技术相当落后。同治《武陵县志》卷七《地理·风俗》"工惟土木，为众咸习。朴素无淫巧之风""其人率勤俭，重锥刀"。同治新修《麻阳县志》卷之五下《风俗志》也说："攻木攻金，技无奇巧，取足于用而已。"光绪《龙山县志》卷之十一《风俗》载："各工具备，所作室庐器皿，多朴素，能经久。不尚奇淫技巧。"

手工业技术水平较低，为外来工匠提供了广阔的发展空间，这一方面的史料记载很多。

辰州府的手工业技术在外地工匠的影响下逐渐得到提高。乾隆《辰州府志》卷十四《风俗考》称："工多外至者，技艺较土人为稍巧。近日彼此相习，技亦渐精。"同治时的沅陵县志仍旧沿袭这一记载②，表明在外来移民工匠的影响下，沅陵的手工业者技艺逐渐提高。乾隆《泸溪县志》卷八《风俗》也说："工皆拙钝，不能为奇巧，攻木攻金，不足於用。自他邑来者散处乡市，技较巧捷于是邑之工，顾反出其下。"道光《辰溪县志》卷十六

---

① 湘西自治州政协文史委员会：《湘西文史资料》第二十二、二十三合辑《湘西名镇·浦市》。
② 同治《沅陵县志》卷三十七《风俗》。

《风俗志》则称："民间农业而外，或渔樵，或陶冶，或挖煤掘矿，或为人雇工。习工匠者颇少，每构造、修葺，多雇请外来之人。"总之，外地工匠因为技艺精巧，是当地手工业生产的行家里手。

沅州府的手工业生产也以外来工匠为良。同治《沅州府志》卷十九《风俗》："工无奇巧，攻木攻金，取足于用而已。其自他邑来者较工。然树室治具而外，无他造作也。近时芷江有采明山石为屏砚，雕镂花草人物极精。操奇炫鬻，可以谋生。"同治《黔阳县志》卷十六《户书·风俗》的记载类似："工无奇巧，攻木攻金，取足于用而已。筑室治具而外，无他造作也。……但良工心苦善技，率来自他邑，其在本处者，固鲜能迁地为良也。"

永顺府也不例外。同治《永顺府志》卷十《风俗续编》："工多外至者，技艺较土人稍巧。近日彼此相习，艺亦渐精。"永顺县"自改流后，百务咸兴，于是攻石之人、攻金之人、砖植之人、设色之人皆自远来矣。且靖州冶氏、桃源木作有在此安居乐业以世其家者"[1]。外地工匠落居永顺的不少，推动了当地手工业技术的提高。民国《永顺县志》卷六《地理六风俗》称："近则不然，若攻木者雕镂刻画，攻金者铸枪炼刃，及一切农器，莫不精致坚牢。其他各艺亦皆日新月异。不但足供地方之用，且有输至远方者。"[2]由于外来工匠的影响，到民国初年，永顺县民的手工艺水平已经大为提高。

保靖县的情形与永顺县无异。据同治《保靖县志》卷二《舆地志·风俗》，"土木竹石裁缝机匠之属，各有专司"。但手工业工匠也以"外县人居多"[3]。

在古丈县，光绪年间"木工在城只三数人……大兴作，必至辰（州）、常（德）一带觅木工方能有成。岩匠为数亦少，大役

---

① 民国《永顺县志》卷十二《会厂》。
② 民国《永顺县志》卷六《风俗》。
③ 同治《保靖志稿辑要》卷四《风俗》。

必由头人往永顺等处觅人。铁匠在城仅二、三家……铁器多来自他郡县"①。这些手工业几乎都离不开外地工匠。辰州、常德、永顺等地都是外地移民集中的地区，古丈人到这几处地方寻觅的工匠想必多为身怀技艺的移民。

此外，在三厅，宣统《永绥厅志》记载："工役多有外至者，技艺较土人为巧，近日彼此相习，技亦渐精。"②在黔东，乾隆《镇远府志》卷九《风俗·施秉县风俗》载：

> 钿镂之工，教以四年；车辂乐器之工，三年；平漫刀销之工，二年；矢镞竹漆，半焉；冠冕弁帻之工，九月。此故施偏自古所未尝有也。然染者几人，胶漆者几人，铁者几人，缝者几人，圬者几人，皮者几人，梓者几人，陶者几人，其业虽微，其技虽拙，可以养生。往往土著者什之一，流寓者什之九。若夫施之苗布，仅足自给。偏之竹席，不能行远，其又何足以言工哉。

可以看出，一些较为复杂的手工业技术多由外来工匠所传习，给本地人提供了新的营生手段。

由上可见，沅水流域的手工业技术进步在很大程度上得益于外来工匠的传授。技术的提高使境内丰富的自然资源得到更加充分和广泛的开发利用，经济日益活跃起来。

（三）手工业生产关系的变化

沅水流域手工业发展具有明显的局限性。第一，流域内的手

---

① 宣统《古丈坪厅志》卷十一《物产》。
② 宣统《永绥厅志》卷十二《风俗》。

工业产品除了油料、木材等大量输出，在全国手工业产品的流通中地位日益重要以外，其他手工业产品基本上供应本地消费。第二，流域内的手工业主要属于农村家庭手工业。例如，辰州府的纺织业基本上是家庭生产。乾隆《辰州府志》卷十四《风俗考》称：

> 大家妇女居城市者，娴于礼教，勤于女红，无妖冶之习。阖郡皆然，泸溪为尤胜。农家妇女饎饷饲蚕，治木棉，勤纺绩，出则背负篓，援山拾薪，手犹针线不停，归则舂汲炊爨，刻无宁息。

只有少数行业如辰州府的煤铁和纺织业有一定规模的民营手工业，甚至工场手工业。

例如采矿方面，辰溪县的矿厂较多，"其挖矿者均系贫民，随得随卖，以资生计"，这些贫民由于土地不敷耕种，农忙时不得不佣工谋食，农闲时则以挖矿谋生，"辰邑山多田少，无田可耕之贫民所在多有，当农忙时为人雇工，犹可自食其力，及至秋后，无他艺业，往往于产有铁矿处所竭力开采，以此获值自赡。计阖县挖矿营生之人，动以千数"。上千贫民加入了铁矿行业，为铁厂劳作，其规模已相当巨大。众多贫民"开采得矿，矿贩于此收买，装运近河开设炉墩之处。又有厂民收买炭矿，雇募人夫，煽铸生板。计每炉一座所需雇工及挑运脚夫约数十人"[1]。这种关系已经属于工场手工业。

辰溪县的办厂集资方式，有独资，也有合伙。史载："其收买炭矿，开设炉墩于县属溪边河岸，雇募人夫，煽铸生铁，名生板者。有乡厂、客厂之分。乡厂者数人共一炉墩，各以所获炭矿轮流煽铸，为日甚暂。客厂者或一人或数人合伙，先期收买炭矿，

---

[1] 道光《辰溪县志》卷二十一《矿厂志》。

每秋凉时开炉，至次年春夏之交为止。"①乡厂是当地人开设的炉厂，数人合伙建一炉墩，分别以各自所挖获的炭矿轮流煽铸冶炼，其原料与产品分别属于各个合伙者，这是合伙制。客厂很可能是外来商人开设的炉厂，有独资，也有合资。每炉需雇人数十名，可以说是小型工场。这两种炉厂的生产时间和过程不同，乡厂冶炼大概只有数天，而客厂从收购、积累原料到开炉，可以长达一年。不论乡厂还是客厂，办厂资金的筹集已经相当灵活。

上述生产关系的演变使得沅水流域的部分手工业生产得到了较大的发展。

二 商品流通的繁荣与商业资本的活跃

（一）流通商品的多样化

农业开发的扩大和手工业的发展，必然走向商品化，既可互通有无，进行简单再生产；又能赚取利润，扩大收入和资本积累。前者是本地人们的日常活动，后者则是外来商人的孜孜追求。

总的来说，沅水流域的流通商品以山地特产及其初级加工产品为主，下面所述各地史料充分反映了这一点。

常德府以鱼米茶油为大宗输出商品。同治《武陵县志》卷七《地理第七·风俗》说："花、油、木、米、鱼、盐，水陆荟萃。"在桃源县，也以"鱼米油茶"为产品大宗，据道光《桃源县志》卷三，"黔、蜀、闽、广、江、浙、陕、豫之商毕集，茶商通于安化"。光绪《桃源县志》卷一《疆域志·风俗考》也称："境内产鱼、米、油、茶为最。"

辰州府的外销商品在乾隆中叶多达二十余种，有白蜡、黄蜡、

---

① 道光《辰溪县志》卷二十一《矿厂志》。

桐油、木油、麻油、菜油、茶、漆、木耳、干笋、铁、榖皮纸（又曰连四纸，其粗者曰草纸）、五倍子、蜂蜜、辰酒、钩藤酒、白炭、黑炭、蚨炭（一作麸炭）。乾隆《辰州府志》卷十六《物产考下·货之属》称：

> 诸货有已分类详前者，兹复重言之，盖以他所产，仅足供本郡之用，而此则货于四方者也。其中，贫富恃以资生者，白蜡为最，铁与桐油次之，煤与榖皮纸又次之，然此数者资于地力者半，借于天时者亦半。一有灾害，则公私俱匮矣。

可见，白蜡、铁、桐油、煤、榖皮纸为辰州府最主要的外销商品。

在沅陵县，同治《沅陵县志》卷三十八《物产·货属》说："称最出利民用者，曰桐油，曰木，曰铁，曰蜡，曰炭。"木、炭是沅陵县出产较多的商品。

泸溪县则以桐油为最大商品，其次还有麻油。乾隆《泸溪县志》卷七："桐油，有黑白二种，商贾竞趋其利，辰油遍天下。麻油，又有酥麻油。"明代知县吴一本说："其以货兑银，而可以达公私之用者，莫大于桐、麻二油也。故商人先期合约以定价，或临期计值以贸易，为溪峒沅溆之河舟船辐辏焉。"此外，还有猪。浦市养猪业在清初开始兴盛，至道光、咸丰年间已培育出优质的铁壳猪，黑色，饲养 6~8 个月即可出栏，重达 80 公斤，因此远销湘西各县。每年猪仔成交量在 15000 头左右[1]。

辰州府的铁也通过水路大量运往外省。嘉庆十一年有奏报称，沅陵等县商民贩卖铁运往江苏等省销售，共 100 余万斤[2]。这里

---

① 湘西自治州政协文史委员会：《湘西文史资料》第二十二、二十三合辑《湘西名镇·浦市》。
② 方行等：《中国经济通史·清代经济卷》，经济日报出版社，2000，第 749~750 页。

的铁应是辰溪县和泸溪县交界的浦市所生产，销量还是可观的。

溆浦县在同治年间输出的商品还不多。同治《溆浦县志》卷八《物产》：“溆但宜稻谷蔬，而外惟桐、茶油、白蜡、甘蔗、橘柚及半夏、桔梗、香附之类，皆货于远域，而借助乎食用之不足。”民国初年，《溆浦县志》卷九《食货志二·物产》列举的出口物显著增加，有小麦、辣椒、菜油、魔芋、南粉、甘蔗、片糖、柑子、橘子、橘红、桐油、冰硷、蓝靛、牛皮、香附、半夏、五倍子、杉、雪花树皮、香粉、白蜡、鹅毛、鸭毛、棉花、线毡、爆竹引线、引皮纸、时笺纸、锑、煤、石灰、硫黄等。这些商品中既有粮食、水果，也有手工业产品及原料、药材，还有矿产品，反映了该地的经济发展相当全面。

在沅州府，同治《沅州府志》卷二十《物产·货之属》记载的商货已有“铁、白蜡、蜜、黄蜡、五倍子、石炭、茶子油、麻油、桐油、酒、硫黄、棉布、葛布、丝绢、明山石屏砚、辰砂”等多种。其中，黔阳县的商货有铁、石灰、白蜡、蜜、黄蜡、五倍子油、茶油、麻油、桐油、布、石砚等。特别是桐油，为大宗外销商品：“洪江为油商囤积之地，黔阳最近，所产甚多。国初居民不知此利。康熙元年知县张扶翼谕民种桐，今则各乡遍植，食德无穷。”[①]

永顺府的商品，据同治《永顺府志》卷十《物产续编·货类》所说，有黄蜡、茶油、菜油、木油、石灰、草纸、郭仙米、煤、石膏、土绸、土绢、土布、苗布、苗被、冻绿皮、黑油、烟等多种。其中外销商品以桐油最著。例如，龙山县所产桐油，即靠人力搬运到通水路的地方，然后水运到辰州、常德。江右、闽广、山陕等商人至辰、常贸易，“归皆易桐油转售他处”[②]。

在三厅地区，道光《凤凰厅志》卷十八《物产·货之属》载

① 同治《黔阳县志》卷十八《户书五·物产·货之属》。
② 嘉庆《龙山县志》卷七《风俗》。

有白蜡、黄蜡、桐油、茶油、麻、布、包谷、干笋、杨梅、五倍子、蓝、绿、蜂蜜、黑炭、石灰等商品。并作按语："诸货有已分类详前者，兹复重言之，盖以他所产仅足供本厅之用，而此则货于四方者也。其中贫富恃以资生者桐油、包谷为最，麻次之，蜡与布及蓝、绿、蜂蜜各货皆次之。然此数者，资于地力者半，借于天时者亦半，一有灾害，则公私俱匮矣。"光绪年间，乾州厅出产有白蜡、黄蜡、桐油、麻油、菜油、漆、木耳、干笋、蜂蜜、白炭、黑炭、烀炭、煤、石灰、杨梅、五倍子等商品。不过，这些货物"仅足供本厅之用，而货于四方，贫富赖以资生者桐油、包谷为最，黄豆次之，麻又次之，然此数种，资于地方者半，借于天时者亦半。一有灾害，则公私俱匮矣"①。此处说只有桐油、包谷、黄豆、麻等销往外地，比邻近的凤凰厅输出商品有所减少。可见，三厅地区向外输出的商品相当有限。

靖州所产商品，据康熙《靖州志》卷二《物产·货》，有白蜡（绥宁）、桐油、茶油、铁（绥宁）、靛（绥宁）、茶叶、麻布、葛布（绥宁）等。这些商品产量较低，如茶叶，光绪《靖州直隶州志》卷四《茶法》说："靖属非产茶之区，民间日用多由洪市贩运供给，然亦无甚佳品。乡民间有种植者，叶老方取，以供一啜，非有火前、雨前之择。犹不足用。此茶之所以必仰给于他境也。"可见，还是要靠外地输入茶叶。

在黔东地区，据康熙《思州府志》卷四《赋役志·货类》，思州府有油类（有菜油、茶油、桐油、柏油、芝麻油、苏麻油、火麻油、罂粟油、草麻油各种）、纺织品类（棉花、苎麻、棉纸、棉布、葛布）、林特产品（花椒、蜂蜜、茶叶、白蜡）以及矿产品如金星石砚等商品。

综上所述，沅水流域的农业和手工业产品的商品化有了一定

---

① 光绪《乾州厅志》卷十三《物产·货之属》。

的发展，主要有下游的鱼、米、油、茶，中上游的白蜡、铁、
桐油、煤、谷皮纸以及木材。而各地方志所列的商品，有许多
仅列有名称，其销售情况多不得而知。例如，嘉庆《通道县志》
卷八《风土志·土产》记载的杂货只列举有梧子、白蜡、桐油、
茶油、蜂蜜、木耳、靛青、葛布、苎布、棉布。这样的物产
记述，不仅反映该地方对物产的开发利用尚无多少具体认识，
也反映地方资源的开发相当落后。

（二）外地商人在沅水流域的活动

在沅水流域的经济开发过程中，外来商人的参与和投资极为
活跃。大量事实说明，山区经济开发的成效，与商人资本的规模、
分布和流向密切相关。

常德府的外地商人很多。武陵县"商贾，江省为多，北省闽
广秦豫次之"[1]。在各省商人中，江西商人最多，他们往往经营
某类专门的商品，在桃源县，"茶贾通安化，木商业河洑"[2]。

在辰州府，经商者在乾隆年间已相当活跃。乾隆《辰州府志》
卷十四《风俗考》说："近市者负贩以逐什一。百货皆自下而上，
日久费重，故价昂而利微。其挟高资者乐于行贾油、蜡、生铁、盐、
鱼之利，往来舟楫相衔，获利者常厚。郡中以浦市为商贩萃积之
所。"泸溪县也是"近市者贩货物逐什一。虽廛肆比列，然少居积。
行商则挟高资往来江湖间，下武汉，上黔蜀，多盐、铁、油、蜡、
鱼、鳖之利。舟楫相衔不绝。邑之浦市，其商贩萃积处也"[3]。

其中，外省客商还是占大多数。同治时沅陵"城中……坐圜

---

① 同治《武陵县志》卷七《地理第七·风俗》。
② 光绪《桃源县志》卷之一《疆域志·风俗考》。
③ 乾隆《泸溪县志》卷八《风俗》。

□握筹算者，多外省客商。贫民肩挑市贩，竭力谋生"[1]。

浦市为辰州府的商人麋集之地。据记载，浦市自明代以来，就商业兴旺，成为大商镇。清乾隆至咸丰时期，该地商业发展到鼎盛。乾隆四年沅陵知事赵治会撰《重修浦峰寺佛寿殿碑记》，曰：

> 沅陵西南境有浦市，两岸之间烟火万家，商贾辐辏，舟楫络绎，故一大都会也。……上而滇黔，下而常岳……骚人墨客，工农商贾，莫不以时云集于此。

在外来商人的影响下，浦市本地也出现瞿、唐、康、杨四大商家。他们开办铁厂，经营当地土特产，还从下游运来浦市所需日用品，从上游购买大木造船跑运输。瞿家还在汉口经营多间店铺[2]。

在泸溪县的上游辰溪县，也以外地商人最活跃。史载"邑中无大商贾，列市肆者，江右人居多。他省及省属岳衡宝等府亦有之。本籍贸易，不过土产所出，日用所需。乡民有肩挑步担贩运货物者，市人谓之贩子"[3]。

溆浦县的本地工商业者也不多："溆人无技巧，不能为工，使酒尚气，不能逐末，间有业者，率不如他邑。"[4]

在沅州府，商人同样多为客商，本地商人稀少，史称"商贩土著甚稀。近市者间逐什一，然率居积营生，少离乡井。所在列肆零星，多属客户，亦无高资巨贾为市。日中惟米谷、盐、布、油、铁之类。虽立官牙行店，亦无多焉"[5]。芷江县也"无高资

---

① 同治《沅陵县志》卷八《里社》。
② 湘西自治州政协文史委员会：《湘西文史资料》第二十二、二十三合辑《湘西名镇·浦市》。
③ 道光《辰溪县志》卷十六《风俗志》。
④ 民国《溆浦县志》卷十一《典礼志·风俗》。
⑤ 同治《沅州府志》卷十九《风俗·商贾》。

巨贾往来此间，或有私立牙店，坐列估贩以蠹乡贩者，必禁之"①。为了保护本地小贩，当地人禁止私立牙行。黔阳县同样"商贩土著颇稀""邑中鲜有富家。以乡曲以富名者，本富什之七，末富什之三"②。

乾州厅的本地经商者大概更少，人民"不知入市贸易……城居习业不一……入市经营，不过挟微资以贩卖，未能如他邑客商最善居奇"③。可见，本地人的商业意识淡薄，与客商善于居奇形成鲜明对照。

在黔东，施秉县也缺少本地商人，所以湖南、江西商人纷纷来到此地，史称"地瘠民穷，素乏千金之蓄，即有之亦安土重迁，无有出境为商者。且其俗拙于谋生，平居贩贱卖贵，与物推移，若水之趋下，日夜无休时者，百无一二也。以故湖南客半之，江右客所在皆是。然本微资少，自油盐布匹而外，虽一草履之细，一鸡卵之微，无不垄断"④。

由于商人来自各省各地，他们掌握的商品信息往往各不相同，使得各地市场上的商品也丰富多样，销路广泛。

例如在古丈厅的市场上，有油商、药材商、绸缎商、木商、蜡商、麻商、牛商等各种行业的商人奔走各地。油商经营桐油、茶油、盐、硷等商品；药材商多江西客民；绸缎岁有行贩，"所卖皆川产"；"木商多来自外境……向称巨商；蜡商，每年立夏后，泸溪浦市人来收买蜡子；麻商，湖北人来龙鼻嘴一带收麻，而以夏布来贩；牛商，以贩牛为商者多永顺、保靖人"。其中以油商最巨，"岁入数万金，占古丈坪商业之十八"⑤。

---

① 同治《芷江县志》卷四十四《风土志·商贾》。
② 同治《黔阳县志》卷十六、十七《户书·风俗》。
③ 光绪《乾州厅志》卷五《风俗志》。
④ 乾隆《镇远府志》卷九《风俗·施秉县风俗》。
⑤ 光绪《古丈坪厅志》卷十一《物产》。

保靖县则有杂货商、烟商、水客等多种商家,其"城乡市铺,贸易往来,有自下路装运来者。如棉花、布匹、丝扣等类,曰杂货铺。如香纸、烟、茶、糖食等类,曰烟铺。亦有专伺本地货物涨跌以为贸易者。如上下装运盐、米、油、布之类,则曰水客。至于本地出产如桐油,五棓有羊棓、角棓二样,硑水、药材各项,则视下路之时价为低昂"[①]。

总之,沅水流域的商人队伍中,最活跃而人数最多的是客籍商人,他们奔走各地,贩卖转售,既推动了所到各地的商品化生产,提高了当地的经济开发水平,又向流域内各地输入了来自外地的许多优质产品,满足了人们的物质需求,促进了生产技术的提高。

还需指出,在沅水流域,人们不善经商的传统也逐渐被打破。如永顺府,同治时土民还不善贸易:"客户多辰、沅民,江右闽广人亦贸易于此。"[②]"曩时土民不善贸易,列市廛通货物者,半属江右之民"。清末民初,已经涌现不少的本地商人,永顺"近则出口货财日形发达,交通便易。上至川陕滇黔,下至鄂浙闽广,咸有永商踪迹,较从前闭塞时代不啻天渊"[③]。"永商"的崛起和远涉江湖,正是外来商人浸染下商品流通扩大的结果。

(三)客商会馆的普遍建立

流域经济的开发吸引了外地商人长期驻留在一些商贸要地。为了加强同乡商人的联谊,互通信息,并且满足食宿、敬神和娱乐需要,各地商人纷纷在交通枢纽地带建立会馆公所。

在外商活跃的辰州府,客商在各地修建了不少会馆公所。据乾隆《辰州府志》卷十八《坛庙考》,沅陵县有护国水府庙,又

---

① 同治《保靖县志》卷二《舆地志·风俗》。
② 同治《永顺府志》卷十《风俗》。
③ 民国《永顺县志》卷六《地理六风俗》。

有许真君庙，"在东郊，一名旌阳庙，又名水府庙，雍正五年江西客民捐资购地建庙。正殿祀晋旌阳令许公逊，中殿祀关帝，前为门雕镂石坊，壮丽宏敞，正殿东别建观音堂。其他建于界亭、浦市各处者，皆客民公建。岁时伏腊，便于祷祀"。还有天后宫，"在下南门内乐善坊，乾隆十年福建客民捐资购地建，以祀林女仙。正殿立神像，岁时伏腊，便于祷祀，东为旁室一楹，前为门"。

在泸溪，各地商人在浦市兴建了13处会馆，如山西、陕西馆（忠义宫），豫章馆（万寿宫），浙江馆，徽州馆，福建馆，贵州馆，云南馆，湖北馆，金鸡馆（江西），常德馆，宝庆馆，义陵馆（溆浦）等①。这些会馆都是客商所建，如"三元宫，在浦市河街，浙江客民公建；天后宫，在浦市西街，福建客民建""关帝庙，一在浦市正街，徽州客民众建，一在浦市河街，山陕客民众建；水府庙，在浦市河街，江西客民建"②。

溆浦县在乾隆年间已有四座水府庙，"江西客民捐资购建，以祀晋旌阳令许公逊，共修建四处，一在西郊，万历二年建，乾隆十年重修，一在大江口，乾隆九年建，一在桥江，乾隆十八年建，一在低庄，乾隆二十八年建"③。同治年间，溆浦的会馆还有"仁寿宫，城东门外，临江府商民所建；万寿宫，城西门外，江西各府商民共建；天后宫，城西门外，福建客商所建"④。

靖州会同县的洪江镇，是与浦市同样繁华的大商镇，各省商贾麇集，所以也是会馆林立。光绪《会同县志》记述了洪江的许多客商会馆。据记载，康熙年间，在洪江建立了万寿宫（江西会馆）、帝王宫（黄州会馆）、北辰宫、渠阳宫（靖州绅民二十八家侨居会邑公所）等。雍正年间，建立了太平宫（宝庆府会馆）

---

① 湘西自治州政协文史委员会：《湘西文史资料》第二十二、二十三合辑《湘西名镇·浦市》。
② 乾隆《泸溪县志》卷十四《坛庙》、卷十五《寺观》。
③ 乾隆《辰州府志》卷十八《坛庙》。
④ 同治《溆浦县志》卷二十《寺观》。

等。乾隆年间建立了洞庭宫（江西南昌府会馆）、湖州馆、苏州馆、辰沅馆、乾元宫等。嘉庆年间建立了关帝宫（山陕会馆）、蔡侯宫、九华宫（安徽青阳会馆）、老郎宫、窦王宫等。此外，还有建立年代不详的关圣宫（靖属会馆）、高坡宫、天后宫（福建会馆）、南岳宫、飞山宫（靖属会馆）、忠烈宫（黔省会馆）、太清宫、三义宫等会馆。这数十家会馆由全国多省商人所建，其广泛性是相当突出的。这些会馆往往建筑在河边码头，仓储和运输商货都很便利，会馆建筑规模大小不一，较大的会馆如：

> 万寿宫：在洪江大河边，系江西会馆，康熙丙辰年买贺姓地基建，正殿三进，左客堂，堂前为财神殿，右观音阁，阁前为花厅，厅前为戏台，大门外店房二十六间，东西火巷中开码头，其后由鸦坡发脉，势若盘龙，洵雄溪一壮观也。[①]

在西南边境商贸中心靖州城，也有不少客商会馆。据光绪《靖州乡土志》卷二《祠庙》记录，有：

> 三元宫，在城内元妙观前，即江苏、安徽、浙江三省乡祠；太平宫，在大南门外正街，宝庆府乡祠；万寿宫，在大南门外仁和坊，江西省乡祠；寿佛宫，在大南门外正街，衡州府乡祠；忠烈宫，大南门外正街，贵州省乡祠；濂溪宫，在城内，永州府乡祠；广济宫，在城外下西街，长沙府乡祠；玉虚宫，在城外下西街，广东省乡祠。

这些会馆分属江浙、安徽、江西、广东、贵州以及省内各府，相当广泛。

---

① 光绪《会同县志》卷十三《形胜志·宫馆》。

在流域北部土家族地区龙山县，清末外地客商也建有若干会馆，如"万寿宫，在城南，祀旌阳真君，江西人建；东岳宫在城西，附祀三闾大夫，又称三闾宫，常德府人建；宝灵宫在城东北，祀关圣大帝，宝庆府人建；南将军庙在城北，祀唐南霁，汉马伏波将军配祀，辰州府人建；南岳宫在城南，唐霁将军万春附祀，长沙府人建"①。龙山县属于偏僻山区，竟有多家会馆，足见客商的活动范围之广。

随着商业活动的深入，乾隆年间，最落后的三厅地区也建设了一些客商会馆。乾州厅有旌阳庙，"在城东土垣内，一名水府庙，江西客民建，以祀旌阳令许公逊"。凤凰厅有水府庙，"在城东二里，一名旌阳庙，江西客民建，祀旌阳令许公逊"。永绥厅也有水府庙，"在城西北七十里花园东，乾隆二十七年江西客民建，以祀旌阳令许公逊"②。在黔东镇远府，府治里也有天后宫、陕西会馆、万寿宫；施秉县有水府祠；天柱县有天后宫③。

总之，来自全国各省的商贾在沅水流域的绝大多数城镇建立了会馆，从而建立了商贸往来和信息交流的网络，在此基础上，长途贸易得到了空前的发展。

（四）长途贸易的发展

随着商品生产的发展，在大量外地商人的带动下，沅水流域与外界的长途贸易空前的繁忙和丰富。长途贸易对沅水流域的经济开发具有重要意义。

在辰州府，沅陵县"百货皆自下而上……油、蜡、铁、盐、

---

① 光绪《龙山县志》卷十《寺观》。
② 乾隆《辰州府志》卷十八《坛庙考》。
③ 乾隆《镇远府志》卷十九《祠祀》。

鱼之利，往来舟楫相衔，获利者常厚"①。泸溪县也有不少行商"挟高资往来江湖间，下武汉，上黔蜀，多盐、铁、油、蜡、鱼之利，舟楫相衔不绝"②。溆浦县的"桐茶油、白蜡、甘蔗、橘柚及半夏、桔梗、香附之类皆货于远域"③。

在永顺府，其贸易东到常德府以及湖北，西至四川。史称"城乡市铺，贸易往来，河道险隘，贩运艰难。其货有由常德、辰州来者，有由津市、永定来者，必土人担负数十百里外至。本地出产如桐油、茶油、五棓、硿水、药材等类，或铺户装出境，或装客来市招收，均视时为低昂，莫之或欺"④。古丈之民则食用川盐为主，其运销路途远及四川，史载"川盐自龙山之隆头入湖南境，过永顺之王村，十里而至站塘口入厅境，五里之厅之罗依溪市起岸"，然后行销厅境内；"木商多来自外境，与山主购定某山，自雇工伐木，趁春水由山涧放下，木至罗依溪编牌，至辰州下沅，入洞庭"⑤。

沅水流域南部的靖州，位置偏僻，但与周边地区的长途贸易仍相当丰富。靖州商业的繁盛主要得益于长途贩运和转口贸易。光绪《靖州乡土志》卷四《商务》对此作了细致的说明，现摘录如下。

（1）本境所产之物

> 稻谷，每岁所产四十万石有奇，本境日食、造米酒、制米糖、制腐、造粉，约销四十万石，其余遇他境荒歉，上至广西之长安，下至会同之洪江销行，皆系水运，惟运广西，

---

① 同治《沅陵县志》卷三十七《风俗》。
② 乾隆《泸溪县志》卷八《风俗》。
③ 同治《溆浦县志》卷八《物产》。
④ 同治《永顺府志》卷十《风俗续编》。
⑤ 宣统《古丈坪厅志》卷十一《物产》。

路至坪坦，改陆运，三十里至林溪，仍由水运；

杉木，由水路运出本境，在常德及湖北各处销行，每岁运出之数约值银五万两，其由贵州、广西及通道运过本境之木约值银十余万两；

松板，由水路运出本境，在常德及湖北各处销行，每岁运出之数约值银三千两，其由通道运过本境者约值银二千两；

五倍子，每岁出产约二百石，由水路运出本境，在会同之洪江销行，其由广西及通道运过本境者约三千石；

金，每岁出产约二十两，运出本境，在会同之洪江销行；

牛，由陆路运至广西之郁林销行，每岁运出之数约二百头，其由武冈、绥宁运过本境者约八百头；

梨，每岁出产约四千石，本境约销一千石，其运出本境者由水路运至会同之洪江销行约三千石；

杨梅，每岁出产约一千石，本境约销四百石，其运出本境者由陆路运至会同之洪江销行约六百石。

以上八种本地产品中，稻谷只能供本地消费，杉木和松板外销常德、湖北，牛远销广西郁林，五倍子、金、梨、杨梅在洪江销售。

（2）本境所制之品

茶油，每岁所制约一万六千石，本境食用并灯油、烛油约销行八千石，其余运出本境，在会同之洪江销行，或遇广西收成歉薄，间亦运销广西之长安，皆系水运，惟运广西路至坪坦改陆运三十里，至林溪仍由水运；

桐油，每岁所制约二千石，本境灯油并杂用约销一千石，其由水路运出本境者在会同之洪江销行约一千石；

爆竹，每岁所制约值银二万两，本境销数约值银八千两，其运出本境者，由陆路运至会同、绥宁、通道及贵州之黎平、古州各处，由水陆兼运至广西之长安、古宜各处，销行约值银万余两；

白蜡，每岁所制约一百石，本境约销五十石，其余由陆路运至黔粤境内销行，其由沅州运过本境者约二百石；

皮箱，每岁所制约二千口，多由远客零买运出本境；

板鸭，每岁所制约四千只，本境约销二千只，其余皆由远客零买运出本境；

樟脑，光绪三十二年始创制，由水路运至湘潭销行，是年运出之数约一千石，三十三年约一百石。

在以上七种本地产品中，茶、桐油在洪江销售，爆竹、白蜡等销售远至贵州、广西。

（3）他境所产之物运销本境（本境所产之数少于他境运入者附志于此）

黄豆，本境所产约百石，不敷用，其自他境运入者，或由绥宁之东山陆运至本境，或由贵州之黄寨等处陆运至本境，或由会同之洪江水运至本境，每岁约共销二千石；

麦，本境所产约数石，不敷用，其自他境运入者，皆由会同之洪江运至本境，每岁约销五百石；

棉花，本境所产约千斤，不敷用，其自他境运入者皆由汉口、常德或洪江水运至本境，每岁约销一万斤，其转运至黔粤境内销行者约一万斤；

药，本境所产约值银一千两，其自他境运入者皆由常德或湘潭、洪江水运至本境，每岁约销数约值银二万两，其转运至黔粤境内销行者约值银一万两；

芝麻，本境所产约数石，不敷用，其自他境运入者由会同之洪江水运至本境，每岁约销八十石；

茶叶，本境所产约数十斤，不敷用，其自他境运入者由会同陆运入本境，每岁约销三十石，又绥宁苗人茶饼陆运入境约销一百石，由木商转运至汉口各处者约二百石；

海菜，由汉口及常德运入本境，每岁销数约值银千余两，其转运贵州之黎平销行者约值银六百两。

以上几种境外商品，有自遥远的湖北输入的棉花，有自会同洪江输入的麦、芝麻，有自邻境贵州、绥宁输入的黄豆等。

（4）他境所制之品运销本境（本境所制之数少于他境运入者附志于此）

盐，由广西之长安水运至林溪，改陆运三十里至坪坦，仍由水运至本境，亦有由林溪全行陆运者，每岁约销八千石，其转运至会同者约三千石；

布，本境仅略制麻布、葛布，其湖北之黄州布、葛仙布、扣布、四印布，常德之漆河布以及竹布、洋布，皆自汉口及常德、洪江等处由水路运入本境，每岁销数约值银六万两，其转运至黔粤境内销行者约值银十余万两，又宝庆之旱路布，由陆路运入本境者，每岁销数约值银一万两；

绸缎、大呢、羽毛各货，由汉口及常德、洪江等处水运至本境，每岁销数约值银四千两，其转运至黔粤境内销行者约二千两；

糖，本境仅制米糖，其白糖、片糖、冰糖由广西之长安水运至林溪，改陆运三十里至坪坦，仍由水运入本境，每岁销数约五千石，其转运至会同、洪江、武冈及黎平销行者约五千石；

牛皮，由贵州之黎平各处陆运至本境，每岁销数约二百余石，其运过本境至会同之洪江及宝庆等处销行者约二千石；

纸，本境仅制包皮纸、炮料纸、千张纸、黄草纸、大纸、本廉纸，每岁所制约值银四千两，不敷用，其会同之本廉纸、钱纸，绥宁、城步各处之当票纸，武冈之各种红纸，贵州之皮纸，皆由陆路运入本境，每岁销数约值银五千两；

烟，粗丝烟本境所制，约值银一千两，不敷用，其自他境运入者由会同之洪江水运入本境，每岁销数约值银三千两，条丝烟由洪江水运入本境，每岁销数约值银二千两，其转运至黔粤境内销行者约值银五千两；

酒，本境仅制米酒，其苏酒、汾酒、糟烧酒、蜜酒皆由会同之洪江水运至本境，每岁销数约值银四千两，其转运至黔粤境内销行者约值银一千两。[①]

以上几种境外商品，有自遥远的湖北、广西输入的棉布、绸缎、食盐、食糖，有自贵州黎平输入的牛皮、皮纸，也有邻境各地输入的纸，有自会同洪江输入的烟、酒，等等。

总而言之，靖州作为沅水流域最为僻远之地，竟然通过沅水及其渠水、长江、广西柳江等贸易路线，与如此广泛的商品产地和商品集散地如汉口、常德、湘潭、洪江、宝庆（邵阳）、广西长安（融安）、贵州黎平等地建立了密切稳定的贸易联系，说明整个沅水流域的对外长途贸易是空前发达的。

但是，沅水流域的商业发展既有浓厚的特色，又有明显的局限性。这表现在商品的种类上，就是输出的几乎全是本地特产的农林业商品，如杉木、桐油、茶油、白蜡等初级产品；输入的则是工艺水平较高的日用品如布、绸缎等手工业品。这种商业的繁荣缺乏农业、手工业的发展做基础，也不能对本地社会生产水平的提高做出更大的贡献。外地客商在沅水流域各地，主要从事原

---

① 光绪《靖州乡土志》卷四《商务》。

始特产的外销与外地产品的输入，商业资本的利润主要流向境外，从而对沅水流域经济开发起不到应有的拉动作用，只能造成商业的暂时和局部的繁荣。一旦有关资源消耗殆尽，或者发生重大变故，就会迅速走向萧条。

三　城乡市场的发育及其兴衰

农业生产和手工业的发展、外来商人的贸易活动、不断扩大的对外商品交流、人口的增长、聚落的扩大，都为城镇的发展和市场的发育创造了有利的条件；而城乡市场的发展和繁荣又反过来为各地的产品交换提供了更多机会，从而为扩大各地资源开发和商品生产创造了不竭的动力。

明代，沅水流域已兴起一批商业中心，如常德、靖州、铜仁、镇远等。它们不论是居民规模、经济职能，还是商业繁华程度都比以前明显提高。清代，更兴起了浦市、洪江和王村等纯粹的经济贸易中心，基层市场的数量和规模也有明显增长。它们既是商品经济发展的结果，反过来又促进了商品经济的进一步发展和社会文明程度的提高。

（一）城市的发展

1. 城市数量和分布

对于沅水流域的城市发展，美国学者施坚雅有过明确的结论，他认为，"中国人在长江中游定居最晚的一个亚区是沅江流域，城市建设落后，直至中世纪为止，几乎没有什么进展"①。据施氏统计，沅江流域的县治在公元221年已建立8个，在221～589

① 〔美〕施坚雅:《中华帝国晚期的城市》第一编《导言》，中华书局，2002，第11、12页。

年建立3个，在589~1280年建立8个，在1280~1911年建立16个，1911年的县治数共计35个，而此时，湘江流域建立了45个，赣江流域建立了69个，汉水流域建立了40个，长江中游走廊地带建立了64个。所以沅水流域是长江中游五大亚区中城市化最落后的一个。尽管如此，在沅水流域干流、支流的绝大部分要冲地带建立起这35座城市，都需要具备相应的政治、军事、基础设施、技术，特别是经济和人口条件，而且要能维持下来，克服江洪的威胁破坏和兵火灾害等影响，均非易事。这些问题的解决都必须有足够的经济基础。

从上述施坚雅的研究还可得出结论，元明清是沅水流域城市化进程最快的时期，共建立了16个，占总共35个城市的46%。这就告诉我们，考察明清时期沅水流域的经济开发的成效时，城市的发展是不应忽略的。正如施坚雅指出："在解释帝国晚期沅江流域城市建设密集的原因时，我们必须记住：明清时代该区人口像云贵与岭南西部一样，还只有部分汉化。"[1] 这一解释指出了民族汉化因素在城市发展中的影响不是决定性的，可以相信，区域经济的开发才是城市发展的最强推动力。下面再从城市的规模、经济职能等方面进行简要的论述。

2. 城市的规模

关于城市发展的规模，可以借用曹树基的研究成果做出回答，现列表4-1。

表4-1 明初沅水流域城市人口规模

单位：人

城 市		里数	民籍人口	军籍人口	备注
常德府	府城	4里	0.4万	0.5万	—
	其他2县	4里	0.6万	—	平均0.3万

① 〔美〕施坚雅：《中华帝国晚期的城市》，中华书局，2002，第12页。

续表

城 市		里数	民籍人口	军籍人口	备注
辰州府	府城	5里	0.5万	0.5万	—
	其他6州县	12里	1.3万	0.5	平均0.22万
靖州	州城	5里	0.6万	1.1万	—
	其他3县	2里	0.2	—	平均0.07万

资料来源：曹树基《中国人口史》第四卷，第352页。

　　表4-1说明，明初沅水流域的城市人口都不超过1万，军籍与民籍人口合计，辰州府城为1万，常德府城为9000，一般的县城平均只有2000～3000人。靖州下属三县平均仅有700人，算不上是真正的城市。只有靖州的情况较为特殊，州城地处湖广西南边陲，是军事重地，其居民人口达到了中等府城的规模，加上2个卫的军籍人口，州城共计人口多达近2万[①]。

　　经过长期的发展，沅水流域的城市人口实现了明显增长。如黔阳县城，洪武时期大约有2400人，折算为约500户。而《明武宗实录》卷一百四十载，正德十一年八月丁丑，"湖广黔阳县火，毁城楼官廨及民居七百余家"。从明初500户发展到至少700余户，可见黔阳县城的人口数增长显著。

　　清代，沅水流域的城市人口继续增长。曹树基的研究表明，清末沅水流域的城市人口存在明显的等级差异，其中以常德府城最大，约有50000人口，第二等是辰州府城、桃源县城，各有20000～25000人，第三等为沅州府城、凤凰厅城，各有10000～13000人，第四等是靖州城、黔阳县城、麻阳县城，各有5000～7000人，第五等是溆浦县城、泸溪县城、永绥厅城、保靖县城，各有2500～3500人，第六等是辰溪县城、永顺府城、龙山县城、乾州厅城、晃州厅城、绥宁县城、会同县城、通道县城，

① 曹树基：《中国人口史》第四卷，复旦大学出版社，2002，第360、358页。

其居民为1500~2500人①。此外，古丈坪厅城也应属于最低等级，史载古丈"城市五方杂处，其民良丑不齐，到处皆然。古厅城市偏小，居人简，故其风较他处犹为此善于彼"②。

可以看出，沅水流域的城市发展在清代发生了明显分化，其等级差异基本上与经济开发的历史进程相一致。经济开发水平较高的常德府城成为第一级城市，就连桃源县城也成为与辰州府城并列的二级城市。沅州府城因地处通往滇黔的要道，本地经济开发颇有成效，成为第三级城市。永顺府城却因为地区经济的发展水平有限，成为最低级城市之一。至于中间的各县城，同样因为区域经济的差异而分属于不同的规模等级。

需要提到的是，明清时期黔东地区的城市发展水平大大落后于沅水中下游地区。曹树基认为，贵州的城市人口很少。据乾隆《黔南职方纪略》卷六载，思州府辖四司，"附郭居民不满百家"，连城市都算不上。黔东的松桃、铜仁、黎平等地大概也与思州府相同。《嘉庆一统志》记载了贵阳府有1镇，镇远府有2镇，其他地区无镇，每镇人口平均仅2000人③。反映了沅水上游黔东地区的经济开发过于滞后，城市与农村的分工尚未形成，还不能具备支持城市的基础。

3. 城市的商业状况

明代沅水流域的城市商业尚难确知，这里可以看看清代的城市。

较大的城市，如第二等级的桃源县城，虽未见有具体的记述，但史称桃源"大江啮城，舳舻帆楫，时相上下，而卖所聚，百货辏集，人语欢声，辄喧午夜"④。可以推测，桃源县城已经是很繁华的商业城市了。

---

① 曹树基：《中国人口史》第五卷，复旦大学出版社，2002，第819页。
② 光绪《古丈坪厅志》第九卷《民族上》。
③ 曹树基：《中国人口史》第五卷，复旦大学出版社，2002，第770页。
④ 光绪《桃源县志》卷一《疆域志·风俗考》。

在边境小城永绥，厅城的商业情形在宣统《永绥厅志》有具体的记述①，首先是厅城的商业发展具备交通条件，即"永绥厅治城临酉水上源，下流迅速，故自治城花园开舟，顺流极驶，其自下而上虽舟行不易，而终竟一水之便，且旱路便捷，自永自辰州上下不过三四日，故交通实为较易，而商业有可观，此其故也"。永绥城内商铺的种类、数量及其交易规模如下：

> 质当1家，每日出入各60千文。
>
> 钱业有1家专门面者，其余皆系它业带出票者，每日出入或千百两串或三二两串。
>
> 南货店28家，日三二十千文至一二千文，日出一百一二十千文。
>
> 杂货17家，日三十千文至五六三千文。
>
> 丝烟1家，日出钱四五千文。
>
> 南杂货合店2家，日出钱三四十千文。
>
> 囤粮食者4家，出入无定数可考。
>
> 每日所销淮盐甚少，约一二石，永本淮引，无商家，皆永贩。
>
> 每日所来巴盐约十石。木油每日所销三五石。
>
> 茶油每日所销八九石。桐油每日所销二十石。
>
> 其他丝棉歇店饭铺油漆木作帽鞋店皆小贸，无足纪者，惟篓行每年合计一千串文。
>
> 屠案，十架，每架日三四十千文不等。
>
> 酒席馆，四五家，兼熟食点心，日出各一二十千文。
>
> 鱼案，任之者不多，无专市，合计每年四五百千文。
>
> 肩挑力夫，以日食营生者，视粮价为高低，日在二三百

---

① 宣统《永绥厅志》卷十五《食货门·物产·商业》。

文之数，以粮油盐豆为大宗。

女工所出如苗锦、苗被之类，皆灿然可观，然为市不多，不可以合计其所出之数。

其呼而廒卖者糖食果子，各小买营生者以梨子为大宗，每年出一二千串。其次板栗花生柿子为最，其次则挑卖熟食如油货、麦曲等项，日至一二千文者。

永民之生计大约备于此矣。

由上可见，处于第五等级的永绥厅城，僻处湘黔川鄂交界山间，商业交易总额为一两万串而已，实在说不上繁荣。这些商铺经营的范围，也是数十种之内，甚属寥寥。

会同县城与永绥厅城类似："东西南三门内外俱列街肆，居民坐贸。"① 其商业贸易规模较小，不如繁华的市镇。

（二）市镇的兴衰

沅江干支流上的 35 个城市，更多地属于政治军事中心，并非都具有商品集散和交换职能，不能满足日益增强和扩大的商品经济需求，于是在商品交换和交通比较方便的村落、江口或路口，逐渐聚集商人，囤积商品，很自然会发展成市镇，这是明清时期经济发达地区的普遍现象。随着沅水流域的经济开发的不断深入，人口的不断增加，对外交换的需要也由此不断扩大，所以市镇普遍发展起来。这是沅水流域经济开发水平的重要表征。本节所说的市镇，指的就是州厅县治以下的商业集镇，包括农村市场。下面对流域内的市镇数量、分布、建设因由、交易规模等情形做出说明。

① 光绪《会同县志》卷二《建置志·市镇》。

1.市镇的数量和分布

明清时期，沅水流域的市镇普遍出现，可见表 4-2。

表4-2　清代沅水流域部分地区市镇数量

州厅县名	年代	市镇集场数	州厅县名	年代	市镇集场数
武陵县	嘉庆 同治	26 46	桃源县	嘉庆 光绪	7 8
古丈坪厅	光绪	8	泸溪县	乾隆	1
辰溪县	道光	14	溆浦县	乾隆 同治 （民国）	4 17 （29）
黔阳县	雍正 同治	2 7	会同县	同治 光绪	7 17
芷江县	同治	4	麻阳县	同治	5
凤凰厅	道光	14	永绥厅	宣统	11
绥宁县	同治	10	乾州厅	光绪	8
保靖县	同治	15	龙山县	光绪	20
靖州	光绪	13	晃州厅	道光	7

资料来源：嘉庆《常德府志》、同治《武陵县志》、光绪《桃源县志》、光绪《古丈坪厅志》、乾隆《泸溪县志》、道光《辰溪县志》、同治《溆浦县志》、民国《溆浦县志》、雍正《黔阳县志》、同治《黔阳县志》、光绪《会同县志》、同治《芷江县志》、同治新修《麻阳县志》、道光《凤凰厅志》、宣统《永绥厅志》、同治《绥宁县志》、光绪《乾州厅志》、同治《保靖县志》、光绪《龙山县志》、光绪《靖州直隶州志》、道光《晃州厅志》。

表 4-2 说明，湖南境内的 18 个州县，市场总数已达 220 个以上，平均每县有 12.5 个市场。

而在黔东地区，市镇数量要少得多，据《黔南识略》和《黔南职方纪略》的记载，乾隆至道光年间，思州府的亲辖地有 14 个乡场，玉屏县有 3 个，青溪县有 4 个。铜仁府的铜仁县有 5 个。镇远府的天柱县有 11 个，清江厅有 4 个，黄平、镇远、施秉、黎平府等地不详 [1]，反映出黔东地区的市场建设进程滞后。

---

[1] 何伟福：《清代贵州商品经济史研究》，中国经济出版社，2007，第 183 页。

2. 市场的兴盛过程及其意义

明代，沅水流域尚无被明确称为市镇的聚落。翻检嘉靖《湖广图经志书》，找不到有湘西各府州的市镇，只有各府"公署"中的巡检司和"关梁"中的"市"，勉强可以看作市镇，即常德府的四个巡检司驻地，可以看作"镇"[1]。不过，综合各种史料，沅水流域的市镇是在明万历年间开始出现的，到清代才兴起数量众多的市镇。

清代，常德府在嘉庆《常德府志》卷九《乡市》中只有市 26 处，而同治《武陵县志》卷四《地理志·坊乡》增至集市 46 处。很可能新增的 20 处集市建立于嘉庆至同治年间。桃源县在嘉庆《常德府志》的市场数，与光绪《桃源县志》卷一《疆域志·坊村》所载的 8 处街市基本相同，即"陬市在县东四十里仙洞乡东后眷村，商贾辐辏，为一邑巨镇；桃源上乡有郑家驿街、新店驿；大延上乡有苏溪；善溪乡有善溪市、黄市（为桐茶油枯市贩所）、九溪市、麻溪市"。说明没有增设市镇。

在沅水中上游，市镇的发展较为显著。酉水上游龙山县的里耶，花垣河上永绥厅的茶洞与会同洪江、泸溪浦市并列为清代湘西四大名镇。另有酉水上永顺县的王村和古丈县的罗依溪、武水上乾州厅的乾州、辰水上麻阳的高村、溆水上溆浦县的桥江、沅水上晃州厅的龙溪口、渠水上的靖州等都堪称大商镇[2]。这些商镇在沅江中游地区又以洪江、浦市为南、北之总汇，洪江、浦市又以下游常德为依托，构成了沅水中游地区货物集散的外引内联商贸运输网络。

泸溪县南六十里的浦市，拥有良好的地理条件。沅水流至浦市下湾，受到山体的阻挡而回流，形成宽阔的河面，因为水深流缓，

---

① 曹树基：《中国人口史》第四卷，复旦大学出版社，2002，第 362 页。
② 湘西自治州政协：《湘西文史资料》第二十二、二十三辑《湘西名镇》，1991；第十九辑《苗疆古镇》，1990。

逐渐成为天然港口。浦市成为商业市镇，大约始于明万历年间，天启七年浦市就建成了大码头，当年的《修建浦市大码头碑记》云："泸有浦江，水路津要地也。舟楫蚁拥，鬻贩鳞集，上街下河，往来络绎不绝。"①可见已经是商业繁荣所在。清康熙年间，已有人描述泸溪之"浦市称巨镇，廛舍稠密，估舶辐辏，十倍于洪江"②。此后，由于"沅陵、泸溪、辰溪、麻阳诸县民杂处，易藏奸□□，向设溪洞巡检司，康熙五十二年裁去，以辰州府通判移驻管辖之"③，加强了管理。在改土归流前，苗民经常来骚扰，于是市绅康文璨倡议捐建了城堡，周围有十二里多，俨然成为一座坚固的城池④。

乾隆时期，浦市由泸溪"与沅陵分治"，因"据水陆之会，百货所集，四方商贾辐辏焉，屋宇栉比，街衢纵横，居民率弃本逐末，习尚稍繁华，不如他处淳朴，然都雅亦较□，读书应试者颇多""其货以油、蜡、铁、板为多""上自洪江，下至常德府，浦市居中为大镇矣"⑤。

据称，清代的镇篁镇和辰沅永靖兵备道驻军，每三个月要到省城领取14万两饷银，其运饷船只停泊在浦市，再经陆路送达驻地。这也是浦市繁荣的一个因素。交通运输的便利，促进了浦市工商业的发展。主要表现在冶铁业和各种其他行业的兴起，以及几种著名特产如白蜡、纸张、鞭炮、甜橙、铁壳猪的生产发达上。此外，有茶馆、酒楼、旅店、客栈以及各种小吃店48家⑥。

据《湘西名镇》称"浦市最繁荣的时期，当推清代乾嘉之间，那时有'小南京'之称。各省来此经营商业的不可胜数，客籍会

① 乾隆《泸溪县志》卷六《桥渡》。
② 徐炯：《使滇日记》，上海古籍出版社，1983，第261、263页。
③ 乾隆《泸溪县志》卷五《坊市》。
④ 戴文秀等：《湘西乡土调查汇编》，《泸溪浦市篇》，民国二十八年刻本。
⑤ 乾隆《泸溪县志》卷五《坊市》。
⑥ 湘西自治州政协文史委员会：《湘西文史资料》第二十二、二十三合辑《湘西名镇·浦市》。

馆竟有四十八所""民国初年，这里还有居民四千余户"。调查表明，在最繁荣的时代，浦市有三条主要街道与沅水平行：临水的一条叫河街，有二十多个泊船码头，里面的一条叫正街，最里面的一条叫后街。其中正街足有三华里长。正街从南到北，每隔一段，另有名称，依次是街口、天后宫街、十字街、上正街、中正街、太平街、李家巷、万寿宫街①。从浦市有 48 所客籍会馆、20 多个临河码头等情形来看，各省客商的萃居经营，推动了浦市巨镇的繁荣。

泸溪县上游的辰溪县，虽未出现浦市那样的大市镇，也在道光年间已经形成遍布全县的农村市场体系，道光《辰溪县志》卷十六《风俗志·墟期》载，县内的集场如下：

十里铺场、石马湾场、锄头坪场，以上一六日；
大洑潭场、王家坪场、黄溪口场，以上二七日；
藕塘铺场、水沙溪场、龙头庵场，以上三八日；
山塘驿场、中河铺场、铜湾场，以上四九日；
小龙门场、仙李湾场，以上五十日。

可以看出，这 14 处市场已经把集期安排得很均匀，一旬之内，每天都可以赶场交易，能够满足全县人民的贸易需要。史载，辰溪"邑中墟场，每值场期，远近商贩，搬运粮食、衣布、牲畜集货，俱于日中辏集该处交易，谓之赶场。其场分较大者，于场期次日尚有买卖，谓之赶冷场"②。

在溆浦县，市场建设实现了三次显著的发展，乾隆年间只有三四处，同治年间增至十七处，清末民初更增至二十九处，

---

① 戴文秀等：《湘西乡土调查汇编》，《泸溪浦市篇》，民国二十八年刻本。
② 道光《辰溪县志》卷十六《风俗志·墟期》。

同治《溆浦县志》称"往时（指乾隆以前）溆邑之场不过桥江、底庄三四处，近年添开十余所（市），逐末渐多，食用亦侈"①，同治年间溆浦县的农村市场有车头市、水东市、高明溪市、祖师殿市、油洋市、花桥市、底庄市、岩家陇市、龙潭柳坪市、桶溪市、小横市、桥江市、仲夏市、小江市、江口市、观音阁市、均坪市。民国十年，溆浦县的农村市场继续增至二十九处②，其中只有少数几处是民国年间新设。这二十多处市场分布于溆水及其各支流的要冲地带，呈网状布局，基本上遍及现代溆浦县的所有乡镇，其中交易规模较大的有如下几处：

> 龙潭市，县治南一百四十里，龙潭河左岸，分两街，上街曰柳坪，下街曰大埠，街外有万兴市场，集期旧历每月三八，食货用器悉备，而以米、盐、包谷、豆子、猪、牛为最多，商民动以万计，黔、武、新、邵人亦麇集，其交通常自新路河上下洪江、常德，不沿溆水。

> 统溪市，县治南四十里，龙潭河左岸，有市场，集期旧历每月四九，食用物咸具，而以茶油、材木为多，且价廉，赴集者千余人。

> 小横陇市，县治南七十里，罗子山水与分水坳水相汇处，有市场，在顺溪左岸，集期旧历每月三八，货物以茶油为多，赴场者近千人。

> 水东市，县治东南一十五里，双龙江右岸，有市场，集期旧历每月一六，赴集者常约数千人，为材木贸易最盛之所，县城暨近郊需用收买，悉聚于此。

> 桥头水市，县治北偏西一十四里，鸣凤溪口右岸，有市

---

① 同治《溆浦县志》卷六《街市》。
② 民国《溆浦县志》卷二《区乡》。

场，集期旧历每月一六，开于光绪二十一年，食用诸物咸具，赴集人最多时千余。

均坪市，县治北偏西二十五里，牙床溪左岸，有市场，集期旧历每月四九，开于清嘉庆丁卯年，货物以辣子、茶油为多，赴集人极盛时约近一千。

花桥市，县治东北三十里，苏溪左岸，有市场，集期旧历每月一六，货物以米、麦、豆子、土布为大宗，赴集人最盛时五千余。

低庄市，县治东北四十五里，四都河右岸，有市场，集期旧历每月四九，清嘉庆时开，食用诸物咸备，以猪、牛、豆、麦、布匹为大宗，商贾辐辏，货无停滞，近来转运出入多由安化烟溪，食用要需不复专籍县城矣。

桥江市，县治东二十里，四都河右岸，有市场，集期旧历每月二七，万商云集，财货山积，最著者为烧纸、棉花、辣子、猪、牛、桐茶油及布匹、粮食等货，聚集人极多时约万数千，商务之盛为全县各市场之冠。

大江口市，县治西六十里，沅水右岸，溆水出口处，有市场，集期旧历每月一六，其地上赴洪江，下达辰常，水路交通，万货丛集，集场商民，溆、辰外兼有来自沅、泸、芷、黔者，县境货物又多由此出入，商户虽少殷实，而商务犹日见繁盛。

以上 10 处市场，比较均匀地分布于县境最主要的几大地区中心，商品种类和数量较多，结构较完备，赶集商民常在千人及以上，甚至上万人，比较充分地发挥了集散商品和调配物资的市场功能。例如龙潭市，位于数县交界处，周围资源和物产丰富，与沅水河岸的新路河紧邻，便利于上下洪江、常德，这是其贸易兴旺的主要原因。

溆浦县的其他十几处市场则商货不足，赴集人少，如：北斗溪市，县治东南九十里，龙潭河右岸，北斗溪口，有市场，集期旧历每月四九，货物多未完备，赴集人亦少。九溪江市，县治东南七十里，龙潭河右岸，九溪江口，有市场，集期旧历每月二七，赴场人少，货物亦不甚完备。

有的市场在灾害打击下，一蹶不振，如：观音阁市，县治北偏东二十里，三都河右岸，有市场，集期旧历每月三八，前清光绪初年贸易颇繁，自清季来迭被火灾，较前衰落远矣。小江市，县治西四十五里，溆水右岸，曹家溪口，有市场，集期旧历每月五十，货物唯食用诸品，商店寥寥，赴集人少，民国元年水灾，漂去店舍殆尽，市面日形凋落。

还有的市场到了民国初年已完全萧条下去，如高明溪市，县治东南二十五里，龙潭河右岸龙湾江口，《旧志》载有市场，集期旧历每月二七，现无。

上述溆浦县的市场情形，反映出市场的建设也受到商品供求规律的支配，必须有足够的物资货源才能发展起来，而这又受地方经济开发水平的制约。

黔阳县的市镇发展以安江为最大，托市次之，其建设历程颇为曲折。托市、安江镇在明后期已经相当繁荣，经历明末兵火的洗劫，成为荆榛之地。康熙初年，各省客民迁市供洪乡，披山通道，经画庐宇，又重建起市镇。史载：

> 黔邑旧有托市，烟火千余家。安江控制子弟、石太十里，屹为巨镇，自明季兵燹之余，狐鼠荆榛，客土散亡无复市镇之旧矣。康熙六年春，各省客民自洪江群来受廛，迁市供洪乡，诛茅荒山之下，聚者千家，若不谋而合者。乃为之经画庐宇，以居货贿，披山通道，以达行旅，而从则如归矣。富顺新市，在供洪乡三图大洪湾下，旧名崖山脚，今易兹名，山盘水汱，

平河旷远。康熙六年正月内，洪江客民始谋迁市于此，具呈
到县，内云：不假招徕，愿受一廛以为赤子。知县张扶翼以
舍旧图新，非人之情，谕令复业。商民曰：我公仁人也，父
母在，是子将焉往。锄荆构茅，不避风雨，众日以庶。各省
之民又相区划，择地让美，以德畀予。知县张扶翼乃往劳之，
给示安插，与之约曰：听尔贸迁，官不与知。众心益劝，然
兵燹之后，道路荆榛久矣。知县张扶翼南抚山瑶，以通宝武，
北栈崖谷，以达城关，中计道里，作憩亭邸店，以息行旅。
旬日之间，木拔而道通矣。①

此后，安江的贸易日益繁荣。雍正年间，"安江烟火千家，
带江负山，土地腴衍，屹然称名镇焉，其人文风土之胜为诸里最"。
黔阳县西南的托口市，在明后期就是木商聚集之地，"上通
天柱，为桐木所必由，明时木商皆聚于此，以与苗市。兵燹后，
市移天柱之远口司，托市之名尚仍其旧"②。
雍正年间，黔阳县境只有安江、托口两市，到了同治年间，
市镇数量明显增加。同治《黔阳县志》卷六《乡都·市镇》载有
6 处街市和近 20 处墟市。这六处街市及其商业情形如下：

托口市，在县南四十里原神里，为渠水入沅之地，上通
贵州苗峒，巨木异材凑集于此，官之采办与商职贸贩者，多
就此编筏东下，附近乡村并邻境肩运米粟者，亦就水次粜焉。
近时始有米牙，皆市猾籍帖夥充，咸以为不便。故力禁之。
江西街，在县南二十里，托口下流，倚沅水岸，市颇饶
居积，而附近场墟，凡各邻邑行商聚货，每月二七期交易往来，

---

① 雍正《黔阳县志》卷三《市镇论》。
② 雍正《黔阳县志》卷三《坊乡论》。

多至数千百人不等，盖邑中第一大墟也。

沙湾市，县东八十里供一里，地濒沅水，居安江、洪江之中，嘉庆间始设市，商贾恒聚集焉。

安江市，在县东南九十里子七里，为邑地适中处，有巡检司，带江负山，烟火近千家，栉比鳞次，为区落之胜，亦有墟，居人汲山泉酿秫，安酒以名。其柑橘枣栗之品实繁，味别亦他邑不能及，故人争趋焉。

新路市，在县东北一百三十里，前临沅水，后通宝庆。夜市三更始罢，日中反少。盖乡民自淑之龙潭来，朝发夕至，次日即返，肩挑背负，乃米码头也。村市杂居，巉崖壁立，往来甚苦。或有议充牙行者，市民大恐。官察知其不可，事寝，民深德之。

铜湾市，县北东百八十里，黔阳、辰溪、芷江交易所，每四、九墟期，多至三四千人。

以上黔阳县的街市都位于沅水沿岸，呈串状分布，主要是交通优势所致。

黔阳县上游的会同县，与泸溪县相似，也有一座超级市镇，即洪江。清康熙时会同之"洪江，烟火万家，称为巨镇"[1]。洪江镇位于县东一百二十里，"其水源出楚粤界佛子岭，历渠阳，纳清水、芷水、若水，合流于此。上通滇黔粤蜀，下达荆扬。舟楫往来，商贾辐辏，百物共集。洵边邑之货薮，四达之通衢也"[2]。除了洪江之外，会同县还有墟场 16 处，多为每旬两日市，只有若水场为每旬三六九日市。

芷江县的市镇明显逊于会同、黔阳。同治《芷江县志》卷五《市

---

[1] （清）徐炯:《使滇日记》，上海古籍出版社，1983，第 261、263 页。
[2] 光绪《会同县志》卷二《建置志·市镇》。

镇》只载有 4 处市场，情形如下：

> 公坪市，在县东六十里美一里，驿舍所在，烟舍集焉。
> 食用之需至此可以斗粟易之，往来行旅，村店歇憩，亦称便焉。
> 榆树湾市，在县东八十里美二里，潕水北岸，居民数百户，
> 上下舟楫少停蚁泊，凡油、豆、米、谷、煤、铁之属皆集于此路，
> 为滇黔所必经，行旅信宿。乾隆二十一年以是地为水陆通衢，
> 民商错处，且有附近之黄岩出产硫磺，恐奸徒窃采，奉文以
> 芷江县丞分驻巡防，由是人烟愈密。
> 怀化市，在县东一百二十里世承五里，近辰溪境，由山
> 塘至此驿路迢递，担夫行客投足于兹，而上下去城邑绝远，
> 故贩鬻列市其间，以供乡村市物者。
> 兴隆市，在县西六十里平一里，与便水驿隔江，井庐聚落，
> 杂货罗肆，附近乡村所产米粟亦集于此，贾船贩运。

在上述芷江县的市场中，以榆树湾市（今怀化市所在地）最
为繁荣。

麻阳县的市镇与芷江县相似。同治新修《麻阳县志》卷一《市
镇》载有 5 处市场，其商业状况如下：

> 江口市，在县东南三十里，界近惹都，滨临大江水路要
> 冲，以县属上下水计之，此为居中。岩门市，在县东北五十里，
> 隶二都里，当营哨之冲，旧设巡检司于此，近改设县丞，增置
> 站马、贡夫、邸舍，市廛称繁盛焉。高村市，在县东北七十里，
> 隶三都里，当水陆之冲要，为行旅所必经，烟户繁多，商贾辐
> 辏，驻巡检、把总各一员，资巡防焉。滥泥市，在县东九十五
> 里，隶一都里，居茅坪、桑林之间，为境中要道，近见行台，
> 并置小站夫马，一如岩门之数，而旅店村沽无一不具，往来

过客食用称便。石羊哨市，在县北六十里，隶二都里，距镇筸城二十里，凡营屯、饷糈、商贾货物沿西溪而上者，至此雇夫陆运，以达镇城，近市设石羊哨关，借资防卫。

上述麻阳县的市场主要由交通便利而形成，与本地经济发展关系不大。

凤凰厅市场也在道光年间建成 14 处集场，均为五日一场。据道光《凤凰厅志》卷二《疆里志·集场》，有南门外场，附城，百日场；廖家桥场，城南二十里，三八日期赶；落濠场，城南三十五里，五十日期赶；鸦拉营场，城南四十五里，二七日期赶；新寨场，城西七十里，四七日期赶；新厂场，城南四十五里，四九日期赶；杜望场，城南六十里，三八日期赶；永新场，城南七十里，五十日期赶；长凝哨场，城北十二里，一六日期赶；得胜营场，城北四十里，五十日期赶；筸子坪场，城北六十五里，四九日期赶；水打田场，城东三十里，三八日期赶；强虎哨场，城北九十里，三八日期赶；江家坪场，城南四十五里，二七日期赶。这些市场的建成无疑是民族经济交往扩大的产物。

永绥厅也在清代建成 11 处集场。宣统《永绥厅志》卷十五《食货门·物产》记述了各处市场的交易情形：

> 下五里弭诺场，逢四逢九，每月六场，一场能出一千三百余串钱生意，巴盐、南杂货、米包谷、桐茶油、猪、屠案、羊、鸭子。
>
> 下五里猫儿寨场，逢五逢十，每月六场，一场能出一千余串钱生意，青蓝布匹、南杂货、猪、屠案、桐茶油、巴盐、羊。上六里龙潭场，逢五逢十，每月六场，一场能出一千余串钱生意，南货、杂货、屠案、米、猪、巴盐。
>
> 下六里茶洞客场，逢五逢十，每月六场，一场能出一千

余串钱生意，屠案、猪、布、米包谷并杂粮、南杂货。

下六里茶洞汛客场，逢四逢九，每月六场，一场能出三四千串钱生意，南货、杂货、屠案、牛四五十只八百余串文、猪、川巴盐、米包谷。

上七里排大鲁场，逢一逢六，每月六场，一场能出三四千余串钱生意，青蓝布匹、羊、岩炭、屠案、牛五六十只一千三百余串钱、南货杂货。

下八里鸭保场，逢二逢七，每月六场，一场能出一千余串钱生意，羊、南货、杂货、屠案、米、猪、巴盐、桐茶油。

上九里夯土场，逢四逢九，每月六场，一场能出一二百串钱生意，小货、猪、屠案、米、巴盐、杂货。

上九里排打扣场，逢二逢七，每月六场，一场能出二三百余串钱生意，猪、屠案、米、巴盐、杂货。

下九里卫城场，逢三逢八，每月六场，一场能出八百余串钱生意，南杂货、屠案、猪、米、巴盐、牛。

上十里排碧料场，逢二逢七，每月六场，一场能出五六百串钱生意，南杂货、屠案、巴盐、米、包谷、牛、猪、羊。

上述各场的每场交易总额在数百至数千串钱，规模小，交易的内容以南杂货、屠案、巴盐、桐茶油、米、包谷、牛、猪、羊、布匹等为主，但对民族地区的经济发展有重要意义。

黔东地区的市镇发展与城市发展一样，落后于中下游地区。在玉屏县，连城带乡只有3场："在城场，旧在教场，康熙五十年卫守备移于鼓楼十字街。大屯场，城东二十里。朱家场，城东北四十里，场通楚蜀，商贩往来要路，乾隆二年设塘，二十年设外委一员防汛。"[1]

---

[1] 乾隆《玉屏县志》卷五《赋役志·市场》。

镇远府天柱县，在明万历年间建有一市镇："新市镇，在瓮洞，万历二十五年，朱公新建官店数十间，募土著，聚客商，往来鱼盐木货泊舟于此。"①

综上所述，沅水流域的市镇在明万历年间开始兴起，清代康熙年间进入大发展时期，清中叶进入鼎盛阶段。这一过程是与经济开发的进程相一致的。所有的市镇除了浦市、洪江有一定的制造业以外，基本上属于商业市镇。遍及各地的众多市镇在沅水流域的商品流通和对外经济交往中发挥了重要作用。

---

① 乾隆《镇远府志》卷三《关梁》。

第五章

社会变迁

明代以前，沅水流域的民间社会延续着浓厚的巫风蛮俗。宋代，史称"澧、鼎、辰三州，皆旁通溪洞，置兵戍守""（荆湖）北路农作稍惰，多旷土，俗薄而质"①。由于当时的沅水流域多溪洞蛮族，朝廷派驻戍卒进行弹压。而荆湖北路各地风俗"薄而质"，说明沅水流域的风俗与澧水流域以至今湖北许多地方也大体相同。

明清时期，两湖地区的经济开发规模空前，对社会的影响是深刻而广泛的，在平原和山区、湖南和湖北之间，由于经济发展水平的差异日益突出，社会发展水平的差距也逐渐扩大，已经不宜再对整个大区域做出囊括全境的统一论断。

本章拟从基层社会的演变、族群关系的变革和物质生活的变革等方面，对沅水流域的社会变迁做出初步蠡测。

一　宗族的发展和士绅阶层的成长

（一）聚族而居的扩大

宗族是基层社会重要的民间组织形态。通过宗族的发展能够

---

① （元）脱脱：《宋史·地理志》。

看出一个地区的民间组织的发展水平，而民间组织的发展又是地区经济发展的结果，反过来也制约或促进了地方经济的发展。宗族的发展首先可以通过聚族而居的规模和范围来做出说明。

研究表明，从移民氏族迁入新地到重建宗族需要大约150年的时间，它要有足够的人口规模，有相当的经济积累，还要出现士绅精英人物[①]。因此，在经济开发的基础上形成大村落，是宗族发育的温床。在一些山区，由于资源有限，村落规模往往在100人以下，因而难以发展出宗族组织。大村落的数量则可以在一定程度上反映宗族的数量。

沅水流域境内以山区为主，但也有一些较大的河谷、丘陵、盆地等适合建立大村落的自然条件，所以宗族在许多地方得到了发展。

辰州府溆浦县的聚族而居情形比较普遍。据民国《溆浦县志》说，境内居民是"聚族而居"的[②]。表5-1反映了宗支较多的部分姓氏的聚居情形。

表5-1　溆浦县主要氏族的集居地

姓名	迁出地	宗支数	迁入时间	县内主要集居地
舒氏	江西进贤	2	宋绍兴至庆元年间	古垅、大潭、竹坳、花桥、岩门、岩湾、址坊、仲夏、岩家垅、东山
向氏	江西新建，湖南沅陵	3	宋端平至清道光年间	覃村、麻阳水、塘下垅、向家垴、柳溪、大潭、温里、和尚坡、水东
张氏	四川绵竹、江西临江、泰和，湖南沅陵	27	宋末至清康熙年间	县城、水东、塘头、山门、思蒙、岩头、低庄、张家桥、八门、柳林、小横垅

---

① 林济:《长江流域的宗族与宗族生活》第四章，湖北教育出版社，2004，第353页。
② 民国《溆浦县志》卷二《舆地志·区乡》。

姓名	迁出地	宗支数	迁入时间	县内主要集居地
李氏	江西吉安、吉水，贵州铜鼓卫，湖南沅陵、邵阳	17	宋代至清同治年间	花口、茅坪、岩垴上、长潭、毛坡头、惰园、颜家垅、扶家溪、屯里、泥湖
刘氏	江西泰和、南昌、卢陵，湖南新化、安化、武冈	23	宋建隆三年至清道光年间	苏洛、窑坊、吉家冲、牌子田、白田、刘家垴、十甲湾、县城、低庄、团结、小江
夏氏	江西永丰、吉安，湖南新化、沅陵	5	宋宝庆至清康熙年间	川水、县城、文家村、均坪、白岩冲、牌子田、夏家村
邓氏	江西新淦，湖南新化、湘乡、沅陵	5	宋隆兴二年至清康熙年间	潭头坡、浆池湾、车头、思蒙
陈氏	江西清江，湖南新化、沅陵、邵阳、凤凰	17	元代至清道光年间	曹坡、大渭溪、罩溪、千田坳、杨柳、蒲家山、低庄、老山界、湖垱溪、田家桥
周氏	江西吉水，贵州五开卫，湖南沅陵、邵阳、宝庆	16	宋淳祐至清康熙年间	周家湾、坐荷垅、严家坡、高低、鹤田、湖垱溪、惰园、石岩湖、木溪桥
黄氏	江西清江、吉水，贵州五开卫，湖南沅陵、湘乡、宝庆	11	元末至清道光年间	双江口、两头塘、岩屋田、骡子冲、罗家冲、铁溪垅、冷溪坑、鹤田
罗氏	湖南新化、邵阳、沅陵、辰溪	10	明永乐十九年至清康熙年间	文家冲、长坪、罗家田、岩里、大溪口、关家坳、斜坡、陈林坪、址坊、鸣凤溪
戴氏	湖南新化、沅陵	3	南宋至清初	黑岩、车头、白雾头、野猪溪、罕溪、赤溪
肖氏	江西泰和，贵州铜鼓，湖南新化、宝庆、沅陵	9	宋绍兴二年至清乾隆年间	肖家坪、青江屯、红岩、罗山溪、大塘、塞头、泥湖、鹤田
王氏	江西吉水，四川，湖南新化、隆回、沅陵	6	明洪武二年至清雍正年间	岭脚、大湾、白田、镇宁、玉公坪、大艾冲、万水

姓名	迁出地	宗支数	迁入时间	县内主要集居地
谢氏	江西泰和，湖南沅陵	21	明末至清康熙年间	莲塘、大寨、野猪溪、槟木冲、董家坡、石岩湖、马家溪、白泥溪、仑斗坪、温溪
宋氏	贵州五开卫，四川，湖南湘乡、沅陵	6+2	明永乐二年至清道光年间	鹤田、朱家湾、岩屋冲、县城、窑头、低庄、罗公坡、四门、马田坪、林坑、余香园
郑氏	江西新余，湖南新化、沅陵、泸溪	4	宋代至清嘉庆年间	黄潭、堆冲、田家溪、惰园、绵滕垴、岩坨山
邹氏	江西泰和，湖南安化、湘乡、宝庆	7	宋初至清嘉庆年间	桥头水、岩门、磊石湾、独石、邱家湾、址坊、桥江
梁氏	湖南会同、沅陵	2	明代至清顺治年间	梁家坡、马田坪、麻溪
赵氏	江西吉安，湖南沅陵、邵阳，贵州五开卫	5	宋景炎至清乾隆九年	马田坪、覃村、栗子山、清水塘、鹤田、桥江
贺氏	江西吉安，湖南安化、新化	4	元至正至清乾隆年间	溪口、红花园、舵寨、小横垅、鸣凤溪、边桥坑
钟氏	江西吉水、永新，湖南辰溪、湘乡	4	明初至清雍正年间	县城、马田坪、温溪、小江口
吴氏	江西泰和，湖南益阳、新化	4	元至正至清康熙年间	岩板、柳溪、关公坳
毛氏	江西吉水，湖南沅陵、辰溪	5	宋末至清初	大坪头、大渭溪、土地园、毛家仁、东象冲
唐氏	山西太原，江西吉水，湖南沅陵、新化、邵阳	6	宋熙宁至明代	叶家庄、杜家潭、油洋、陈家田、野猪溪、塘湾
杨氏	江西泰和、清江、丰城，湖南泸溪、沅陵	7	宋初至明嘉靖年间	阳和坪、小水田、小横垅、杨家坪、虎皮溪、七家村、桥江

续表

姓名	迁出地	宗支数	迁入时间	县内主要集居地
吕氏	湖南新化、沅陵、辰溪	8	清初至康熙年间	舒溶溪、蟒溪、潭头坡、桃子坪、仑斗坪、岩门洞、董家冲
田氏	贵州五开卫，湖南沅陵	7	明永乐二年至清康熙年间	鹤田、田家桥、蕨菜坡、大湾、曹家溪、陈家田、雷鸣溪
何氏	江西泰和，湖南沅陵、新化	7	明永乐二年至清乾隆年间	何家坡、斜里、文家村、东山、曹家溪、冷溪坑、罕溪
曾氏	江西吉安，湖南沅陵、新化	5	明崇祯至清乾隆年间	曾家垅、小泽溪、刘家垴、白泥溪、马造
彭氏	江西吉安，湖南沅陵、新化	8	明永乐二年至清同治元年	鹤田、乾汊、彭家塘、思婆溪、桥江、岩里
覃氏	湖南沅陵、安化	7	宋末至清顺治年间	茅坪、岩洛、烂木溪、来龙溪、桐木溪、石岩湖、白泥溪、油麻岭
瞿氏	湖南沅陵	7	清初至乾隆年间	长坪、岩门洞、牛磊坡、龟形、漩水湾、耒龙溪、铁溪垅
蔡氏	湖南沅陵	10	明末至清乾隆年间	大渭溪、曹家溪、水田溪、山脚溪、岩门洞、木溪、湖垱溪、水洋坪
伍氏	湖南新化	3	明初至清乾隆五十八年	桥头水、平箕山、罗公坡
万氏	湖南邵阳、辰溪、新化	3	清康熙至咸丰年间	青江屯、文家村、谢家溪
龙氏	湖南邵阳、沅陵、湘乡	4	明末至清初	舒溶溪、大渭溪、香炉湾
欧阳氏	湖南邵阳、湘乡、新化、辰溪	6	明代至清乾隆年间	长乐坊、黄瓜坨、滥察溪、罗家洞、低庄、赤溪
颜氏	湖南沅陵	11	清初至乾隆年间	鹰嘴岩、楠溪冲、温溪口、岩垴上、栀子坪、塘下垅、岩坪溪、杨家坎

姓名	迁出地	宗支数	迁入时间	县内主要集居地
胡氏	河南开封，贵州五开卫，湖南澧州、安化、新化	10	明永乐二年至清初	鹤田、乾汉、沿溪、陈家坡、皂溪、思婆溪、正洞溪、丝罗溪、马田坪
袁氏	湖南沅陵、新化	4	明代至清乾隆年间	岩家垅、湖垱溪、梅子场、黄油
杜氏	江西泰和，湖南沅陵、湘乡	4	宋端平三年至清咸丰年间	东山、让家溪、县城、江口、大平头
奉氏	湖南新化	3	清康熙四年	油洋、唐家林、奉家园
傅氏	江西清江，湖南辰溪	3	清康熙至乾隆年间	陈林坪、伍庄、长岭
米氏	湖南辰溪	4	明初	八斗垅、米家庄、虎皮溪、虎儿岩

资料来源：《溆浦县志》编委会《溆浦县志》，社会科学文献出版社，1993，第620～634页。

表 5-1 中的姓氏，虽然不会全部都聚族而居，但有许多氏族确实如此。表中的不少氏族迁入较早，历经数百年的人口繁衍，其聚居地逐渐增多。当一处聚居地的宗族人口达到足够规模，超出了当地的资源承载容量的时候，就会以分房为单位另找居地。表中一些大姓的聚居地较多，就是这样形成的。调查表明，"溆浦县不少姓氏都聚族而居，分布比较集中，如龙潭镇岩板村的吴姓、张家塘的张姓、麻阳水乡大潭村的舒姓、均坪镇长坪村的罗姓等，每村都在千人以上"[1]。这种聚族而居是长期历史发展的结果。例如，辰溪县的米氏宗族，在明弘治十三年迁居桐林米家寨大院后，因子孙繁衍，不断析居，成为远近大族[2]。

还应指出，宗族的发展与移民的素质也有密切关系，如江西

---

[1] 《溆浦县志》编委会：《溆浦县志》，社会科学文献出版社，1993，第593页。

[2] 湖南辰溪县《米氏通谱》，《智、贵二公始迁桐榆林考》。

移民拥有宗族文化传统。溆浦县的外来移民大多来自江西，所有他们的后裔一般都会在迁入地重建宗族。

沅州府的麻阳县也有许多聚族而居的氏族。据 1990 年的人口普查资料，境内共有 306 姓，其中居住成村落的有 119 姓，而超过万人的有 9 姓，其分布情况见表 5-2。

表5-2 麻阳县1990年万人以上姓氏分布情况

姓氏	分布乡镇	人口数	平均人口数
张姓	吕家坪、黄双、兰里、绿溪口、栗坪、板栗树、兰村、石羊哨、岩门、谭家寨、长潭、锦和、文昌阁、尧市、拖冲、舒家村、江口圩、隆家堡	4.1万多人	2278人
滕姓	高村、岩门、板栗树、谷达坡、栗坪、绿溪口、石羊哨、江口圩、锦和	近3万人	3333人
黄姓	吕家坪、黄双、和平溪、兰里、绿溪口、高村、兰村、隆家堡、板栗树、谭家寨、锦和、郭公坪、文昌阁、尧市、拖冲	2万多人	1333人
刘姓	兰里、黄双、吕家坪、绿溪口、岩门、隆家堡、江口圩、大桥江、锦和、郭公坪	近1.7万人	近1700人
田姓	锦和、郭公坪、长潭、尧市、拖冲、文昌阁、江口圩、谭家寨、高村、板栗树	1.6万多人	1600余人
陈姓	隆家堡、江口圩、高村、岩门、兰里、谭家寨、板栗树、兰村、石羊哨、舒家村	1.4万余人	1400余人
李姓	兰里、和平溪、绿溪口、高村、栗坪、岩门、谭家寨、长潭、大桥江、郭公坪、尧市、拖冲、石羊哨	近1.4万人	1076人
舒姓	舒家村、江口圩、谭家寨、长潭、锦和	1万余人	2000余人
郑姓	黄双、吕家坪、锦和、栗坪	1万余人	2500余人

资料来源：麻阳苗族自治县政协文史委员会《麻阳姓氏》，1994。

表 5-2 说明，这些大姓的居住形态是相当分散的，但在每一乡镇内部，这些大姓的人口为 1076 ~ 3333 人，以 5 人一户计算，

少者 215 户，多者 666 户，应是规模较大的聚族而居。这 9 姓人口合计达 17 万多人，占全县人口的 55% 以上。除了这 9 大姓，麻阳县内人口在 1 万人以下、1 千人以上的有向、王、龙、谭、满、周、唐、杨、曾、莫、胡、段、欧、龚、聂、傅、罗、符、吴、孙、江、赵、薛、宋、陆、萧、雷、高、郭、邓、蒋、路、熊、成、余 35 姓，他们也多聚族而居，只是规模较小而已。

以上所举两县的聚族而居情形，在沅水流域许多地区都是存在的。

（二）宗族的发展

史料表明，沅水流域民间宗族的出现，可以追溯到明嘉靖年间。据嘉靖《常德府志》卷一《风俗》：

> 近来士人家丧祭颇依家礼，祈祷不使巫觋，但正寝中堂，比比多列佛老及诸神像，或镂或绘，务为繁缛，旦夕供祀致虔，至其祖先神位，则杂处其间，或列于其旁，此则各处通俗，非但楚为然。愚家自先世以来不祀非鬼，近又以正寝行礼不便，乃市地一区，构祠堂以为祀先之所，颇事整洁，四时依家礼行礼，而乡士夫之家固已有效之者矣。然亦不必拘于建祠，正寝中但不杂以非鬼可矣，此亦正俗之一事。

这一段史料表明，嘉靖年间，在常德府已经建立祠堂，作为祭祀祖先之所。作者还说，"乡士大夫之家已有效之者"，说明祠堂的建立已开始推广。

常德地区建立祠堂，应与江西移民的大量入迁有密切关系。史载，当时的常德，"吾郡……土民日敝，而客户日盛矣。客户江右为多，膏腴之田，湖泽之利，皆为彼所据"①。江西移民的迁居，必定将其宗族传统带入常德，他们有了足够的产业，遂建立宗祠，组成宗族。

随着经济开发的深入，越来越多的宗族在沅水流域各地建立起来。到了清代，许多地方有了宗祠和族祭的记录。在武陵县，同治年间，"祭礼则合族立祠，寒食、冬至设祭，无家庙者，岁时祭于寝墓"②。

在辰州府，明末已有宗族组织的成立，主要是宋元至明初迁入的氏族。如辰溪县与溆浦县界的米氏，自两宋之际迁入，明末已修族谱③。但直到清前期，沅水流域建立宗祠、修谱牒的宗族并不多，史载辰州府"郡中故族，鲜明以前者，建宗祠，修谱牒，今尚多未逮木本水源，学士大夫所宜考古而大兴之。又郡邑事之有关志乘者，各宜仿史传，就所见详记之，传之他日，即文献之征，此皆读书者分内事也"④。如府属泸溪县，"祭者岁时不缺，但荐于寝耳。至于立家庙、明大宗小宗、合族以食、序以昭穆者，未之见也"。说明当时宗族尚未发展起来。该志卷五《坊市》记载："东市大街：居民稠密，衣冠相望，多世族居之，与西市大街同。"⑤这里的世族也未必有宗族组织。

乾隆时期，辰州府还缺乏宗族组织，应与当地经济开发尚未达到足够水平、聚族而居的规模还不够有密切关系。

据记载，乾隆时期，溆浦县的祭祀之礼还只是清明墓祭，没有祠祭："祭祀岁时不缺，清明墓祭，虽远，哭必尽哀。"⑥而同治年间，溆浦县已经有了不少宗祠，史载"一都上里，有唐氏

---

① 嘉靖《常德府志》卷六《食货志》。
② 同治《武陵县志》卷七《地理第七·风俗》。
③ 湖南辰溪县《米氏通谱》，《米氏宗谱序》，民国三十三年刊本。
④ 乾隆《辰州府志》卷十四《风俗考》。
⑤ 乾隆《泸溪县志》卷八《风俗》。
⑥ 民国《溆浦县志》卷十一《典礼志·风俗》，引乾隆《陶志》。

宗祠"①。据前所录溆浦县氏族表，唐氏为宋代至明代迁居溆浦县的，至此最少也经过了二百多年，正符合移民建立宗族组织的一般规律。下述张氏、向氏大族的发展可以更具体地反映这一过程。

张姓是溆浦县的大姓，在光绪年间"计近各房丁数将近二万"，其族谱云：

> 自东梧公寓辰，鹤老公迁溆，再传万育公，生从龙、登龙、仕龙三公。从龙公生必胜、必仁、必义三公。登龙公无后……仕龙公生必礼、必智、必取、必信、必荣、必显六公。共九大房。这九大房各自散迁繁衍，多则有丁千数，如仁、义、荣、显各房；少亦有丁数百，如礼、智、信各房；至少者，如取公房，亦有百丁。②

向氏也是溆浦大姓，迁入溆浦后，至"义士公始盛，居覃村，生子四""因子孙繁衍，聚族莫容，四房纷纷散处"，使向姓最终成为溆浦"巨族"③。

在沅州府，大概也是在清代中叶以后才陆续建立宗族组织的。同治《沅州府志》卷十九《风俗·祭礼》称："郡中昔少家庙，今则各族多有宗祠，或族姓众，散者就近各立一庙。"府属黔阳县就是这样，据雍正《黔阳县志》卷三《坊乡论》，雍正年间，太平乡的一里"三甲分衙里、梅山、中团三房，族大而骄"，三房就构成一里，称为大族，而且骄横乡里，可见其氏族发展之大。地方官府已特别重视对大族的笼络和利用，因为"驭得其理，其急公奉上，力足以为诸甲之倡"。所以，在地方志中详细说明各

---

① 同治《溆浦县志》卷二十三《杂识》。
② 湖南溆浦县《张氏四修族谱》卷一《三修旧序》，民国十七年刻本。
③ 湖南溆浦县《向氏通谱》卷首，民国二十六年刻本。

里甲的大族大户情况。该志在介绍第二都时，指出"无大户以为之梗，故风多淳"，而石保乡则"其俗悍，大姓为梗"，太平乡"族大而骄"。这些记录说明宗族的形成大体具备了人口规模。同治年间，当地人已竞相建立家庙即宗祠，史称"岁暮索飨，谓之烧年纸，犹古蜡腊之遗，余则上元、中元各私荐于寝，近亦竞置家庙，每岁清明、冬至二祭，合族会食，礼务从丰"①。

靖州地区也在光绪年间普遍建立祠堂："士族多立祠堂，以清明节、十月朔祭。庶民奉主于家堂，岁时献酒馔。"② 同时，族谱的编修也较普遍，如鲍氏，明初由徽州府歙县迁居靖州，后分居黔阳县、芷江县以及广西境内，到清末，黔阳县鲍氏于光绪十八年修谱建祠，靖州鲍氏在光绪十九年修谱建祠③。

在三厅地区，宗族的建立相对较晚。如乾州厅的祭礼记录：

> 知礼之家设木主于龛堂，岁时必祭。凡有嘉会，必祭祖先。三月清明及腊底专祭于墓，虽远，哭必尽哀。乡中不知设木主者岁时为墓祭。……至立祠以祭，城乡盛族贤而有力者为之。④

永顺府的宗族组织也较少。如龙山县，虽然"客民多长、衡、常、辰各府，及江西、贵州各省者，其先服贾而来，或独身持袱被入境，转物候时，十余年间即累资巨万，置田庐，缔姻戚，子弟以次并列庠序，故县属巨族自来客籍为多"。但是直到光绪年间，"邑人鲜宗祠，多供木主家龛上"⑤。

在黔东地区，宗族组织的出现大概也较晚。乾隆《玉屏县志》

---

① 同治《黔阳县志》卷十六《户书·风俗·祭礼》。
② 光绪《靖州直隶州志》卷五《学校·风俗·祭礼》。
③ 靖州《鲍氏族谱》序言，1989年新修本。
④ 光绪《乾州厅志》卷五《风俗志》。
⑤ 光绪《龙山县志》卷十一《风俗》。

卷十《艺文志上》收录了一篇署名胡士芳的《雁门田氏芝草堂族谱序》，其中说：

> 田君角灵，卜居卫城北文水里之高阜，其地在盛明时曾产九芝。豫章坛石熊公时寓平，赋诗纪异，地灵人杰，洵瑞征也。田君今家于此……余因取芝草以名其堂，因堂以名其谱，故曰芝草堂族谱云。考君家世，江南如皋人也。始祖讳弹，为有元世勋。明太祖兴，投诚黔宁王沐国公麾下，随师南征，黔宁目击楚黔边地，苗蛮杂踞，于罗旧驿起至杨林驿，设七十二堡分防，以通往来。以弹贤而能，有征伐功，留守于平，由明迄今三百年于此矣，由弹祖至今十世于此矣。田君惧子姓繁衍，宗派紊失，爰作斯谱。思深哉！

一姓族谱的序能被收入地方志中，既反映乾隆年间当地已开始编修族谱，又可说明修谱收族之事尚不多见。

总之，沅水流域的宗族组织大约是在明嘉靖年间最早出现于常德府，但到清中叶后才开始在沅水中上游地区陆续普及。

（三）士绅阶层的成长及其作用

1. 学校与科举事业和士绅阶层的成长

士绅集团的成长也与经济开发进程有密切关系。不少史料说明，沅水流域的士绅出身主要为科举一途。而一个人要从科举中获得士绅出身，并非易事，首先要克服经济困难。

在辰州府，泸溪县的读书人多来自于经济相对发达的县城和浦市，史称：

> 泸溪山水明秀，人物俊慧。□庠士居城者为多，次则浦市。

率攻苦食淡，诵读声相闻。余乡亦有肄业及之者，顾不能群萃而州处也。文章条畅，不轶于准绳，而乏根柢。不治经史，故空疏无物。或方补弟子员，辄益满不复求进，辍业而谋治生。比遇试，稍温习之，私居课业颇疏。又鲜究声病，少旁通诗词古文者。在前明时，科第相望，卓有名人，近则发闻于朝者绝希。①

县内庠士，往往在补上弟子员后，辍业而谋治生，说明其经济并不宽裕。

在辰溪县，米氏宗族发展较早，经济实力较强，因而"人文蔚起""代代英才"②。道光《辰溪县志》收录的诗文有不少为米氏族人所作。

在溆浦县，农业发展颇有成绩，于是"士简而质，蓬窗草阁，书声琅然。应童子试者，二千余人"③。

在沅州府，"庠序不少，颖苕衣冠亦饶都雅，断韭画粥，寒畯为多，操缦安弦，咏歌不绝。诸大吏按部至此，恒奖励之，然而攻时艺者宜益进而泽于古，讲声韵者当别裁而求其宗"④。读书者虽多，但穷困出身者不少。只有黔阳县"士竞读书，沅郡三属，惟本邑文学称最。……近日士习，多好□□页子戏，此实废业之大者，不可不戒"⑤。黔阳在沅州三县中经济发展水平比较高，故"文学称最"。

在永顺府，史载龙山县"雍正间设学额，乾隆间设廪生额。由是人知向学，富家以诗书为恒业，穷苦子弟争自濯磨，亦不以

---

① 乾隆《沪溪县志》卷八《风俗》。
② 辰溪县《米氏族谱》，《缙绅录》。
③ 民国《溆浦县志》卷十一《典礼志·风俗》，引乾隆《陶志》。
④ 同治《沅州府志》卷十九《风俗·士风》。
⑤ 同治《黔阳县志》卷十六、十七《户书·风俗·士》。

贫废读。二百年来……科第之兴其自此盛矣乎"①。保靖县也是
"义学设而四野子弟知习诗书，书院兴而一邑俊髦咸资教育。人
多倜傥，士鲜奔竞"②。所谓"不以贫废读""一邑俊髦咸资教育"，
明显属于溢美之词。史称"永顺应童子试者千余人，然地僻而瘠，
间有身列膠庠，顿因家计改业者"③。读书者多有因家贫而辍学者，
这一记载应是实情。

乾州厅的记载颇为实际："盖其地瘠，故在庠者多寒士。……
非不欲造就子弟也，无如苦寒者众，诵读无资，子弟年甫成立，
多改业，约谋生在急也。"④ 在学生中，贫困者多，"诵读无资"，
往往一到成年，即改业谋生。

凤凰厅的情形与乾州类似，其士"质多厚重，习屏浮华。其
饬廉隅，耻言奔竞。凡各上宪莅斯土者，咸称士品之淳，他郡莫
匹。所惜前此秀俊之姿为贫所困，或不免以糊口之谋，隳其上进
之志。迩来书院设膏火，延名师，由是争相濯磨，文风骎骎乎其
日上矣"⑤。学子们"为贫所困"，难有功名之望，只有在书院
设立膏火助学之后，才出现改观。

在黔东地区，乾隆《镇远府志》说：

> 旧时为士者绝迹市廛，不得已而出，则巾服秩然，人望
> 而生敬。近则满街都是秀才矣，然贫者多而富者少。文宗即
> 欲徇弊营私，往往不满其欲，士亦深自顾畏，除一二宵小外，
> 罕有干预公事者。其作文类，欲独抒心得，而书籍难购，指
> 授乏人，以故多质美未学之士。施偏冒籍，自昔无闻，乃滥

---

① 光绪《龙山县志》卷十一《风俗·士习》。
② 同治《保靖县志》卷二《舆地志·风俗·士习》。
③ 同治《永顺府志》卷十《风俗续编》。
④ 光绪《乾州厅志》卷五《风俗志·士习》。
⑤ 道光《凤凰厅志》卷七《风俗·士习》。

觞于明末，而混淆于目前，则拨学滋害甚矣。①

所谓"满街都是秀才"，可以反映出教育的进步，但"贫者多而富者少"，实与当地的经济状况相符合，"书籍难购"一语更是反映了当地市场上的图书买卖没有发展起来，这当然不利于学子们增长知识。

上述史料中所揭示的经济贫困、教育落后，以及图书引进稀少等原因，与沅水流域考取功名者非常稀少有着密切关系。据研究，1653～1724年，在湖南省的进士出身者中，辰州府仅占2.6%，1727～1799年，占2.4%。② 如此低的比例，说明辰州府的社会文化发展远远落在全省的后面，不可能出现较多的士绅，对地方社会和经济发展的作用非常有限。

2. 士绅在地方经济生活中的作用

在沅水流域的经济发展事业中，由于科举出身者太少，士绅阶层的作用并不突出。例如，在辰州府的义田设置者中，高位乡绅的作用有限。在他们当中，"董事劝捐出力最多"，主要是出力服务，而并非实际出捐。在道光二十五年的捐资名单中，133位出捐者中，只有1人是乡绅，即捐职千总张化兴捐谷20石。比较起来，庶民地主在捐资活动中的表现突出得多，有15位捐出200石以上的高额捐谷者获得了八品或九品顶戴的身份。更有说服力的是，泸溪县的油行捐谷660石，沅陵县的油行也捐谷440石③，充分反映了辰州府茶桐油贸易的繁荣和商人的作用之大。

此外，泸溪县浦市在改土归流前，苗民经常来骚扰，于是市

---

① 乾隆《镇远府志》卷九《风俗·施秉县风俗·士》。
② 〔韩〕田炯权:《中国近代社会经济史——义田地主和市场关系》，中国社会科学出版社，1998，第91页。
③ 田炯权:《中国近代社会经济史——义田地主和市场关系》，中国社会科学出版社，1998，第91～95页。

绅康文璨倡议捐建了城堡，周围有十二里多，俨然是一座坚固的城池[①]。这一事例也说明士绅"倡议捐建"城堡，虽有贡献，但不一定是捐建的主要人物。

二　族群关系的演变

沅水流域在汉唐以前，居民以少数民族"苗蛮"为主，宋元以后，大量汉族人口迁居这一地区。直到明代，仍是"居城市者，衣服言语皆华人，山谷间颇杂瑶俗"。到了清代中叶，形势大变，如沅陵县，"县之四塞，山川险峻。故自元明以来，他省避兵者卒流徙于此。今之号称土著者，原籍江西十之六七，其江浙豫晋川陕各省入籍者亦不乏。衣服言语皆华人，亦固其宜。山谷瑶俗，今不存矣"[②]。明清数百年期间，在地区经济开发中，土著民族与外来移民之间、汉族与少数民族之间发生了非常深刻的冲突与交往，反过来又对区域经济的发展产生了显著影响。

（一）族群构成的变动

明清时期，汉族逐渐成为沅水流域大部分地区的主体民族，土家族、苗族、侗族的分布范围大为缩小。在土家、苗、侗等民族聚居地及其周边地带，汉族人民日益增多，他们日益深入少数民族地区，而且土家、苗、侗等少数民族也互相迁移和交往，终于形成了聚居区内有杂居、杂居区内又相对聚居的族群构成和分布状况。

1. 汉族主体地位的形成

众所周知，汉族早期主要分布在北方，随着中原王朝统治范

---

① 湘西自治州政协文史委员会：《湘西文史资料》第二十二、二十三合辑《湘西名镇·浦市》。
② 同治《沅陵县志》第三十七卷《风俗》，引明代《郡邑志》。

围的扩大，汉族逐渐向四周扩展。沅水流域在两汉时已设置若干
郡县，汉族开始迁入沅水河谷和盆地。但在东汉魏晋南北朝时期，
"五溪蛮叛"不断发生，表明少数民族势力仍然很大，汉族在当
地居于劣势。直到唐代，各州县著籍户口总计仅有数万。

北宋王朝加大了对沅水流域的开发力度，汉族移民不断增多，
使该地区著籍户口首次突破 10 万人，北宋末期已达 15 万人以上。
南宋时北方汉人大量南迁，进入沅水中游的移民数量也继续增加。
据《元史·地理志》记载，元至正二十七年，辰州路有 416115 人，
沅州路有 243160 人，靖州路有 132745 人，3 路共计有 792020
人。由于当时这一地区的少数民族聚居地基本上尚未开辟，户口
也未计入，故这 79 万人口中，大多数应为汉族移民及其后裔。
其分布地区主要是沅水中游河谷、盆地及各大支流的谷地丘陵。
在汉族移民的挤压下，少数民族的聚居地不断缩小并向山区转移。

明、清两代，发生了更大规模的移民运动，并逐步向各民族
地区渗透，汉族在各少数民族聚居地的地位不断加强，最终在清
代形成了各少数民族地区汉族人口占据人口半数左右的格局。以
苗族聚居地区为例，据民国二十年代石启贵在湘西所做的调查，
在苗族聚居的乾城、凤凰、永绥、古丈、保靖五县，苗族所占总
人口比例如表 5-3 所示。

表5-3 民国时期沅水流域苗区苗族比重

县份	乾城县	凤凰县	永绥县	古丈县	保靖	总计
总人口	83623	102134	116146	40076	126996	468975
苗族	40871	58734	101514	23722	23882	248723
苗族所占比例	48.9%	57.5%	87.4%	59.2%	18.8%	53.0%

资料来源：石启贵：《湘西苗族实地调查报告》第一章第一节《县乡人口》，湖
南人民出版社，1986。

表 5-3 说明，由于明清时期大量汉族人口迁入，苗族人口已降至占苗区总人口的 53.0%。例如乾城县，康熙四十三年设厅时，原编民户 2557 户，苗户则为 1900 户；到乾隆二十九年，则有民户 5110 户、24554 口，苗户 2594 户、14106 口 ①，民户在总户口中所占比重由康熙四十三年的 57% 上升到乾隆二十九年的 66.3%，汉民族逐渐占据了主导地位。

又如永绥县，在雍正十一年建厅之初，只有苗户 5228 户、23638 口；乾隆十六年已徙入民户 1914 户、8721 口；嘉庆二十二年民户进一步增至 3321 户、18455 口，还有寄籍客民 948 户、5619 口 ②，合计汉民已达 4269 户、24074 口，与当年苗户 12103 户、50954 口相比，汉族已占了相当大的比重。

在土家族聚居地区，汉族移民也占了不小比重。永顺县在雍正十二年已有客户 1344 户、5226 口，而土户为 5520 户、28654 口；乾隆七年客户已有 5446 户、26438 口，土户则为 11508 户、55074 口；乾隆二十五年客户有 9155 户、46123 口，土户有 20346 户、113765 口 ③。汉族移民的户口与土家族户口呈现同步增长态势。保靖县也在乾隆二十五年有客户 1418 户、5552 口 ④。

总之，明清时期，在开发沅水流域的过程中，汉族人口不断地向少数民族地区迁移，汉族数量大增，确立了在该地区的社会经济、文化发展中的主导地位，从而使沅水中上游地区汉族的主体地位进一步巩固和加强。

2. 各族群杂居局面的形成

明清时期，汉族向沅水流域大量移民，经过长期发展，在各

---

① 光绪《乾州厅志》卷三《户口》。
② 宣统《永绥厅志》卷十五《户口》。
③ 民国《永顺县志》卷十二《户口》。
④ 同治《保靖县志》卷三《户口》。

少数民族聚居区和边缘地区，逐渐形成了汉族与苗、侗、土家等少数民族相互杂居的局面。

同治年间，永顺府已"客户错居，杂而不纯"。其中，永顺县："永邑惟功全、冲正、西英、田家、罗衣等保系苗人，余俱土人。各保沿边苗人乃土司招徕，使悍御以备藩篱者。"龙山县："龙邑峒寨数十，土苗杂处，间有外来民人附居落籍者，为客家，一体编甲。历经训饬劝禁，土苗蒸蒸向化，客民亦安分。"① 反映了苗、土、汉各族人民杂居共处、共建多民族社会的情景。不仅汉族安于生活，就是苗民也融入了当地社会，史称："乾隆六十年编查县境，苗寨43处，苗民1195户，共男妇大小6138丁口，俱系薙发熟苗，久并入土民甲保内。"② 沅水流域的多民族杂居主要有以下几种情形。

（1）汉土苗杂居

乾隆时期，永顺县已形成汉土苗杂居局面，史载："李氏（李韪瑾，为前任永顺知县）曰：'永顺隶楚极边，土人、汉人、苗民杂处，土人十分之四，汉人三分，苗民亦仅三分。汉人居此，俗与内地同。苗性悍野，贪而多疑，蓄发垂髻……。土民柔懦朴拙……其可取者，男耕女织，不事奢华。"③

永顺县的各民族人口比重发生的变化如下：

在雍正十二年，总人口为10082户、44024口，其中土户为5520户、28654口，客户1344户、5226口，苗户3218户、10144口。

乾隆七年，总户口增至19693户、103683口，其中土户11508户、55074口，客户5446户、26438口，苗户2739户、22171口。

乾隆二十五年，总人口又增至34187户、185021口，其中土户20346户、113765口，客户9155户、46123口，苗户4686户、

① 同治《永顺府志》卷十《风俗》。
② 光绪《龙山县志》卷四《田赋·户口》。
③ 乾隆《永顺县志》卷四《风土志》。

25133 口 [①] 。

可以计算出，汉、土、苗族的人口比例在雍正时为 1：5.5：1.9，在乾隆七年时为 1：2.0：0.8，在乾隆二十五年为 1：2.5：0.5。

再如保靖县，在乾隆二十五年时总户口为 12597 户、52435 口，其中土户 7952 户、34497 口，客户 1418 户、5552 口，苗户 3227 户、12386 口 [②] 。汉、土、苗人口比例为 1：6.2：2.2。

形成汉、土、苗杂居的原因有二：一是改土归流后，汉民大量迁入；二是土司统治时期，不少苗族人民迁入土家地区。

（2）民苗杂居

凤凰、麻阳、永绥、乾州等地，原为苗族聚居区，也逐渐形成民苗杂居局面。永绥厅本来是"生苗六里地，旧无民村，自开建厅治，既已设官而莅长，自当通商而惠农，故数十年来，各营路旁，民居亦聚成村落"。乾州"西北二面皆苗，东为民地" [③] ，几十年间就形成民苗邻处局面。之后，又进一步错杂居住，据民国时石启贵的调查，乾城县共十二乡，有三乡为苗汉杂居；凤凰县共五区，有三区为苗汉杂处；永绥县共十五乡，有三乡为苗汉杂处 [④] 。

除了上述两种情形外，靖州有苗而无瑶，为汉苗侗杂处；绥宁县则为汉苗瑶杂处 [⑤] 。种种史料，举不胜举。汉、土、苗、侗、瑶都是沅水中游地区的主要民族，它们之间的杂居是在长期的经济开发中通过复杂的迁移过程造成的。

还需指出，来自不同时代、不同地区的汉族移民在沅水流域分成许多亚族群，各个亚群之间往往相互杂居。以古丈为例，光

① 民国《永顺县志》卷十二《户口》。
② 同治《保靖县志》卷三《户口》。
③ （清）严如煜：《苗防备览》卷一《舆图》。
④ 石启贵：《湘西苗族实地调查报告》第一章第一节《县乡人口》，湖南人民出版社，1986。
⑤ 光绪《靖州乡土志》卷二《人类》。

绪《古丈厅志》把境内的族姓分成民族、土族、客族、章族、苗族五大类。民族为土官时代最先迁入的土著；土族则为"土著之土著"；客族则为土籍之后民籍之先迁入之族；章族则是宋时江西章姓兄弟之后，入古丈后改姓张；苗族是土官时代招以开垦荒地而迁入的 ①。这里的民、客、章三族可以说就是三个汉族亚群。对于古丈坪的这几种民族，清末时已难以分清谁是土、谁是客，史载：

> 民籍中又有一种客民，多江西之商贩。斯土及辰、永一带，为工杂技于此者，或年久仍为未入籍，其性情嗜好往往习于民俗。亦安静，自营生业，相处于无事之福。自其民视民籍，则民籍土也，客民客也；自民籍视客籍，客籍土而民籍客也；自土籍视客籍，客籍客而土籍土；自章籍视客籍，客籍客而章籍土也；自苗籍视之，则皆客而自土，故苗弁称土弁。然则，古丈坪厅之为客土者，非详考之而主名莫辨。②

总之，各族群之间的关系实际上已难以截然分清。

3. 各民族的地理分布状况

自从北宋开"南江蛮"以后，汉人大量入迁，沅水沿岸的少数民族或融入汉族移民之中，或往离河较远的山地迁徙，例如瑶族，逐渐迁居黔阳县周边的瑶山，而其迁出地遂为汉族移民所居。进入明代以后，特别是清代，汉族移民继续向各支流的低山丘陵迁徙，在各民族地区形成大杂居的局面。在汉族移民的挤压和影响下，各少数民族如土家族、苗族（熟苗）的一部分陆续外迁散居。

---

① 光绪《古丈坪厅志》卷九《民族》。
② 光绪《古丈坪厅志》卷九《民族》。

各少数民族的分布范围日趋缩小，形成几个主要聚居地。在湘西，土家族聚居在永顺、龙山、保靖、桑植、慈利、永定等以武陵山地为中心的区域；苗族聚居在酉水、沅水、辰水之间以腊尔山为中心的永绥、乾州、凤凰等地，以及巫水流域的城步、绥宁山地之中；侗族聚居在潕水、渠水、清水江下游的晃州、沅州、会同、靖州、通道以及贵州锦屏、黎平等地；瑶族除了大部分南迁南岭，少部分融入汉族外，只剩极少如"七姓瑶"退居辰溪与溆浦、黔阳的周边深山之间。

（二）族群关系的演变

在长期人口迁移和经济开发的作用下，沅水流域各族群的关系经历了长期的冲突和隔离，最后逐渐走向融合与和平共居。

1. 族群冲突的根源及表现

族群冲突首先根源于经济利益的冲突。

大量史料表明，明清时期，由于汉族移民大量迁入各少数民族地区，逐渐形成苗族"逼处内地，四面民村"[①]的局面，苗族的生存空间受到严重挤压。由于"元明以来，苗生齿日繁，边隔之间往往多事"[②]，至清嘉庆初年，"通计三厅（凤凰、永绥、乾州）、永（顺）、保（靖）苗寨，往时数不逾千，而今且至四千数，黔之松桃，亦约有一千七十余寨"[③]。苗族人口成倍增长，但其生产方式仍停留在刀耕火种的原始农业阶段，收获既少，就必然向外寻求生存空间。但汉族移民大量迁入，他们在苗寨沿边"聚族而处，望衡瞻庐"，特别是"国朝（清）以来……村庄独繁盛焉"，其中以麻阳、泸溪二县的近苗村庄为最多，限制了苗族的发展余地，

---

① （清）严如熤:《苗防备览》卷十七《要略》。
② （清）严如熤:《苗防备览》卷十六《述往录下》。
③ （清）严如熤:《苗防备览》卷三《村寨考下》。

造成"苗寨如是之繁多,民村如是之逼处"① 的形势。在这种形势下,苗族如果逢上"丰稔之年,可收菽、粟、乔麦等项",如果"稍愆雨泽,所获即少,往往为穷所迫,甘为盗贼"②,群向民村攘窃,引发族群冲突。史载"生苗至内地窃掠……苗妇负背笼随其后"③,说明这种窃掠行为实为生活无着而致。

汉人通过各种手段夺取苗民、土民田地,更加剧了苗、土与汉族移民的冲突。乾隆十二年,湖广总督曾"饬令地方官禁止汉民不许再买土苗田地""只许本处土苗互相买卖",奏折中强调:"夫以一隅有限之苗土,岂容四处无数之购求?"④ 但汉族移民强夺强买苗土田地仍禁而不止,土苗田地日渐减少。如永绥厅,起初"环城外寸地皆苗,不数十年尽占为民地"⑤。到乾嘉时期,苗民遂以"逐客民,复故地"相号召,掀起了大规模的反汉斗争。

文化差异也是导致族群冲突的一个主要因素。在长期的经济发展过程中,各民族社会发展水平往往不同,文化和风俗习惯差异十分明显。由于各民族之间交往有限,再加上封建统治者实行民族压迫政策,各民族之间往往存在较深的隔阂、歧视甚至敌视。各不相同的族群心理一旦渗入到现实的经济利益斗争之中,就会引发严重的族群冲突。土家族由于自五代以后就形成了一套严格的土司制度,与汉族交往已久,发展水平较高,与汉族在文化心理上差异不是很大。自宋代开"南江蛮"以后,侗族地区也开始设州置县,经过长期开发,侗族与汉民的文化差异也不大。唯有苗族,直到清代改土归流,才开辟为"新疆",汉族移民与苗族

① (清)严如熤:《苗防备览》卷三《村寨考下》。
② 《湖广总督德沛奏陈苗疆事宜折》,乾隆三年八月二十四日,《清代档案史料丛编》第十四辑。
③ (清)严如熤:《苗防备览》卷八《风俗》。
④ 《湖广总督寨楞额奏请严汉民置买苗产等事折》,乾隆十二年四月二十六日,《清代档案史料丛编》第十四辑。
⑤ (清)魏源:《圣武记》卷七《乾隆湖贵征苗记》,中华书局,1984。

人民之间的文化差异极为凸显。在清代人眼中，"苗民犷悍轻生，服食起居与内地齐民迥殊"，衣着被称为"卉服"，语言被称为"鸟语"，"苗音夬鸟舌"①，表现出极端的偏见和歧视。直到民国时期，"民族歧视仍极严重。保靖县十八年五月份政治报告里明文规定：禁止苗语苗俗，责令乡主任、保董提倡汉语，禁苗语。九月又规定：禁止唱歌成婚。十一月政治报告里又明文规定：取缔奇装异服，禁止捆帕，禁止苗俗之花彩衣等。省里亦竟批示：服装之奇异，须予取缔"②。

经济上的压迫加上文化上的歧视，引起了苗、汉之间的族群冲突，导致苗族起义不断。早自元代汉族成为当地主体民族之后，汉族移民与苗族的族群冲突就开始增多了。明清时期，湘黔边境汉族与少数民族的冲突时有发生，规模往往很大。苗民反抗斗争又反过来对区域社会经济的发展造成了巨大破坏。史载麻阳县在明初时因"苗祸最酷""前有三十九里，屡遭苗患，居民渐少，明永乐元年减作七里，久未能复"③。明政府设立辰州卫、沅州卫、清浪卫、平溪卫、偏桥卫、镇远卫6卫，实行屯戍，大量强占民田，麻阳的膏腴田土几乎尽属军屯所有④。宣德六年，腊尔山苗族举行大规模起义，明朝派总兵萧授、吴荣率汉土兵力十二万前来镇压。明军"冒暑夜驰，直捣苗巢，掩杀过半，又围其鼠伏者，久之，苗皆出降"。此后，萧授筑二十四堡，"环苗地守之"。至嘉靖中叶，"苗大猖獗"，总兵张岳率兵"大破之"⑤，于是筑设十三哨所，驻兵戍守，增设参将一员驻麻阳镇守。参将孙贤筑七十里边墙。史称当时"常德困惫，辰沅半为贼穴，麻阳溪洞诸蛮，

---

① （清）严如熤：《苗防备览》卷八《风俗》。
② 石启贵：《湘西苗族实地调查报告》第六章《政治司法》，湖南人民出版社,1986，第207页。
③ 同治《麻阳县志》卷一《疆域》。
④ 同治《麻阳县志》卷十三《卫屯》。
⑤ （清）严如熤：《苗防备览》卷十七《要略·屯堡》；同治《麻阳县志》卷一《关隘》。

连结永保，每肆劫争"[1]。嘉靖三十年，明朝政府遂将镇溪十里"生苗"归永顺宣慰司，将竿子坪、五寨司所管苗地划给保靖宣慰司代管；又从凯里、播州招来苗兵，从辰、沅、宝庆招来官军驻守，万历四十三年又开始修筑"边墙"，共长三百八十余里，号称"苗疆万里长城"[2]。崇祯年间，苗族人民掀起大规模的反明风暴，将"边墙"捣毁，又进攻沅州等地，当时"湖南苗獠，尽归于闯王（李自成）"[3]。

清代初年，为了求得稳定，清政府对苗疆实施绥抚政策。康熙中叶以后，随着全国统治秩序的稳定，清政府逐步加强了对苗族地区的管理和控制。雍正时期实行大规模改土归流后，汉族移民与日俱增，汉族与苗族之间的冲突也日渐激烈。据石启贵的《湘西苗族实地调查报告》，乾隆至光绪年间，仅湘西的苗族即有乾隆（四至五年）起事、乾嘉大起义、道光（二十七年）起事、咸丰（五年）起事、光绪（五年）起事等主要起事。其中乾隆末年至嘉庆初年的反清大起义，前后持续十二年，抗击清军十八万，交战百余次，是湘西族群冲突的最高潮，它对湘西整个社会产生了深远的影响。清廷镇压苗民起义后，在苗区实行大规模的均田屯田制度，大肆剥夺苗民田地；又重修边墙数百里，筑汛堡、碉卡一千二百余座，以围堵苗民，加深了对苗族的压迫，这不仅未消除民族矛盾，反而为族群冲突埋下了新的导火线。道光、咸丰、同治三朝，苗民多次起来反抗。官兵修筑的碉堡，往往成了苗民抗争的据点。湘西苗族频繁的反清起事，是该地族群冲突的集中表现。

族群关系的紧张严重威胁到了族群边界地区居民的生产生活。在铜仁府，"苗人每数百长驱，烧劫村寨，或数十成群，

---

[1] （明）章潢：《图书编》卷三十九，《处置》。

[2] 《苗族简史》编写组：《苗族简史》，贵州民族出版社，1985，第89页。

[3] （清）王夫之：《永历实录》卷十二，岳麓书社，1982。

伏草掳掠，凡掠去男女，必多备财物以赎之，如所赎金少，将被掳者加以非刑，有马枷、木靴之类，苦不堪言"①。为了抵御苗族的侵袭，边民的勇武之风相当盛行。如麻阳县，因"地近镇黔，毗连苗寨。缙绅之家亦知用武。历值苗叛，均能以义勇捍卫乡里"②。

此外，土著与移民之间，来源不同的汉族移民之间的冲突，也是不应忽视的重要现象。明代，常德府的土客关系一度相当紧张。对此，嘉靖《常德府志》曰：

> 土民日散而客户日盛矣。客户江右为多，膏腴之田，湖泽之利，皆为彼所据，捆载以归，去住靡常。固有强壮盈室而不入版图，阡陌遍野而不出租粮者矣，如之何？土著之户去国初不相远哉，诚使造册之年清审有法，于土户不许其漏丁，于客丁必责其附籍，公以临之，恕以行之，皆因田以课税定差，庶乎贫富以均，户口不损而客民亦得以自安矣。③

曹树基指出，洪武大移民是经过中央政府准许了的，不应当存在户籍问题，这里的客民应该是洪武以后续迁而来的。由于政府禁止人口自由流迁，洪武以后的迁入者未能在当地入籍，从而成为客民。但他们拥有广大的田土，并不负担赋役，因而与土著关系紧张④。

清代，各地移民之间为了争夺土地等资源，往往"健讼"，这在各地的方志中多有记载。泸溪县"乡民愚悍健讼者，挑构之

---

① 道光《铜仁府志》卷二《地理·苗蛮·恶状》。
② 同治新修《麻阳县志》卷五下《风俗志》。
③ 嘉靖《常德府志》卷六《食货·户口》。
④ 曹树基：《中国移民史》第五卷，福建人民出版社，1997，第396页。

其词，蔓延缴绕，鼠牙雀角，常株连至数十人，经年不结。前官所断重，控诸新官。有司已决，越诉于上宪。因之吏役迁延，苛索巧取。乡老里正坚辞证左，迁就曲直，甚则对神诅咒，杀猫踩径以求胜。此风渐炽，良民深受其害"；此外，有妇女"乡邻近苗瑶者，不知妇道，夫在辄更嫁，故多男女之讼"①。沅陵县旧时"信巫鬼，尚淫祀，少斗讼，寡盗贼"，到道光时期，则是"四都颇好斗，九都颇好讼。好斗者捐生不恤，好讼者破家不悔。近日各乡盗贼风炽，自他邑阑入者尤众，乡人时有戒心"②，可见斗讼之盛。在溆浦县，史载"溆人喜事，多牙角听讼者。公易平难，盖有两是两非。批却导款，非中理解则不服。至其猾者往往声东击西，借彼形此，株连蔓引，观听皆眩。至若依托城社，豪横乡里，而游民无业者，附虎而翼。其奸回无迹，有非禹鼎所能铸者"，又说"溆俗健讼，收词至数十纸，而坟墓山土十居六七。推其原故，经明末牛贼焚掠，文契灰烬。鸠集后户口甚稀，各自开垦插葬，往往于审讯时执其家谱为凭，复不雅训，听讼者无从据断，多至连年不解"③。这一记述表明，由于移民的先后垦殖，才发生频繁的地权纠纷，这是形成"健讼"现象的重要因由。综合泸溪、沅陵、溆浦三县，"健讼"的产生往往由于移民迁入的时代不同，来源不同，汉族内部亚群的重要表现即宗族（族姓）之间必然易生冲突，从而普遍出现了盗繁讼健的现象。

2. 族群关系的演变——由冲突走向融合

尽管族群冲突贯穿了很长的历史时期，但是各族群之间的关系主流并不是冲突（战争或者诉讼），而是和平，是长期的杂居共处，是不断的经济文化交往和共同生活。因为各族群之间不可避免地会发生各种形式的接触，从而加深相互之间的了解，促进

---

① 乾隆《泸溪县志》卷八《风俗》。
② 同治《沅陵县志》卷三十七《风俗》。
③ 同治《溆浦县志》卷八《风俗》。

相互联系的加强。

行政建制为族群关系的发展提供了政治保障，例如三厅的开辟，拉近了汉苗民族之间的距离，加深了相互了解。正如乾隆《辰州府志》所说：

> 辰之四邑旧矣，三厅为初辟，未立之前，吾人为苗所得者，五十里外即不知其何处，数千年争战之区，而地利不明，无怪乎以撮尔小丑而安辑之难也。……今者苗之山川皆我之途径，苗之户牖皆我之耳目。①

三厅设立后，苗疆的山川、道路、风俗、物产等情形逐渐为汉人熟知，经济往来和文化交流随之得到加强。

但是仅有军政建制，仍不能直接导致族群融合。在明清时期，族群之间交往和融合的主要途径是通婚和经济交往。

清廷对湘西民苗结亲与否，其政策有过数次反复。在清初"苗疆"尚未尽辟以前，民苗结亲是被禁止的。雍正九年、十年间，湖广总督迈柱、巡抚赵宏恩等将永顺、永绥二府厅民苗结亲题准弛禁。乾隆二十五年，按察使严有禧因当地居民偶有弃妻逐夫之事，且以同一苗疆有准结亲不准结亲之别，没有划一，奏请将永顺、永绥二处一概禁止结亲。乾隆二十九年，清廷考虑到"民苗结亲之禁，原为防杜汉奸而设，现在湖南苗人，如薙发衣冠改从民俗者，苗汉已难区别""故应请听其互相姻娅，官可不问"，至于"其虽未薙发，而与民杂处之苗，即使禁止其结亲，亦断难禁其来往，仍与查禁汉奸之意捍格难行""不如一概准与民人互结姻亲，使之互相融洽，渐可以民化苗"②。所以清廷又开始允许民苗结亲，

---

① 乾隆《辰州府志》卷三《疆里考下》。
② 《署湖广总督常钧等奏应准湖南民苗互相姻娅折》，乾隆二十九年八月十二日，中国第一历史档案馆：《清代档案史料丛编》第十四辑，中华书局，1990。

以期"以民化苗"。

清廷对民苗之间的经济往来政策也有几度变化。雍正八年，清政府规定，湖南民苗贸易，应另设场市，限定日期时刻，令员弁监视。然而这一规定并未被遵行，"无论何处城市，日有苗人男妇与民人贸易"；乾隆二十九年，民苗结亲弛禁，清廷于是放宽民苗贸易限制，"其苗人赴内地城市贸易，更可听从其便"，将限定场市日期、官弁监视之例，一并停止①。

民、苗之间的贸易，在《清稗类钞》中有一条记载很有代表性：

> 辰州苗民与汉民交易，辄以牛马驮载杂粮布绢之物，以趋集场。粮以四小碗为一升，布以两手一度为四尺，牛马以拳数多寡定价值，不计老少。其法将竹篾箍牛之前肋，定宽窄，然后以拳量竹篾。水牛至十六拳为大，黄牛至十三拳为大，曰拳牛。买马亦论老少，比以木棍，至鞍处自地数起，高至十三拳者为大。齿少拳多则偿昂，反是者为劣，统曰比马。届期毕至，易盐，易蚕种，易器具，以通有无。初犹质直，后则操权衡，较锱铢，几于汉人矣。与亲党权子母，以牛计息，利上加利。岁长一拳，至八拳则成大牛，至数十年即积数十百倍，有终身不能清偿者，往往以此生衅。虽父兄子弟伯叔甥舅，见利必争，且有爱重赂而相卖，争财产而相杀者。②

可见苗人在与汉民的长期贸易中逐渐变得精明而重利，几乎与汉民无异。

经过长期的通婚、贸易等交往，当地少数民族在汉族移民的

---

① 《署湖广总督常钧等奏应准湖南民苗互相姻娅折》，乾隆二十九年八月十二日，中国第一历史档案馆：《清代档案史料丛编》第十四辑，中华书局，1990。
② 徐珂：《清稗类钞·农商类·辰苗交易》，中华书局，1986。

深刻影响下，很多土著渐与汉人同化。乾隆二十九年，按照与民人亲疏远近，清政府将苗民约分三等，"内如徙居村市，依傍民市，薙发、衣冠、耕读无异汉民者，十居二三；其未薙发改装，而与民通工易事、耦居无猜者十之五六；惟一种溪洞瑶苗，性情犷悍，岩居穴处，凭险设防，虽间与民人往来，而好尚不同，猜嫌未化，尚有十之一二"①。经过几十年的族群交往，民苗之间的关系更紧密了，乾隆四十一年，湘西少数民族中，"居近城市，薙发、衣冠、耕读无异编氓者十居五六；未经薙发改装，与齐民耦居交易，互相姻娅者十居二三；其余箐民洞处，耕凿自安，畏官守法，从不与汉人往来（尚有十之一二）"②。与汉民无异的少数民族由"十居二三"上升到"十居五六"，充分反映了各族群之间经过交往正在走向融合的趋势。

在各族群走向融合的过程中，冲突是不可避免的。乾嘉苗民大起义有它爆发的时代背景，即清朝的统治出现了重重危机，但它也有潜在的族群冲突根源。族群冲突的规模越大，则族群之间的相互影响越深。道光以后，湘西再也没有发生像乾嘉起义那么大规模的反清斗争，道光、咸丰、光绪三次苗民起义，不仅规模小，而且目标已不同于乾嘉起义的"逐客民，复故地"，已是抗交租粮，斗争的直接矛头已由汉族移民转向清朝统治者③。从族群关系的角度来说，湘西各族群之间的融合程度确实加深了，各族群之间已经形成你中有我、我中有你，彼此渗透和相互依存的关系，这正是长期的人口迁移和经济交往的结果。

---

① 《署湖广总督常钧等奏应准湖南民苗互相姻娅折》，乾隆二十九年八月十二日，中国第一历史档案馆：《清代档案史料丛编》第十四辑，中华书局，1990。
② 《湖南巡抚敦福奏遵旨陈明苗疆情形及实力查禁汉奸缘由折》，乾隆四十一年十一月十三日，《清代档案史料丛编》第十四辑。
③ 石启贵：《湘西苗族实地调查报告》第二章《历史纪略》，湖南人民出版社，1986。

三　物质生活的变革

（一）衣食住行的变迁

长期的经济开发对人们的日常生活造成的影响是明显的，甚至是巨大的，但另一方面，沅水流域经济开发的成效毕竟有限，造成的衣食住行变化也是有限的。

1. 食品

在水稻等粮食作物种植业得到较大发展的地区，人们的粮食消费水平提高了。玉米、番薯等作物的引种和推广，无疑也大大提高了山民的粮食产量。

在辰溪县，民间食粮已能自足，人们"居常食粳米，间用糯米及荞麦杂粮为资，不时食之，谓之点心。酒亦以粳米或糯米为之，比户家酿，非燕宾承祭，不轻具肴馔。其设席亦不过牲畜鱼鳖之属。荐绅家间用海□款宾"①。清末，永绥厅的水稻生产也能满足本地民食需要："稻，粘稻，近民村地热，八七月获，远苗乡地寨九、十月获。全厅人岁食有余。"②厅民饮食还比较讲究："城市曰朝夕两餐，乡村力作，使用午饭，酒以米谷、高粱、包谷为之，色味各殊。贫者割鸡烹鲤，可以速宾。富者安客，水陆之珍，杂陈于俎。"③

但是，沅水流域民食消费的贫富差距越来越明显。在保靖县，城中富者喜酒、碾米，乡民食粗粮甚至野菜：

邑中市造常酒，味甜，火酒则味较厚，而性劣。市米旧

---

① 道光《辰溪县志》卷十六《风俗志·饮食》。
② 宣统《永绥厅志》卷十五《食货门·物产》。
③ 宣统《永绥厅志》卷六《地理门·风俗·饮食》。

用脱粟稍杵，今则近城纯用碾米矣。但民间食用维艰，安于淡泊俭素者不少。燕会之际，虽较昔日稍丰，而俗多浑朴，尚不踵事增华。至于乡民，丰年常食粗粝、包谷，荒岁纯食葛蕨，园荒不足则食野菜。洵可悯也。①

龙山县民更是在食物上贫富分化严重：

山谷居民，日食杂粮、甘薯、芋魁。岁荒，并采蕨葛济食，取不饥而已。居城市者贫富皆饭稻，其米精凿，极利养生。酒性多峻烈，过饮或致病。惟糯稻酿者曰甜酒，并糟食之，性较温平，呷酒糟。用高粱，夏月浸以山泉，置竹管罌中，吸之最能解渴，又称筒酒，土人喜饮之。土人于五味，喜食辛，菽茹中有茄椒一种，俗称辣椒。每食不撤，此物盖丛岩邃谷间，水泉冷冽，岚瘴郁蒸，非辛味不足以温胃健脾，故群然资之。苗民渴饮溪水，生啖菜根，得畜肉，置火上燎其毛，蒸半熟即食之。②

山民与市民食物各异，土民与苗民情形也不同，说明当地食物消费上分化严重。

由于山土有限，难以利用，山区人民的基本粮食需求往往未能得到解决。如古丈坪厅，居民"刀耕火种，日食杂粮以小米、稷子为食，稻谷甚少"③。一有灾荒或歉收，人们被迫入山采集野生植物充饥。

如在黔阳县：

---

① 同治《保靖县志》卷二《舆地志·风俗·饮食》。
② 光绪《龙山县志》卷十一《风俗·饮食》。
③ 光绪《古丈坪厅志》第九卷《民族上》。

各乡所产稻谷，不足供一岁之食，则杂植收麦、稷、菽以佐之，然亦不多。故问盖藏于此邑，鲜不病歉也。每秋收后，结伴入山，采取蕨根，漉汁作粉以充食，虽丰岁且然。盖以此御我穷冬，而留粟以供来岁耕作也。值荒则采者益众。附近山墅为空，竟穷搜越境，连担而归。[①]

永顺府"四邑山多田少，农民刀耕火种，田畔种菽，无隙地。自始耕至收成，鲜片刻之暇，掘地耘草。……岁稍歉，则入山采蕨、掘苗根，漉粉以充食"[②]。

在靖州会同县，"丰年粒米狼戾，中人之产犹食米粥，以备不虞。偶遇歉岁，辄餐菜食葛"[③]。

直到清末民初，仍有不少地方缺乏食物，如永顺县，"自数十年来，水旱频仍，饥馑荐臻，富者席丰履厚，依然无恙。唯此贫民终岁勤动，不足供一家飨宾，或入山采蕨、挖葛，漉粉以饱饥肠。良可浩叹"[④]。

为了补充食物，下游平原湖区的渔业生产和加工也得到发展。常德府"多干鱼。盐鱼日干，货于四方，颇以为珍，各县俱出，而沅江尤多"[⑤]。

在中上游地区，人民还大量饲养禽畜。据乾隆《辰州府志》卷十六《物产考下》，当地有"羽之属：家生者有鸡、鸭、鹅、鸬鹚等；毛之属：家生者有水牛、黄牛（……畜而货之以供馔）、马（郡邑所畜皆售自苗地，苗民饮馔所需，故产多而鲜良者）、羊（辰郡多山，故民苗多畜之）、驴、骡、犬、豕（俗呼曰猪，辰郡篆

---

① 同治《黔阳县志》卷十六、十七《户书·风俗》。
② 同治《永顺府志》卷十《风俗续编》。
③ 光绪《会同县志》卷十三《形胜志·风俗》。
④ 民国《永顺县志》卷六《地理六·风俗》。
⑤ 嘉靖《常德府志》卷八《物产·货之属》。

者啖以包谷杂粮及树叶野菜，故价廉于他处）、山羊"，等等，禽畜的种类多种多样。

同治《保靖县志》卷三《食货志·物产》也记载当地的养猪情况，"豕，俗呼曰猪，豢者啖以包穀杂粮及構叶野菜等类"。说明禽畜饲养也是人们重要的生产行业，为食物生产的重要门路。

2. 衣着

在长期的经济发展之后，人们的衣着也发生了一些变化，主要是在葛布和麻布之外，增加了棉布、丝料等衣物。但是，总体上看，人们的服饰普遍简朴。

辰溪县："无论礼服、常服，概从朴素。华丽之服，虽素封家亦仅有之。"[①]

保靖县："绅士家祀神见客，衣服亦复华美，平居惟安布素，有衣服鲜艳者，人咸笑之。至于乡民则褴褛者颇多，家虽饶裕，亦不加意服饰。"[②]

永绥厅，人民的衣服"盖皆质素，当暑用葛夏土绢，隆冬御寒，羊裘居多。至于纱罗、紬缎、猞猁、狐狼之属，间有著者，不多见也"[③]。

笔者所见有关衣着变化的史料不多。总之，沅水流域的衣着以朴素为主，华丽者较少。

3. 住房

住房的变化在某些地方比较明显。如辰州府，随着城市和商业的发展，近市商民多构楼而居、城市地价上涨，而山民的居处极为简陋。史载：

---

① 道光《辰溪县志》卷十六《风俗志·衣服》。
② 同治《保靖县志》卷二《舆地志·风俗·衣服》。
③ 宣统《永绥厅志》卷六《地理门·风俗》。

民居近市者多构层楼，上为居室，下贮货物，为贸易之所。无步栏曲房，亦罕深邃至数重者。近日生齿繁盛，民居稠密，地值多倍蓰于十年前。山民依田结庐，傍崖为室，缚茅覆板，仅蔽风雨，设火床以代窦，昼则炊，夜则向火取暖。山深寒早，冬初即然。[①]

城居和山居的不同正是经济发展水平不同的表现。

在永顺府，龙山县的土民居住很简陋，"所居依山结屋，排比无次第。每间枝十余柱，无窗棂，檐户低小，出入尝俯首。室内设火床，翁姑子妇同寝处，鸡犬栖其下，与相习，不知为秽"[②]。

三厅地区的凤凰厅，住房也贫富不同："富者广室大厦，贫者茅椽数间。"[③]

此外，随着清前期区域经济的开发，人民生活水平逐渐提高，土木营建之风随之而起。砖瓦房开始代替土坯、茅草房。湘西一些地方始建砖瓦房。如黔阳县，"砖埴有三处，曰卜冲，曰托口，而桐木称最"[④]。不过当时的砖墙房屋颇为简陋。在古丈，"章籍居处茅屋，富厚之家用瓦砖封砌，而规模狭隘"[⑤]。在乾州："富者抟土砖作墙造室，人丁即多，前后左右不过二三椽板屋而已，最矮小，不雕饰窗牖。"[⑥] 砖瓦房的建造，说明一些地方的人们住房水平得到提高。

至于交通的变革也是巨大的。水运的繁忙、驿路的通行、桥梁的修筑、津渡的建设，不断改变着人们的出行方式。

---

① 乾隆《辰州府志》卷十四《风俗考》。

② 光绪《龙山县志》卷十一《风俗》。

③ 道光《凤凰厅志》卷七《风俗》。

④ 同治《黔阳县志》卷十六《风俗》，引《旧志》。

⑤ 光绪《古丈坪厅志》第九卷《民族上·居处》。

⑥ 光绪《乾州厅志》卷五《风俗志》。

（二）生活方式的变化

生活方式由俭变奢是明清时期许多地区的共有现象，但沅水流域人民的生活方式变化因各地经济发展水平的不同而表现各异。

1.常德府

常德府在明代前期风俗古朴。史称桃源县"民性质朴，郊野事渔猎，嫁娶不亲迎，丧事用浮屠，疾病祀鬼巫，少服药，艺不求工，商不致远，不好词讼，素号易治"。龙阳县也是"地瘠民贫，风俗淳朴，山野之中以农桑为本，水泽之民以网罟为业"①。但到了明代中叶，常德府的风俗已不再淳朴。史载："第以郡当孔道，人聚五方，气习日移，尚侈靡者僭礼踰分之不顾，习矫虔者兢利，健讼之弗已。所谓淳朴之风，或几于熄矣。"② 这一过程在清代再次出现。清前期，武陵县"城乡之众皆能守其本业，以朴素自安"。到了后期，又是"近则外来富商大贾，竞为奢淫，土著之人渐染其习，且踵事而增华，变本而加厉也。安所得转移风化而为之返其朔哉"③。

社会风俗的变化太剧烈，迫使人民做出相应的约束，村规民约的订立就是一种有效而常见的方式。如桃源县的牯牛山乡凉山村有一块清末光绪九年所立"永定章程"石碑，近年被发现，所涉及的范围相当广泛，几乎规定了社会经济中的方方面面，现摘录如下：

> 立公议合约人，黄竹界、蓝竹园、田耳冲、曹家冲、枪木湾众姓人等窃思：朝廷有律，乡党有约，今因盗风肆起，

---

① 嘉靖《常德府志》卷一《风俗》，引《旧志》。
② 嘉靖《常德府志》卷一《风俗》。
③ 同治《武陵县志》卷十八《食货三·物产》。

枕席难安，是以众等公同酌议，重整旧规。所有条款开列于后。

一，私宰、赌博，永革永禁，如有不遵，拿获者赏钱二千四百，犯者罚钱十千八百文。

一，住居、铺店、油房、空屋，不准停留面生歹人，只许中火一宿，如违，公同罚处。

一，盗贼人人所恨，如有拿获喊鸣，团众赏钱一千六百文，公同送官，不得独累失主。

一，境内境外，不论大小之事，设席钱八百文，如有傍事索钱，二三人不准领席，如违，公治。

一，觅食之人，老幼残疾，文钱勺米，倘有三五成群，年力强壮，恃强习索，概不打发。

一，捡柴不准以干带湿，打纸皮，剥桂皮、桑皮拿获者赏钱四百，犯者罚钱八百文。

一，猪牛落耕之后，如有践踏残害山庄，照兜赔补，无分春夏秋冬，各家照管，如违，公罚。

一，参商打□，凭公理剖，如有不遵，罚钱二千四百文。

一，春冬笋、水竹笋，当年各有疆界，不许紊挖乱扯，如有犯者，每根点数，罚钱四百文。

一，荒山茶，各取其山，如有紊摘野茶及蕨子，捕获者赏钱一千文。

一，山庄包谷、田禾、薯芋、杂粮，只许自取自山，如有犯者与贼同论，公同重罚。

一，楂子、桐子寒露开山后十天方许野捡，如违，罚钱四百文。

一，夜行有急事者，必要拿火，报名，如不报名者与贼同论。

一，牛肉勿论灾瘴跌损，定价三十二文，如若不遵，罚钱四百文。

以上条款务须谨守，土能生万物，各有疆界，如有恃强不照规者，公同送上惩治。光绪九年冬月吉日众等公立。

可以看出，这一章程重在防盗，反映了保护生产生活秩序的需要。

2. 辰州府

辰州府在明代前期，风俗古朴，正如同治《沅陵县志》第三十七卷《风俗》所云：

> 读《侯志》暨鄢、刘两志，风俗之美，可得言矣。农安于田，贾安于市，读书士子勿论。无武断乡曲、把持官府之事。即有发于公义、激于公愤者，亦往往不敢轻举。以故上控、京控之案，二百余年间不一二见。而官斯土者皆号称易治，俗盖质而朴也。

明代后期，辰州府各县的风俗变化不一。万历《辰州府志》记述了各县风俗云：

> 沅陵为郡首邑，民性淳朴，山谷间至有皓首不识官府者，士攻诗书，尚礼仪，然浮文日胜，浸流虚伪，挽回之术，端自儒者始也。泸溪僻处山溪，密迩瑶獠，言服最为朴素，在昔丧礼多用浮屠祷祀，多事巫祝，今士知向学，民知守礼，非复五溪之旧矣。辰溪民劳稼穑，士惜羽仪，隆万以来文风渐振，虽鄙吝太过，然治生为急，不犹愈于奢侈乎。溆浦男事耕畴，女勤纺织，入官者多尚名节，作士者亦务诗书，但盗繁讼健，余风犹未殄耳。①

① 乾隆《辰州府志》卷十四《风俗考》，引万历《侯志》。

上述记录表明，沅陵县"民性淳朴"，只有士子"浸流虚伪"；泸溪县"言服最为朴素"，"士知向学，民知守礼，非复五溪之旧"；辰溪县"民劳稼穑"，"隆万以来文风渐振"；溆浦县男勤耕，女勤织。这些描述都说明，辰州府的风俗在明后期并未出现明显的由俭转奢现象，其原因应该与经济开发不足有关。

清代，辰州府出现了一定程度的从俭到奢的变化。史称"辰有古风，敦质为俗，士敷以文，纲领群族，冠裳雍雍，众庶穆穆，野无机心，市无伪鬻，虽近苗瑶，尚鲜盗狱"①。到了康熙年间，沅陵已是"市井爱竖层楼，饮食混嚣"。泸溪也是"莠民杂处，末流浸染，淫巧靡靡之习，□讼悻悻之风，诚有如旧志所云，浦市为尤甚"。辰溪也已"人情变态不常，且负气悻戾不相容。然士多倜傥，农勤稼事，千金子弟未尝骑马张盖，平民安业，其淳朴之风犹未尽散也"。至于溆浦县，"懦民客居，辄附大户完粮，久之遂名为小户，任大户苛派诈害。苗瑶依山负固，抗粮抗役，性与人殊，其何道以惩创而安集之"。不过，乾隆年间发生的变化仍是有限的："近虽渐即于奢，而以视他处之骄侈浇漓，则仍近古。"②

总之，清代辰州府的风俗变化是缓慢的。乾隆年间记载表明：

> 辰郡士风雅而质，旧日衣冠稍朴，今亦彬彬矣。闭户自爱者众，出入公庭者寡。……其俗为近古。
>
> 讼狱，辰郡最为稀简，乡民有皓首不至城市者，然亦有为讼徒奸胥所愚教，猿猿升木，蔓延不止。
>
> 郡中贫者甚多，皆务力作，以糊其口。故盗贼鲜少，户不夜闭，湖南所仅有也。

---

① 乾隆《辰州府志》卷十四《风俗考》。
② 乾隆《辰州府志》卷十四《风俗考》，引《旧县志》。

郡中无娼优陋习，梨园牒子皆来自外境。①

这些描述都反映出辰州府的风俗变迁是有限的。

辰州府风俗的移易及其大小受制于经济发展程度。在经济有所发展的地方，风俗就有明显变化。沅陵县以前"信巫鬼，尚淫祀，少斗讼，寡盗贼"。同治时变成"四都颇好斗，九都颇好讼。好斗者捐生不恤，好讼者破家不悔。近日各乡盗贼风炽，自他邑阑入者尤众，乡人时有戒心"②。康熙年间，沅陵县"男勤稼穑，雅有唐魏之风。女工纺绩，不知粉黛之饰"。同治时"近渐奢华，求如当日鄙野之俗，转不可得。然奢而不至于豪，华而不流于侈。以视通都大邑，又较近古"③。可见，沅陵县的风俗变化并不是很大。

在泸溪县，人民受外来商民影响较大，健讼之风盛行，末流浸染较深。史称："泸邑风俗勤俭厚朴，在楚南为良。然莠民杂处，末流浸染，诚如旧志所云，淫巧靡靡之习，计讼悻悻之风，司风教者当思挽回而复之古者也。"④ 特别是浦市，"四方商贾辐辏焉，屋宇栉比，街衢纵横，居民率弃本逐末，习尚稍繁华，不如他处淳朴"，因"沅陵、泸溪、辰溪、麻阳诸县民杂处，易藏奸□□，向设溪洞巡检司，康熙五十二年裁去，以辰州府通判移驻管辖之"⑤。

在开发地方资源的过程中，桐、麻二油的贸易和铅、铁矿藏的开采对泸溪县的风俗产生了很大影响。明代，泸溪知县吴一本就说：

---

① 乾隆《辰州府志》卷十四《风俗考》。
② 同治《沅陵县志》第三十七卷《风俗》。
③ 同治《沅陵县志》第三十七卷《风俗》，引康熙丙午《鄘志》。
④ 乾隆《泸溪县志》卷八《风俗》。
⑤ 乾隆《泸溪县志》卷五《坊市》。

　　按泸溪物产俱同他处，惟民所重在食与货，顾崖山瘠土，五谷鲜有，□□丰年所入，仅足以克衣食，可无饥寒耳，其以货兑银而可以足公私之用者，莫大于桐、麻二油也。故商人先期合约以定价，或临期计值以贸易，而溪洞沅漵之河，舟船辐辏焉。吾民之欲称货而输纳者，胥此赖之。夫何桐子不结，麻以虫蠹，几十年于兹，而官私之费悉取足于谷粟焉。斯民匮矣。岂泸俗日漓、天固降灾于民欤，抑官多失政，其戾气致异如此也。

　　这里就认为茶桐油的贸易使得"泸俗日漓"，逐渐失去了原有的淳朴民风。

　　铁、铅矿的开采则引来了众多的"狂客豪徒"，以致经常发生斗殴。史载泸溪县的地方秩序即因此而颇不安宁：

　　若夫货之为民害者，则在于铅铁焉，昔年四都地方掘地出铅，一时狂客豪徒告县请开，时遇署官惟利其课之入，而不虞其害之集，乃给帖许之，卒之利孔一开，旬日间引惹边夷至数百人，日操戈从事，几成大衅。余初莅任，闻之骇甚，即委赵典史多带民兵驱其众而塞其穴，固封之，仍申详道府，严示禁革，而地方颇宁，此固物产之大者，切勿可听□民而贾祸也。故论物产而分别其利害，大较如此，则后之继令者利兴之而害则严为之除。①

　　这里讲的是明代的情形，也足以说明地方风俗与经济发展的关系。

　　辰溪县的人民主要以耕读为业，经济发展对风俗的影响有限。

---

① 乾隆《泸溪县志》卷七《物产·货属》。

明万历《县志》说："平民安业，少盗寡讼。在官之役，劳苦无怨望。牲畜逸入人家，归还无匿。"道光时辰溪"邑地瘠，人情喜俭。其风近古，尚气节，然未免因俭而啬"①。

溆浦县在康熙年间，"风俗俭朴"。到了晚清，风俗渐变，"道光末年，风气渐开，中人产渐衣裘帛，宴客稍丰。然近山谷各处，力耕苦作，悃愊无华，犹仍其旧"②。

总之，辰州府四县因为经济环境有差异，风俗变化各不相同。

3. 沅州府

沅州在明中叶时，风俗古朴，史称"士朴女愿，力耕勤穑。逐末者少，亦不好狱讼。此三县旧俗也"③。不过，由于接近苗疆，"界黔楚之交，踞常辰之上，过泸溪而祠传辛女，裁晃驿而州接夜郎"④，因而渐染苗俗。朱炎《全郡风俗论》称：

> 楚俗轻僄，而沅错苗疆，渐染蛮俗，于全楚为尤剧也。筚路蓝缕，其陋犹存巫歌哀些，其音亦俚，以云邹鲁之礼乐，吴越之文章，则瞠乎后矣。而忧思勤啬，颇有葛屦履霜之风焉。所谓贫不学俭而自无不俭者，其此谓乎。⑤

清代中叶以后，沅州府风俗渐变。同治《麻阳县志》说："麻阳依山而居，临水而渔。昔称简朴，今渐浇漓。"沅州府由俭变奢的进程缓慢，这与农耕为主业的经济格局不无关系。

4. 靖州地区

靖州的不同地方，风俗变化受到经济的影响也各不相同。会

---

① 道光《辰溪县志》卷十六《风俗志》。
② 民国《溆浦县志》卷十一《典礼志·风俗》，引康熙《袁志》、乾隆《陶志》。
③ 同治《沅州府志》卷十九《风俗》，引《正德沅州志》《朱志稿》。
④ 同治《芷江县志》卷四十四《风土志》。
⑤ 同治《芷江县志》卷四十四《风土志》。

同县，"康熙间，靖牧祝钟贤志云：尚义节，勤耕稼，旧颇悍黠。今丕变矣"①。随着商业的发展，靖州出现了经商之风，职业结构也发生明显变化，如光绪年间，在总计33873人中，士2576人，占7.6%，农27219人，占80.4%，工1528人，占4.5%，商2550人，占7.5%，商人队伍已经不小②。绥宁县，"里分上下，上里民淳，下里民刁"③。通道县"僻处一隅，界连黔粤，民杂汉苗，耕凿相安于无事"，在清初，汉民"惟事农业，火耕水耨"，嘉庆时已是"风气渐开矣"。其民"衣冠蒸会，在昔率从简朴，今则踵事增华，以高粱文绣相竞尚矣。惟平素饔飧，则在城曰再食，在乡曰三食，相沿弗易焉"④。

5. 永顺府

永顺府的风俗似乎没有明显的由俭变奢现象。同治《永顺府志》卷十《风俗》称："土民散处山谷间……耕织外不事商贾，无奢华之习。"光绪时，龙山县民"多勤劬力田，不逐末，衣食俭觳。富族奢丽，一里率二三家"⑤。同治时，保靖县"民多朴直，无一点繁华之习。男勤于耕，野无旷土。女勤于织，户多机声"⑥。在古丈坪厅农村，光绪年间仍"重耕农，而朴拙淳直"。其城市则"商贾亦稀，故其民性勤俭，男女操作无惰，□风其□，不喜奢侈。财货之源既少，故啬出纳之吝。不喜造作"⑦。

6. 三厅地区

乾、凤、永三厅的风俗也没有向奢靡转化的明显趋势。乾隆时期，乾州厅"其民务本力农，黜浮尚朴……其鄙俚怪诞，强悍

① 光绪《会同县志》卷十三《形胜志·风俗》。
② 光绪《靖州乡土志》卷二《实业》。
③ 康熙《靖州志》卷一《风俗》。
④ 嘉庆《通道县志》卷八《风土志·风俗》。
⑤ 光绪《龙山县志》卷之十一《风俗》。
⑥ 同治《保靖县志》卷二《舆地志·风俗·民风》。
⑦ 光绪《古丈坪厅志》卷九《民族上》。

愚顽"。凤凰厅"地瘠俗勤，秀俊之士，不求上进，甚且辍业而逐锱铢，躬稼穑。四民朴鲁者多，巧诈者少"。永绥厅"民自内地而迁，历年开垦，渐觉充裕。崇尚朴素，负性刚劲"①。道光时，凤凰厅还是民风简朴，不喜争讼民习："其性淳朴，其用俭啬。服物器皿不尚华丽。祭脯敛钱总从简省。"其职业结构则以农战为主："乡居力农者多，城居习业不一，入营伍者居其半，或为商贾，不过挟微资以贩卖，或为工匠，不能作奇技以悦人。前厅潘口称其地瘠，俗勤风尚质朴，斯言真不易矣。"②永绥厅直到清末仍然"士习端谨""民风质朴""民风质朴，不尚浮华，讼亦简少"③。乾州厅民仍然"务本力农，遗风未泯。黜奢崇俭，古处犹敦"④。

7. 黔东地区

在黔东，清代风俗渐同内地汉人，也无明显的奢华之风，史称铜仁府"郡居辰、常上游，各土司中，汉苗杂处，人多好巫而信鬼，贤豪亦所不免，颇有楚风，然农知务本力田，士尚右文好学。虽苗獠种类不一，习俗各殊，而声教渐敷为之丕变，兼之舟楫所通，商贾所集，化行俗美风景，犹类中州"⑤。

在交通和商业比较繁荣的镇远府，至清中期已民风大变，但不是由俭转奢，而是农村由狩猎改为牛耕，城市中人已接受汉文化。据乾隆《镇远府志》卷九《风俗》记载，施秉县旧时"汉彝杂处，其男女服饰起居未免失于粗鄙，古人曾为勒碑禁之，而偏桥江外屯村以楚之遗风，染蜀之悍习，颇称奸顽难治。惟城中力本右文，饶有中州风范"。天柱县则"自有明建县以来，人

---

① 乾隆《辰州府志》卷十四《风俗考》，引《乾州厅王志》《凤凰厅潘志》《永绥厅段志》。
② 道光《凤凰厅志》卷七《风俗》。
③ 宣统《永绥厅志》卷六《地理门·风俗》。
④ 光绪《乾州厅志》卷五《风俗志》。
⑤ 道光《铜仁府志》卷二《地理·风俗》。

以剽悍为上，苗以劫夺为生。今则易刀剑而牛犊，易左衽为冠裳，好勇习斗之风日益丕变"[1]。其中原因，既有汉人的直接影响，也有政府官员的引导。

总而言之，沅水流域各府州的风俗变迁很不平衡，在经济发展明显的地区，存在生活方式由俭变奢的现象，而在经济发展落后的地方，长期风俗俭朴而不变。当然，究其缘由，除了经济发展的水平差异，还有民族交往的密切程度，以及自然环境的不同影响。正如光绪《靖州直隶州志》所说：

> 州多山居，故民尚朴。风气融结，故民俗厚。士多秀润，故易与为善。人寡欲，故易足。无平原大泽生殖之繁滋，故人多俭。山险水激，不便于商贾，故无奇货，而用不繁。农固其业，商廉其本，故人自足，而不轻去其乡。[2]

最后还需指出，沅水流域各地少数民族的社会生活也发生了或大或小的变化。如土家族，在土司时期，在服饰上男女不分，改土归流后，男女服饰渐有区别；在饮食上，稻米和玉米成为主食[3]。在永顺府，"土民散处山谷间，男女短衣跣足，以布裹头，服斑斓之衣。惟耐寒，虽隆冬止单布衣"[4]。这一课题内涵丰富，值得我们继续深入作专题探讨。

---

① 乾隆《镇远府志》卷九《风俗》。
② 光绪《靖州直隶州志》卷五《学校·风俗》，引《州吕志》。
③ 游俊、李汉林：《湖南少数民族史》，民族出版社，2001，第280、281页。
④ 同治《永顺府志》卷十《风俗》。

第六章
沅水流域社会经济内部差异

明代以前，沅水流域的经济开发集中于河谷和山间盆地。明清时期，由于滇黔大开发与湖广大开发的共同作用，夹处其间的沅水流域经济开发的步伐也不断加大，并由河谷、盆地向丘陵、山地扩展。由于区域内的自然资源和环境条件不同，加上区域内的民族分布及其关系等影响，区域内部的经济与社会差异逐渐出现和扩大。

一　区域内部自然资源和环境的差异

通过对土地开垦和水利的考察，我们可以看到沅水流域的水土资源分布很不平衡，这是导致流域内经济开发成效和水平不同的自然条件。

就土地资源而论，在辰州府境内，各州县就颇有不同。乾隆《辰州府志》卷九《赋役考》引述明代官员侯加地的话说："辰郡四望皆山，厥土硗确，厥田下下，沅州、溆浦稍称沃壤，辰溪次之，麻阳、泸溪又次之。"可见一府之内，各县的土壤肥瘠差别很大。

以气候条件而言，从常德府到辰、沅以及永顺、三厅地区，随着地势、地貌和植被状况的变化，在气候方面的差异也是显而易见的。乾隆《辰州府志》卷六《星野考·气候》云：

> 郡届湖南之西，由长沙以迄桃源，水多地平。由桃源而入辰州，凡三厅四邑，率山多地寒。气候较桃源为稍迟。三厅苗地又较郡邑凉暖为差殊。永绥则尤甚，岗峦丛叠，岚雾侵蒸，奇寒之苦，甚于北方。春冬咳唾成冰，虽盛夏，早晚必衣夹衣。一岁热不过数日。蝇蚋鸟雀之属，近始间有之。秋深方食夏菜，春深草木始萌。山民苗族，向火之日为多。至厅邑城市，虽稍平旷，然亦寒得十之七，热仅居其三。春常霾雨，寒甚于冬。五月中犹时挟纩。立秋日晴，则后二十四日大热，甚于三伏。是日雨则凉暖不常。谚云："秋风十八暴"，言雨多也。中秋前后即衣薄絮，雪深尺许则恒冻。冬骤雨则轰雷。晴则腊月常温。四山中，田不多有。民与苗各因山之所宜，占四时之候，以为收种。较他境或稍异。获于山者寡，故所收多杂粮。由辰州而上，如沅州、永顺诸郡，其风气寒暖，又与辰殊云。

这里描述的气候差异，在常德府、辰州府四邑、三厅、永顺府、沅州府之间都存在，风气寒暖都有不同。它有海拔高度不同的原因，也有植被不同的原因，还有水土不同的原因。气候条件的不同导致了农业发展的显著差异，例如在三厅当时的气候环境下，不仅人类难以适应，而且许多农作物也不易正常生长。所以形成了种植业的差异。

黔东地区的气候与湘西类似。史称铜仁府"与楚相近，寒暑亦与楚相似。铜仁气候，一日之间，晴雨不同即寒暄顿易。郡多山田，虽阴雨连绵，趋泄不至于潦，惟久晴非所宜"①。在相同的气候环境下，农业生产面貌也大致类似。

不过，随着地区开发的推进，气候逐渐发生了变化。乾隆《镇远府志》卷七《气候志》说：

> 若贵州，或相隔不百里、五六十里、三四十里，而寒暖大异者，何也？……古州最酷热……黎平、都匀、乌撒最酷寒……至瘴疠气，往时无处无之，近则承平日久，田土开辟，深林密菁，斫伐无余，镇远以西、偏桥以北绝无此患矣。

气候变化的程度不同，也会对地区农业经济的差异产生影响。

二　人口资源与社会环境的区域差异

关于民族分布和民族关系的状况对地区经济的影响，已有不少研究成果，特别是地方史、民族经济史、民族关系史研究。②本节所要阐述的是，人口密度、风俗、民情等状况也影响着区域经济的发展。

（一）人口分布的差异

如果考察沅水流域内部，可以看到，各地的人口分布也是很不平衡的，表6-1反映了从唐代经宋代至元代的人口分布变化。

---

① 道光《铜仁府志》卷一《天文·气候》。

② 参见伍新福《湖南民族关系史》（民族出版社，2006），游俊、李汉林《湖南少数民族史》（民族出版社，2001）等著作。

表6-1　唐宋元时期沅水流域部分地区户口比重的变化

时代与地区	户数（户）	口数（口）	所占比重（%）
唐朗州	2149	10913	15.2
宋鼎州	41160	205800	58.7
元常德路	206425	1026042	79.7
唐辰州	9283	39225	54.5
宋辰州	7913	39565	11.3
元辰州路	83223	115945	9.0
唐巫、叙州	4032	14495	20.2
宋沅州	10565	52825	15.1
元沅州路	48632	79545	6.2
唐奖、业州	1672	7284	10.1
宋靖州	10475	52375	14.9
元靖州路	26594	65955	5.1
唐代总计	17136	71917	100
宋代总计	70113	350565	100
元代总计	364884	1287487	100

说明：表中唐代户口数据《旧唐书·地理志》，宋代人口数据《元丰九域志》户数按1户5口推算，元代常德路户口数可能有误，可做参考。

资料来源：据第一章各表推算。

表6-1说明，如果比较沅水流域上、中、下游各地区的著籍人口比重，可以发现，唐宋元时期只有下游常德地区的人口实现了大幅度增长。常德地区的人口在唐代为15.2%，宋代提高为58.7%，元代高达79.7%；中游辰州地区的人口在唐代尚占54.5%，宋代降至11.3%，元代跌至9.0%；上游沅州地区，人口密度逐代下降，元代仅为6.2%；靖州地区也在元代降至5.1%。这一演变趋势与整个流域在唐、宋、元代的经济开发进程是基本一致的，也反映出流域内的经济开发是从下游向中上游地区逐步推进的。

到了明代，人口增长形势发生了明显变化。大量移民的迁入导致沅水中游地区人口大幅度增长，使得整个流域人口的分布格局发生了巨大变化（见表6-2）。

表6-2　明代沅水流域部分州县编里与户口的比重

府州名	州县名	里数（里）	户口数	人口所占比重（%）
常德府	武陵县	45	21145 户 144544 口	37
	桃源县	31		
	龙阳县	29		
	沅江县	5		
	小计	110		
辰州府	沅陵县	58	20332 户 156724 口	40
	泸溪县	13		
	辰溪县	8		
	溆浦县	24		
	沅州	27		
	黔阳县	22		
	麻阳县	8		
	小计	160		
靖州	靖州	22	9976 户 88690 口	23
	会同县	27		
	通道县	5		
	绥宁县	33		
	小计	87		
合计	15 州县	357	51453 户 389958 口	100

资料来源：万历《湖广总志》卷十一《户口》。

表6-2说明，万历年间，常德府的人口比重降至37%，辰州府（包括沅州三县）地区的人口比重大幅上升至40%，上游靖州地区的人口比重也提高到23%，这是中上游地区得到空前开发的结果，反映出沅水流域的经济开发在明代出现新的不平衡，辰州府成效最大，其次是靖州地区，至于常德府，发展幅度要小于中上游。

清代，沅水下游常德府的经济地位又大幅回升，而且中上游地区继续成为流域内部经济开发和增长的主要地区。据刘泱泱的研究，湖南全省在嘉庆二十一年时有人口 18754259 人，全省平均人口密度为 89.31 人 / 平方公里（面积以 21 万平方公里计算）。沅水中游地区的人口密度平均为 60.38 人 / 平方公里，已占当年湖南全省平均密度的 67.6%。嘉庆二十一年，湖南各地区的人口密度如表 6-3 所示。

表6-3　嘉庆年间湖南各地人口密度分布

（单位：人/平方公里）

地区	长沙	衡州	宝庆	岳州	常德	澧州	永州
人口密度	102.54	135.22	72.70	135.62	102.11	66.25	69.63
地区	郴州	桂阳州	辰沅	靖州	乾凤永绥	永顺	全省
人口密度	74.15	112.03	70.25	61.44	30.73	47.41	89.31

资料来源：刘泱泱《近代湖南社会变迁》第二章《人口与民族》，湖南人民出版社，1998，第 23、40 ~ 44 页。

表 6-3 说明，地处下游平原的常德府已经与长沙、岳州、桂阳州、衡州等府州密度相近，位于流域中上游的辰、沅两府和靖州已经和宝、澧、永、郴等府州的人口密度处在同一水平上。在经济开发的作用下，沅水流域的人口密度已经赶上或缩小了与开发较早、发展较快地区的差距。只有三厅地区，因为地理条件复杂、苗族经济发展有限，人口密度远低于全省水平。

以上所述，只是就全省而言，可以清楚地看到清代沅水流域的经济开发成就。然而更应看到，在沅水流域内部，也存在不可忽视的区域经济差异。大体说来，常德府为最发达地区，辰、沅两府次之，再次为靖州，复次为永顺府，最落后的是三厅地区。

下面再以沅水中上游各县人口密度及其变化情况，反映区域内部的具体差异（见表 6-4）。

表6-4　清代沅水流域部分州厅县人口密度

(单位：人/平方公里，平方公里)

县份	面积	人口密度	县份	面积	人口密度
龙山	2760	雍正 32.67 嘉庆 51.43 同治 53.82	辰溪	2167	乾隆 67.67 嘉庆 91.85
永顺	3803	雍正 8.64 嘉庆 59.42 同治 27.87①	溆浦	3650	嘉庆 67.90 民国 91.39④
古丈	1291	光绪 20.75 民国 31.04②	麻阳	1503	康熙 46.82 嘉庆 108.87 同治 118.30
保靖	1786	雍正 11.39 嘉庆 54.22 咸丰 51.67	芷江	1939	乾隆 45.44⑤ 嘉庆 57.35 宣统 153.22
花垣	829	雍正 28.51 嘉庆 90.99 光绪 81.19	黔阳	1640	嘉庆 117.40 民国 131.45⑥
吉首	1032	乾隆 37.46 嘉庆 49.32 同治 53.15③	会同	1891	嘉庆 52.91 同治 58.16
凤凰	2154	乾隆 23.85 嘉庆 34.67 道光 34.70	靖州	2157	乾隆 71.09 嘉庆 123.39 光绪 37.04
泸溪	1628	康熙 10.20 嘉庆 57.47	绥宁	4088	乾隆 49.16 嘉庆 48.16 咸丰 50.74
沅陵	6082	嘉庆 61.59	通道	2159	乾隆 35.24 嘉庆 30.17 道光 31.56

　　说明：①永顺户口直到民国初年一直包括古丈户口，故应算入古丈面积。②古丈是道光二年由永顺县析置设厅的，但户口仍归永顺，这两数字见光绪《古丈坪厅志》卷十《户口》，共60130户、26792口；石启贵《湘西苗族实地调查报告》第一章第一节《县乡人口》，共40076人。③吉首按户口比例换算，即嘉庆道光时平均一户4人，则咸丰应有44220人，同治时有54852人。④据刘梦熊《溆浦县乡土地理教科书·户口》(民国十五年刻本)，民国七年为63446户、333589口。⑤嘉庆二十二年沅州西部

析置晃州厅1418平方公里，故此前应计入晃州地。⑥据曾继梧《民国各县调查笔记·黔阳》，民国二十一年有215579人。

　　资料来源：表中人口数字采自光绪《湖南通志·户口》及各厅县方志，面积数字采自《湖南省志·地理志》上册，湖南人民出版社，1961，第12～20页。

　　由表6-4可知，沅水中上游地区十几个州厅县在嘉庆二十年前后的平均人口密度为68.07人/平方公里。其中，超过这一平均密度的有作为统治中心的靖州本州（123.39），位于河谷地带的黔阳（117.4）、麻阳（108.87）和辰溪（91.85）以及属于交通要冲的花垣（90.99）等县。

　　人口密度属于中等水平的有群山环抱的溆浦（67.90），山峰林立的沅陵（61.59）和泸溪（57.47），土家族聚居的永顺（含古丈，59.42）、保靖（54.22）和龙山（51.43）以及密迩清水江流域的芷江（57.35）和会同（52.91）。

　　人口最稀少的为位于上游最南部的绥宁（48.16）、通道（30.17）二县和苗区吉首（49.32）与凤凰二厅（34.67）。

　　以上就沅水中上游部分地区内部人口分布不平衡进行了比较，可以看出，一个地区的人口密度与其在区域经济开发中的地位有着密切的联系。

　　至于黔东地区的人口密度，曹树基有系统考察，现引述如下：

　　　　松桃厅1776年为39.1，1820年为51.0；
　　　　铜仁府1776年为25.4，1820年为32.9；
　　　　思州府1776年为38.7，1820年为46.0；
　　　　镇远府1776年为40.6，1820年为48.4；
　　　　黎平府1776年为23.7，1820年为28.2。[1]

---

[1] 曹树基：《中国人口史》第五卷，复旦大学出版社，2002，第713页。

这样的人口密度比起表6-4中的湘西来说，普遍要低一些，这是与其经济开发水平相适应的。

（二）区域内部各地社会环境的差异

地方社会环境对地区经济的发展具有重要影响。其中政治环境可以通过当时的行政评价得到一定的反映，而社会综合环境则可以从地方风俗中得到总体的说明。本节以明代为例展开初步论述。

明人章潢《图书编》对沅水流域部分州县的繁简有明确的断语，可以反映各地的行政差异（见表6-5）。

表6-5　明代沅水流域各州县行政评价

州县	编里数	评价	州县	编里数	评价
武陵县	45	淳冲烦	桃源县	52	险峻淳简
龙阳县	29	淳简	沅江县	5	—
沅陵县	58	烦冲	泸溪县	12	险峻淳
辰溪县	8	—	溆浦县	34	险峻淳
沅州	26	险淳烦冲	黔阳县	22	—
麻阳县	7	险峻僻简	靖州	29	刁烦
会同县	28	—	通道县	5	—
绥宁县	35	冲烦僻	永顺司 保靖司	2 1	—

资料来源：（明）章潢《图书编》卷三十九《地理·湖广》，文渊阁四库全书本。

可以看出，武陵、龙阳、桃源、泸溪、溆浦、沅州等州县得到"淳"的评语，龙阳、麻阳、桃源等县得到"简"的评语，麻阳、绥宁等县得到"僻"的评语，武陵、沅陵、沅州、绥宁等州县得到"冲"的评语，武陵、沅陵、沅州、靖州等得到"烦"的评语，桃源、泸溪、溆浦、麻阳等得到"险峻"的评语，靖州得到"刁"的评语。做出这些不同的评价，虽然不一定准确，但并非全无依据，至少能说明各地的处事环境是有差别的。而且，"冲"、"烦"与"淳"并存，或与"僻"并存，也反映出当地的行政环境并不单纯。

此外，绥宁县"瘴多、民悍"，麻阳县"与苗杂处"，靖州"山多高深、有瘴"，通道县"有瘴、民薄"，这些评语也能反映当地的自然环境和民族状况是不同的。

以上是就行政环境而论，再看社会综合环境（见表6-6）。

表6-6　明代沅水流域各府州的形胜和风俗

府州	形胜	风俗
常德府	包洞庭，控五溪，三十六天别为一天	渔猎山伐，信鬼好巫
辰州府	诸蛮咽喉，武陵障蔽，重冈复岭，地连溪洞	巴渝同俗，信鬼淫祀，刀耕火种
靖州	据夷、播、叙三州之境，牂牁、武溪之间，百蛮襟喉，辰、沅、宝、武之藩篱	要约以木铁为契，淳俭尚鬼
永顺军民宣慰司	东抵荆湘，西通巴蜀，南近辰阳，北距归峡	短裙椎髻，裔出盘瓠，铜鼓祀神，常带刀弩，刻木为契，五色为衣
保靖州军民宣慰司	四山环抱，酉水中流	刀耕火种，喜食腥膻
铜仁府	东麻阳，西思南，北苗界，南思州，高山峻岭	犵狫勇谲
思州府	连溪峒，扼盘弧	刚悍
镇远府	东通沅水，西接贵州	质野俭约
黎平府	东连靖州，西控生苗，南通交广，北达辰沅，古荆州荒裔	凶顽缺舌

资料来源：（明）章潢《图书编》卷三十九、卷四十二，《文渊阁四库全书》本。

在表6-6中，各府州的形胜是与其风俗相联系的。俗话说，"入乡随俗"，在这些风俗各异的地区从事同样的经济活动，难免会产生出不同的效果。以上这些环境差异在清代多有改变，

但各地的经济文化传统延续了下来，它们以新的面貌继续发挥
影响。

三　区域社会经济差异的综合表现

关于经济区的划分问题，非常复杂，需要建立合理的指标，
做出大量精细的分析综合。龚胜生按照人口密度和垦殖指数等指
标，将两湖地区的农业经济水平分成四个梯度区，颇能反映各地
的经济差异。其中，沅水流域的情况如下：

> 常德府，指数为 5.1，属于两湖第二梯度。
> 沅州府，指数为 2.1，属于两湖第三梯度。
> 辰州府指数为 1.9，靖州指数未 1.9，凤凰厅指数为 1.1，
> 永绥厅指数未 1.0，晃州厅指数为 0.9，永顺府指数未 0.6，
> 乾州厅指数为 0.6，都属于两湖最低的第四梯度[①]。

可以看出，在沅水流域各地，农业经济水平的差异是很大
的。按照农业经济水平，沅水流域在湖南境内可以分为常德
府区域、沅州府区域、辰州府和永顺府及三厅区域、靖州区
域四个。

下面所要阐述的是，沅水流域各州县内部的经济差异也应该
引起重视。

首先来看沅陵县的情况。同治《沅陵县志》卷八《里社》对
于各都图的经济有具体的记述，说明县域经济的内部差异是客观
存在的。现引录如下：

---

① 龚胜生：《清代两湖农业地理》，华中师范大学出版社,1995，第 290 页。

一都（五里）：一图、二图在县东怡溪、柳林汊、麻伊洑、界首，滨江而居，田畴平衍，尚为县膏腴地。五图、九图、十图在东北池蓬司，山高田少，不通水利。

二都（二里）：一图、六图在县东界亭驿、马底驿，土沃民稠，大户多出其中，惟当驿道冲衢，差派徭役在所不免。

三都（二里）：一图、六图在县东北朱洪溪，其地山岭重叠，无平畴沃壤，民多农贾，或操舟为业，颇耐勤苦。

四都（十里）：一图、五图、七图在县南荔溪，十二、十五、十六图地皆驿路，西达浦市，二十、二十一图山多田少，无土物之利，其民工多，贾次之，农则最寡。

五都（五里）：一图在江南老湾溪，地狭民稀，最为贫瘠。二图、三图在蓝溪，内灰窑、长田一带，平原旷野，擅溪坝之利，而最畏水潦，产木铁，居民多以此致富。五图、九图在杨家坪一带，溪水之源，距驿路颇远，故无差派徭役之烦。

六都（六里）：俱在县西南浦市，沅泸交辖，大江之滨，各商凑集，土地富饶，货财充裕，甲于一邑，大户多出其中，凡邑中有大捐输、大兴作不能独任，皆赖浦市分其责，然自咸丰十一年来兵燹之余，疮痍未复，民穷财尽，非复前日之旧矣。

七都（四里）：在县西南，大江两岸，沙土之地，其田宜早禾而畏旱，陆地亦可植棉，地狭村稀，民贫土瘠，无富家大户，故距城虽近而邑中捐输诸事皆不过问。

八都（十里）：皆在县北酉江内，江滩险阻，山岭嵯峨，为邑西北边隅地，山多田少，赋税极轻，居民垦荒辟土，恒种山粮为食，或操舟以资生业，并无富家大户，物产惟桐油、材木二种。

九都（一里）：在县东北隅，山岭重叠，道路崎岖，距城窎远，尝有终身不至城市者，地产山粮，大户或富甲一邑，民勤耕稼，务俭啬，素封之家亦敝衣恶食，俗颇好讼，吏役视为利薮。

十都（四里）：一、三图在县东及东北，背山面江，无田可耕，民或贸易江湖，惟北溶烟火数百家，较为富饶，五、六图在深溪内，山重水复，道路崎岖，其俗俭朴，物产之利不能达于大江，民皆自食其力，不逐末于商贾。

十一都（一里）：一图在城东，背山面江，土地瘠薄，十二都中惟此最狭，村路数十家，皆灌园圃，种蔬菜，倚为生业。

十二都（三里）：皆在城西北，其田无水利而畏旱，其种宜早禾，早旱则苦饥，以无晚米为之续也，地无大户，捐输不至，徭役不闻，距城虽近，尚安闲无事。

上述沅陵县各都里的经济，种植业较发达的为一都的一图和二图，二都的一图和六图，五都的二图和三图，六都各图；因处驿路而差役繁重的为二都的一图和六图，四都的十二图、十五图和十六图；对县域经济有较多贡献的为六都；有手工业的为五都的二图和三图、四都；有水运和渔业的为三都一图和六图、八都；等等。这些具体的经济差异，对地方官府来说却是非常重要的民情。

再来看溆浦县的内部经济差别。同治《溆浦县志》卷八《风俗》对于县内各都的情形有简要评价，现摘录如下：

一都：肥饶多富室。男勤生计，妇工针纴。收获较外迟一二旬。高山则须月余。无棉，多谷，故布不足而粟有余也。

二、六都：物产甚丰。六都大江口各乡，饮食衣服言语或质而俚，则以瘠土之故，而奢淫差少。

四都：男务耕作，女勤纺织，昼夜不息。五日一抱布集场，视他都最为俭勤。富户多废居，或操舟为业。

三、五都：三都地分十图，较他都特广。女勤妇工与四都同。五都地稍狭，俗尚华美。然视下游则犹为朴质。

以上的评述表明，溆浦县的一都和四都种植农业较发达，二都物产丰富，三都和四都纺织业较盛。

再看黔阳县的内部经济差异。雍正《黔阳县志》卷三《坊乡论》对县内的各地社会经济差异也有具体论述。现摘录如下：

第一都（一里）：在城坊之东北。邑山高田小，坊里皆然。惟一都之廘溪、黄松接塍连陌，平畴衍腴，乃强半为未归并之军屯，勘其田则在都邑之内，而诘其利则远输于屯卫。然陂堰之利，土膏之腴，称沃壤焉。其俗淳简易治，近于城坊，惟近，故同也。

第二都（二里）：两里土宇最为狭小，又田易旱，故俗多俭啬。无大户以为之梗，故风多淳。自一里之四、五、九甲，二里之六、十甲外，户口无几，每轮遇里役，其力不能独任，一里衰益多寡，视其丁粮以为盈缩。

原神乡（一里）：在县西南，其市托市在渠水之右，古城在渠水之左，烟火为饶。其田无泉源陂塘可资灌溉，其禾宜早，其陆地宜棉，其植宜桐油，旱旱则苦无禾，以无晚禾为之续也。若雨多则又苦潦，棉不秋实。又近附县城，熟多荒少，自兵燹之后户多浮赋，以故乐岁民恒苦饥……

原福乡（二里）：土多沃壤，故俗尚义而近奢。此二里者，以其路为自沅州出安江之捷径，兵燹时兵多出其途，屠戮为甚，故里甲多残缺。

供洪乡（四里）：乡之利产蜡虫，蜡出于绥宁、武冈间，然其地宜蜡而不宜虫，供洪宜虫而不宜蜡，故咸仰资焉。自

兵燹后树不复存，利亦衰息，近乃修植其树，一里之民稍食
其利矣。

子弟乡（七里）：俱附近安江，在县东南，通乡惟子一、
子二地狭而户小，合十、太三里为下十里。以其去县皆远，
又在县下流也。安江适居其中，因即其地设巡司焉。安江烟
火千家，带江负山，土地腴衍，屹然称名镇焉，其人文风土
之胜为诸里最，所产有安酒、柑橘、枣、栗之腴，亦为诸里最。
自前季末王、马二贼入据供洪之罗翁山，密迩子弟乡，时出
劫掠，远近为墟。瑶民又复伺间窃出行劫，遂使桑麻文物之
野，悉为榛莽狐兔之区，而子弟一乡之受害又为诸里最矣。
以故自顺治十五年再入版图以来，千丁之户甚至靡有孑遗焉。
考黔邑土田之美，亦惟子弟乡为最，垅大而源长，种宜晚禾，
盖稻性宜湿而暑，垅大则暑多，源长则不竭。晚禾入场迟于
早谷，然早谷实而多秕，晚禾不然，故收恒倍也。土田既腴，
愿耕者众，招抚流亡以成辟土之功，相助为理，以负朝廷设
官之意，则安江司官有不得辞其责者矣。

石保乡（二里）：一里九甲素多悍民。第二里之一甲也，
山产铁而性微劣，不胜煅，民多而业苦少。各甲，其俗悍，
大姓为梗。

太平乡（一里）：四面皆为瑶山，中夹一溪，太平之民
夹溪而居。三甲分衔里、梅山、中团三房，族大而骄，然驭
得其理，其急公奉上，力足以为诸甲之倡。

从上引记述来看，第一都土地肥沃，但大半为军屯占有；第
二都易旱，无大户；原神乡少稻田，宜棉、桐，但水旱为灾；原
福乡多沃壤；供洪乡以蜡为利；子弟乡盛产果木，土地肥沃，宜
稻作，又有安江名镇；石保乡多悍民，大姓为梗；太平乡族大而骄。
这样的社会经济差异是官府治理和开发地方所不能忽视的。今天

的区域经济史研究当然也应加以重视。

　　以上各县的内部经济差异，也许并不能说明整个流域的问题。但从这样的视角做出管窥，至少可以部分地感受到流域经济的内部复杂性。

第七章
结语

　　明清时期，两湖地区成为中国的新兴经济区。不仅人口变迁巨大，而且其资源开发、经济增长、社会变迁和环境演变都很突出，对近代中国的影响也是深刻的。考察这些历史进程，既可以深化明清社会经济史研究，又可以为现实的中部崛起战略提供历史的借鉴，有较高的研究价值。但两湖地区的社会经济发展并不平衡，也不是封闭的，不仅湖南与湖北、东部和西部、平原和山区之间都有显著差异，而且两湖周边地区与邻近省区之间具有许多历史的联系。所以很有必要将两湖地区分成更小的区域进行考察。流域就是一种可行的研究对象。沅水是洞庭湖水系的四大河流之一，它腹地广阔，资源丰富，具有特殊的社会文化风貌。通过对明清时期沅水流域的经济开发及社会变迁的考察，至少可以得出如下几方面的结论。

　　第一，人口的增长和流动是沅水流域经济开发的动力。不同时期的人口移动和增长各不相同，从而造成经济开发进程的快慢不一。在大量移民迁入和本地人口自然增长共同推动下，沅水流域的人口在明代实现了空前的增长，从而为经济开发提供了相对充足的劳动力。沅水流域的汉族和少数民族人口总数在明初约为70万，万历时期增至140万~210万。不过，明中叶后，沅水流域的人口增长逐渐放慢。清朝是沅水流域经济开发规模最大的时期，其原因首先是沅水流域在清代的人口变迁最为剧烈，不仅增幅巨大，而且流动频繁。具体说来，与当时中国内地移民迁往西南边疆、两湖内部人口向湘鄂西山区扩散的大背景有关，也与清代对湘西少数民族地区的社会改革密不可分。改土归流打破了少数民族地区的封禁局面，清政府开始大力鼓励向湘西地区移民。以省内移民为主的外来汉民纷纷涌入，或垦荒，或买地，成为当地新的居民。乾嘉苗民起义被镇压下去后，清政府增加了驻军，实施大规模的屯政。虽然也有大量的人口外迁，沅水流域的人口数量从乾隆中叶的 440.3 万增至清末的 662.4 万。这种规模的人口增长，为沅水流域的经济开发增添了较为丰富的劳动力。但在传统的技术水平上，沅水流域的人口承载量在清代后期已基本饱和。同时，流域内部各地的人口增殖并不平衡，地处下游的常德府居住条件相对优越，人口稳定增长。中游地区的人口增长也较显著，嘉庆以后也未停滞。永顺府和三厅地区是改流和新辟地区，其人口增长更为迅速。改流后的移民迁入和经济发展带来了原土司地区人口的大幅度增长。但龙山、永顺、保靖、花垣等县在嘉庆以后人口增长放慢，甚至有所减少，主要是因为人口已趋近饱和，移民迁入已经不多，并且还有人口外迁。乾州与凤凰的人口增长受到了"苗疆"防卫和"苗患"的较大影响，从康熙到乾隆年间，人口增加较快，但在嘉庆时人口有较大幅度减少。靖州人口从乾隆十二年到同治十二年的 116 年间呈现负增长，兵灾、水旱和瘟疫是导致靖州户口减耗的原因，从同治十二年起人口才转为增加，会同和通道等县的人口也增加不多。黔东黎平府、镇远府和思州府是清代中期以后人口增长速度最低的地区，究其原因，在于人口的迁入较少，区域开发程度不高。总之，清代沅水流域的人口增长在各地是不平衡的，常德府、辰州府、沅州府的增速大致比较平稳，永顺府的增速较快，三厅的增速较慢，靖州和黔东各府州的增速最低。这一格局，既是各地的经济开发进程的反映，也是影响区域经济开发成效的基本因素。

第二，垦地、水利的成效与农业开发的得失。沅水流域以山地为主，除了下游及其中游各支流河谷的沅麻、溆浦、安洪、芷怀、渠阳、锦屏至黔城等山间盆地以外，普遍山多田少，发展稻作的耕地有限。直到明末清初以后，适合山地种植的高产作物番薯和玉米传入并迅速推广，才缓解了山地居民的粮食问题。

明代以前，除了下游平原和中游河谷地区已发展起稻作以外，沅水流域大部分地区的农业生产尚处于较原始的粗放水平。从明代开始，沅水流域的农业生产在大规模的移民屯垦和技术传播带动下，开始向精耕细作农业迈进。

首先是开垦了数量可观的农田。明代，数十万移民迁入沅水流域，着力开垦其中的盆地河谷，导致耕地特别是水田面积大增。明代中后期，流民运动扩大后，地处下游的常德各属进入加速开垦期，成效显著，推动土地开垦的最主要动力就是堤垸的修建。中游的辰州府地区，溪河纵横，但多崇山峻岭，土地开垦异常艰辛。在生产力大为提高的明代，军屯与民垦并行推进，辰州府获得了前所未有的垦地实绩，特别是河谷盆地的开垦。不过，以七个州县的广大地域而言，明中后期辰州府的土地开垦成效仍小于常德府。土地资源开发利用的低水平限制了明代辰州府的农业经济发展。流域南部的靖州，在明代是重要的军事据点，屯军的开垦颇有成绩，田亩数额曾经达到上千顷，但在明中叶后不断减少。在黔东，明代开设贵州时，广布屯军，对当地的土地开垦贡献很大，招民垦荒也是颇有成绩。但是明代黔东的田地抛荒现象也是普遍的。

明末清初的战乱对沅水流域的破坏是严重的。清朝政局逐步稳定后，沅水流域的荒地逐渐被垦复。在不断增大的人口压力下，各省的贫民纷纷进入山区，寻求生存之地，湘黔交界山区未能例外。除了一般民众垦田外，清政府组织的屯田也遍及沅水流域各地。清代中叶，不仅下游常德府的土地开垦已尽，而且沅水中游地区可耕地开垦殆尽。沅州府的土地开垦成绩比辰州府更为可观，其民田和屯田都在增加，为农业的发展打下了更加坚实的基础。靖州直隶州的土地开垦成绩有限，农业资源薄弱。在三厅地区，乾州厅的开垦土地并不多，而且长期归属泸溪等邻县。凤凰厅的田地面积较多，永绥厅的土地开垦也颇有规模，特别是晚清时期。永顺府的土地开垦成绩是少数民族地区中最显著的。在黔东思州、玉屏、铜仁、镇远、天柱等地，土地开垦也是有成绩的。

　　然而，人口的增长速度毕竟比土地的增长要快得多，从而使沅水流域的人地矛盾逐渐加剧。加之土地资源分布很不平衡，乾隆时期辰州府属四县和三厅的土地面积就相差悬殊。沅水流域的气候、土壤、水资源等条件，也使得农垦有不易克服的困难。所以乾隆年间，沅水流域的许多地方还是"山多田少"。进而考察各府县志，可以发现各地的土地开垦很不容易。田既不多，又多贫瘠，对农业的发展之不利可想而知。例如在长期开垦之后，镇远府的田地面积已相当可观，但黔东各府县的田地在开垦后不久又出现严重的抛荒现象。大量的田地荒芜，说明土地垦殖的效益是很低的。

　　其次，明清时期，在两湖平原和山区大兴水利的形势下，沅水流域下游的水利事业继续扩大，中上游山区的水利也蓬勃开展起来。中小型水利工程普遍兴建，提高了水资源的开发利用水平，在很大程度上解决了山区稻作的灌溉难题。下游地区，常德府的滨湖地区在明代中叶就出现了修筑堤垸的高潮，水利建设卓有成效。至于其他府州，水利事业才刚起步。辰州府的水利事业乏善可陈。沅州的麻阳县，是中上游水利成绩最突出的地方。总之，明代沅水流域的水利以下游平原比较发达，中上游山区只有部分地区建有一些堰塘。

　　清代，常德府的水利修治持续不断，出现鼎盛局面，为稻作生产的发展创造了有力的保障。在武陵县，堤障数量曾经多达上百处。但同治以后，由于水环境的恶化，常德府水利优势有所削弱，特别是其东部湖滨地带，水灾增多，农业生产开始衰退。而地处山区腹地的辰州府，水利修治在清代日益兴盛，只是各县因为自然条件不同而有所差异。辰州府的小型水利设施在工程技术上，日益精细化、系统化。乾隆以后，辰州府的水利开发继续向深度、广度拓展。在辰溪县，人们充分利用了山泉水源，新修了一些塘坝，由此扩大了水田面积。在溆浦县，塘坝继续增多，虽然水利工程以小型为主，但县内22座灌田在800亩以上的大型工程共计灌溉田地在27682亩以上，占全县灌田总面积的27.5%，发挥了显著的规模效益。由于农耕条件较为优越，灌溉设施相对完备，溆浦县成为辰州府的农业大县。在上游沅州府，水利建设尽量做到了因水制宜、因地制宜，芷江县的水利成绩显著，乾隆时期一度多达540座陂塘堰坝，但到了同治时只剩151座。堰塘数量的锐减，反映了自然环境的变迁和农业基础的削弱。其缘故颇值深思。麻阳县的水利规模在明代就已奠定，但经过明清鼎革和数十年战乱，到了清初康熙二十四年，县境的塘堰已多荒废，直到清代中叶才陆续修复了部分工程，但增修的水利工程寥寥无几。黔阳县直到雍正年间，尚未形成水利规模，到了同治年间，水利大兴，塘堰增至105处，进入鼎盛阶段，然而之后并无多少增加。靖州的水利建设在清初已有一定规模，农业生产是有一定保障的，但之后没有新的进展。永顺府和乾州、凤凰、永绥三厅，虽溪河纵横，但多高山深谷，工程建设难以进行，山区的水利建设之艰难是可想而知的，因此水利落后。只有乾州厅的水坝修筑值得一提，为开辟农田提供了灌溉水源，但对水运造成了不利影响。黔东地区溪河较多，但堰坝和山泉利用，不仅数量少，而且效益低，对农业生产起不到明显的促进作用。

总之，沅水流域部分地区早在明代就已建立起水利基础，不过，清代中叶的水利开发规模更大，并且向广度和深度拓展，到了清代后期,整个流域都已因地制宜地建成水利农业区。然而,限于山区环境和水文条件,加上种种天灾人祸,清后期的沅水流域水利系统不能再有新的进展,反而恶化。这样的水利建设历程,决定了农业发展的兴衰。

最后,农作物种植业的大发展。明清时期,沅水流域的粮食作物在总体上以水稻为主,而且水稻品种多样化,稻田面积扩大,水稻的种植水平逐步提高,几乎赶上了全国平均水平,这是流域农业开发的重要成就。沅水下游以稻田为主,不必赘述。在中游,稻田面积的扩大特别值得重视。在水源丰富的河谷平原地带,水稻种植更成为最重要的土地利用方式。但在永顺府和三厅地区,除了若干小型盆地与河谷地带种植水稻,广大的山原坡地水利条件差,稻作难以发展起来。在长期的农业生产过程中,沅水流域各地人民先后在各主要环节提高了稻作生产的技术水平,精耕细作的耕种方式已现雏形。水稻产量也相应地得到了提高。在清代文献中叙述各地产量,常常动辄 4 石~5 石,或者 5 石~6 石。但在黔东,稻作总体上还是比较粗放的。尽管有不少地方的稻谷产量显著提高,沅水流域仍有不少地方产粮有限,经常不敷所需,发生粮荒。

在山寒水冷的沅水流域,小麦的推广并不如水稻那样有成效。麦类种植范围在沅水流域自下游向上游递减。麦类种植主要限于河谷平原地带。与麦类种植难以普及相较,中国传统的各类杂粮在沅水流域种植是广泛的,但长期处于"刀耕火种"的粗放耕作阶段,明清时期也变化不大。水稻种植的精细化和杂粮作物种植的粗放性形成了鲜明对比。水稻种植需要水利灌溉,这在山区是有很大困难的,传统杂粮作物的生产又过于粗放,都有各自的局限性。这种局面的长期存续,充分反映了流域内农业开发的成效与不足。当然,杂粮的种植虽然落后,但对民生的作用不可小视,也有利于山区的充分开发。

玉米、番薯等作物的推广种植是粮食生产中的大事。明清之际自海外传入的玉米、甘薯等新粮食作物，清前期也在沅水流域普遍推广，缓解了山民的粮食紧张形势，极大地促进了山区的经济开发，产生了巨大影响。玉米在流域内各地不仅成为主食之一，而且被用于养猪、酿酒、揉粉、做汤等，人民的生活因此大为改观。苗、瑶、土家等各少数民族也大量种植玉米，作为他们的重要口粮。番薯也是自海外引进的高产粮食作物。它在沅水流域的种植几乎与玉米同步。玉米、番薯的种植是广泛的，但洋芋（马铃薯）的种植记载不多。

尽管粮食生产不足，经济作物的种植还是发展了起来。各种经济作物和经济林的种植，既可以尽地利，又能带来丰厚的收入。明清时期，沅水流域的棉、麻、烟、茶、桐油、木材等产品的种植经营有长足的发展，与全国市场的联系空前密切起来。经济作物的种植和经济林特产的经营，集中体现了山区农产品的商品化。但是，各种经济作物的种植很不平衡，不能说充分利用了沅水流域的自然条件和资源。例如，棉花等纤维作物的种植多属自给性生产，未能扩大种植。茶叶的商品化仅在少数地方有所进展。烟草的商品化程度也比较低。蜡树的种植有一定的地位，是一些地区如辰州府的经济支柱，但在其他地区则意义有限。蓝靛种植和漆树种植也不很普遍，只在辰州府等部分地方有明显推广。油桐是沅水流域的主要经济林，有着较高的经济价值，到了清代中叶，湖南辰州、沅州、永顺、靖州诸府州都盛产桐油、茶油，成为山地开发成绩突出的重要方面。沅水流域盛产木材，而且多为自然林，甚至是原始森林。但流域内木材资源的开发利用经历了一个由天然林到人工林，由兴盛到衰落的过程。从辰州、永保、靖州到黔东，材木的砍伐逐步深入，掠夺性采伐最后导致林木资源的枯竭，严重制约了山区经济的发展。总之，明代前期和清代前期，沅水流域的农业发展主要表现为量的增长和规模的扩大，只有到了明清两朝的中后期，随着农业生产率的提高，才出现一定的剩余农产品，商业性农业有一定的发展。

第三，手工业、商业与城市的兴衰。明清时期，大量移民迁居沅水流域，在全国性商品经济网络逐渐形成的背景下，沅水流域的经济生产和资源开发也越来越深地卷入了全国市场，因而手工业和商业也实现了空前的发展。流域内的冶铁、造纸、棉纺织业、采煤业、制茶业、酿酒业、榨油业等都得到不同程度的发展。但纺织业发展水平很低，产品的自给性突出，甚至不能自足。矿产业集中于煤和铁两种，以辰州府比较发达，而更多的矿藏并未得到开发。榨油业随着山区开发而一度繁荣，乾隆时很多州县都出产桐油、茶油，效益可观。石灰业和砖瓦业的分布广泛。柴、炭生产在沅水流域也较重要。总体而言，沅水流域的手工业技术原本落后，明清时期的技术进步在很大程度上得益于外来工匠的传授。技术的显著提高使境内丰富的自然资源得到相应的开发利用，经济日益活跃起来。但沅水流域手工业发展的局限性也是明显的。在产品竞争力方面，除了油料、木材等大量输出，在全国手工业产品的流通中地位日益重要以外，其他手工业产品基本上只能供应本地部分消费。在生产关系方面，沅水流域手工业也主要属于农村家庭手工业。

农业开发的扩大和手工业的发展，必然促进商品经济的发展。总的来说，沅水流域的流通商品以山地特产及其初级加工产品为主。多数地方的出口产品少则数种，多者十几种而已。大量事实说明，山区经济开发的成效，与商人资本的规模、分布和流向密切相关。由于商人来自各省各地，各地市场上的商品也丰富多样，销路广泛。客籍商人们奔走各地，贩卖转售，既推动了所到各地的商品化生产、提高了当地的经济开发水平，又向流域内各地输入了外地的许多优质产品，满足了人们的物质需求，对提高当地生产技术也有促进作用。随着商品生产的发展，在大量外地商人的带动下，沅水流域与外界的长途贸易空前的繁忙和丰富。但是，沅水流域的商业发展有明显的局限性。表现在商品的种类上，就是输出的几乎全是本地特产的农林业商品，如杉木、桐油、茶油、白蜡等初级产品；输入的则是工艺水平较高的日用品，如布、绸缎等手工业品。这种商业的繁荣缺乏农业、手工业的发展作基础，也对本地社会生产水平的提高做不出更大的贡献。表现在资金流动方面，外地客商在沅水流域各地主要是从事原始特产的外销与外地产品的输入，其商业资本的利润主要流向境外，从而对沅水流域经济开发起不到更大的拉动作用，只能造成商业暂时和局部的繁荣。一旦有关资源消耗殆尽，或者发生重大变故，就走向萧条。

农业生产和手工业的发展、外来商人的贸易活动、不断扩大的商品经济、人口的增长和聚落的扩大，为城镇的发展和市场的发育准备了条件。城乡市场的发展和繁荣反过来为各地的产品交换创造了条件，从而为扩大各地资源开发和商品生产提供了不竭的动力。明代，沅水流域兴起一批新的商业中心，如常德、靖州等。它们不论是居民规模、经济职能，还是商业繁华程度都比以前明显提高。清代，更兴起了浦市、洪江等比较纯粹的贸易和生产中心，基层市场的数量和规模也有明显增长。它们既是商品经济发展的结果，反过来又促进了商品经济的进一步发展和社会文明程度的提高。同时，沅水流域的城市发展在清代发生了明显分化，其等级差异基本上与各地经济开发的历史进程相一致。流域内的市镇在明万历年间开始兴起，清代康熙年间进入大发展时期，清中叶进入鼎盛阶段。这种过程也是与经济发展的进程相吻合的。但所有的市镇除了浦市、洪江有一定的制造业以外，基本上属于商业市镇，而且农村初级市场是主体。

第四，社会变迁的不平衡进程与区域经济差异的扩大。明清时期，规模空前、程度各异的经济开发对于两湖地区社会的影响是深刻而又广泛的，各地社会发展水平的差距逐渐扩大。

在社会变迁方面，宗族在沅水流域许多地方得到了发展，最早可以追溯到明嘉靖年间的常德府。随着经济开发的深入，越来越多的宗族在沅水流域各地建立起来。到了清代，不少地方出现了宗祠和族祭的记录。但乾隆时期，辰州府的宗族组织还很少，这与当地经济开发尚未达到足够水平、氏族规模还不够有密切关系。在沅州府，大概也是在嘉道以后才陆续建立宗族组织的。靖州地区也在光绪年间才普遍立有祠堂。而在三厅地区，宗族的建立相对较晚。永顺府的宗族组织较少。在黔东地区，宗族组织的出现也很晚。

士绅社会的发展也与经济开发进程有密切关系。不少史料说明，沅水流域的士绅出身基本上只有科举一途。一个人要从科举中获得士绅出身，并非易事，首先他要克服经济困难。由于在生徒中，贫困者多，往往未到成年，即改业谋生。总之，经济贫困、教育落后，以及图书稀缺等，使沅水流域考取功名者非常稀少，不可能出现较多的士绅。辰州府的社会文化发展就远远落在全省的后面。人数不多而实力弱小的士绅集团，对地方社会和经济发展的作用是有限的。

明清时期，汉族逐渐成为沅水流域大部分地区的主体民族，土家族、苗族、侗族的分布范围大为缩小。深入土家、苗、侗等民族聚居地及其周边的汉族人民日益增多，土家、苗、侗等少数民族也互相迁移和交往，终于形成了聚居区内有杂居、杂居区内又相对聚居的族群构成和分布状况。由于经济利益的冲突和文化差异的突出，族群冲突普遍发生，对区域社会经济的发展造成巨大影响。但长期的杂居共处、不断的经济文化交往和共同生活，使得各族群之间的经济联系不断加深，多民族共居社区的建设获得了有利条件。

长期的经济开发对人们的日常生活发生的影响也是明显的，但流域经济开发的成效毕竟有限，所造成衣食住行的变化也是有限的。饮食生活方面，在水稻等粮食作物种植业得到较大发展的地区，人们的粮食消费水平提高了。玉米、番薯等作物的引种和推广，无疑大大增加了山民的粮食生产。但由于山土有限，难以利用，未能从根本上满足人民的粮食需求，加上贫富差距的逐渐形成和扩大，加剧了食物的短缺，一有灾荒或歉收，沅水流域的人们仍在粮食不足的情况下被迫入山采集野生植物充饥。服饰生活方面，在长期的经济发展之后，人们的衣着也发生了显著变化，主要是在葛布和麻布之外，增加了棉布、丝料等衣物。但是，总体上看，人们的服饰普遍简朴。此外，住房的变化在某些地方比较明显，如辰州府，随着城市和商业的发展，近市商民构筑楼居、城市地价上涨，而山民的居处极为简陋。在生活方式方面，由俭变奢是明清时期许多地区的共有现象，但沅水流域人民的生活方式在各地因经济发展水平而表现各不相同。各府州的风俗变迁有同有异，在经济发展明显的地区，确实存在生活方式由俭变奢的现象，而在经济开发落后的地方，风俗俭朴长期不变。例如，桐、麻二油的贸易和铅、铁的开采对泸溪县的风俗产生了明显影响。而乾凤永三厅的风俗却没有向奢靡转化的明显趋势。当然，究其缘由，除了经济发展的水平差异，还有民族交往的密切程度，以及自然环境不同的影响。总之，经济开发的成效如何，决定了地方社会演变的速度、方向和性质。在湘黔交界地区的不少地方，直到民国，仍旧保留着浓郁的古风旧俗，新的与旧的、先进的与落后的错杂并存。

明清时期，各地的经济开发和社会变迁并不平衡，表现出明显的区域差异。明代以前，沅水流域的经济开发集中于河谷和山间盆地，周边山地的经济状况基本仍旧。明清时期，沅水流域加快了经济开发的步伐，但由于区域内的自然环境和资源条件不同，加上区域内的民族分布及其关系的影响，逐渐呈现区域内部各地显著的经济差异。水土资源分布的不平衡，就是导致流域内经济开发成效和水平不同的自然条件。社会环境的不同也对地区经济的发展具有重要影响。明代，大量移民的迁入导致沅水中游地区人口大幅度增长，沅水中上游地区得到空前广泛的经济开发，反映出沅水流域的经济开发在明代是很不平衡的，辰州府成效最大，其次是靖州地区，常德府的成绩要小一些。清代，常德府为最发达地区，沅水中上游地区的经济开发进一步展开。永顺府在改土归流的推动下取得了重要发展，最落后的是三厅地区，因为地理条件复杂、苗族经济发展有限而远远低于全省水平。此外，考察清代沅水流域的经济开发成就，更应看到各州县内部的区域差异，这样才可以更充分地认识到流域内部经济的复杂性。

主要参考文献

（一）历史文献和资料

1. 正史、政书

（元）脱脱等：《宋史》，中华书局，1977。

（明）宋濂等：《元史》，中华书局，1976。

（明）《明实录》，台湾"中研院"历史语言研究所影印本，1962。

（明）李东阳等：《明会典》，正德四年刊行，《文渊阁四库全书》本。

（明）申时行等：《明会典》，万历朝重修本，中华书局，1989。

（清）张廷玉等：《明史》，中华书局，1974。

（清）《清实录》，中华书局影印本，1986。

（清）乾隆《清朝文献通考》，《文渊阁四库全书》本。

（民国）赵尔巽等：《清史稿》，中华书局，1977。

2. 档案史料

中国人民大学清史所：《康雍乾时期城乡人民反抗斗争资料》，中华书局，1979。

中国第一历史档案馆：《清代地租剥削形态》，中华书局，1982。

中国人民大学清史所：《清代的矿业》，中华书局，1983。

中国第一历史档案馆：《康熙朝汉文朱批奏折汇编》，档案出版社，1985。

中国人民大学历史系：《清代农民战争史资料选编》，中国人民大学出版社，1984。

中国第一历史档案馆：《清代档案史料丛编》第十四辑，中华书局，1990。

台湾"中央研究院"史语所：《明清史料》，中华书局，1987年重印本。

张伟仁：《明清档案》，台湾"中央研究院"史语所1987年刊本。

3. 地方志

（清）林继钦等修，袁祖绶纂：同治《保靖县志》，同治十年刻本，《中国地方志集成·湖南府县志辑》本，江苏古籍出版社、上海书店、巴蜀书社，2002。

（清）蔡仁辉纂修：民国《岑巩县志》，民国三十五年稿本，《中国地方志集成·贵州府县志辑》本，巴蜀书社、江苏古籍出版社、上海书店，2002。

（明）陈洪谟纂修：嘉靖《常德府志》，嘉靖十四年刻本，《天一阁藏明代方志选刊》本，上海书店，1981。

（清）应先烈修，陈楷礼纂：嘉庆《常德府志》，嘉庆十八年刻本，岳麓书社，2008年影印。

《常德地区志》编委会：《常德地区志·水利志》，中国社会科学出版社，1991。

（清）席绍葆修，谢鸣盛等纂：乾隆《辰州府志》，乾隆三十年刻本，《中国地方志集成·湖南府县志辑》本，江苏古籍出版社、上海书店、巴蜀书社，2002。

（清）觉罗清泰编：光绪《辰州府乡土志》，光绪三十三年抄本，国家图书馆《乡土志抄稿本选编》本，线装书局，2002。

（清）徐会云等修，刘家传等纂：道光《辰溪县志》，道光元年刻本，《中国地方志集成·湖南府县志辑》本，江苏古籍出版社、上海书店、巴蜀书社，2002。

（明）李贤等：天顺《大明一统志》，《文渊阁四库全书》本。

（清）和珅等：乾隆《大清一统志》，《文渊阁四库全书》本。

（清）潘锡恩等：嘉庆重修《大清一统志》，《四部丛刊续编》本，中华书局，1986。

（清）顾祖禹：《读史方舆纪要》，中华书局，2005。

（清）黄应培修，孙均铨等纂：道光《凤凰厅志》，道光四年刻本，《中国地方志集成·湖南府县志辑》本，江苏古籍出版社、上海书店、巴蜀书社，2002。

（清）侯晟等修，黄河清纂：光绪《凤凰厅续志》，光绪十八年刻本，《中国地方志集成·湖南府县志辑》本，江苏古籍出版社、上海书店、巴蜀书社，2002。

（清）董鸿勋纂修：光绪《古丈坪厅志》，光绪三十三年铅印本，《中国地方志集成·湖南府县志辑》本，江苏古籍出版社、上海书店、巴蜀书社 2002。

（明）谢东山修，张道纂：嘉靖《贵州通志》，嘉靖三十四年刻本，《天一阁藏明代方志选编续编》本，上海书店，1990。

（清）鄂尔泰等修：乾隆《贵州通志》，乾隆六年刻本，《文渊阁四库全书》本。

（明）薛刚纂修，吴廷举续修：嘉靖《湖广图经志书》，嘉靖元年刻本，《日本藏中国罕见地方志丛刊》本，书目文献出版社，1991。

（明）徐学谟纂修：万历《湖广总志》，万历十九年刻本，《四库全书存目丛书》本，齐鲁书社，1996。

（清）迈柱等修：雍正《湖广通志》，雍正十年刻本，《文渊阁四库全书》本。

（清）陈宏谋等修：乾隆《湖南通志》，乾隆二十二年刻本，《四库全书存目丛书》本。

（清）李翰章等修：光绪《湖南通志》，光绪十一年刻本，岳麓书社，2009 年影印。

（民国）朱羲农、朱保训：《湖南实业志》，湖南人民出版社，2008。

（民国）傅角今：《湖南地理志》，湖南教育出版社，2008。

《湖南省志》编委会：《湖南省志》，湖南人民出版社，1962 年起陆续出版。

《怀化地区志》编委会：《怀化地区志》，生活·读书·新知三联书店，1999。

（清）俞克振等修纂：道光《晃州厅志》，道光五年刻本，《中国地方志集成·湖南府县志辑》本，江苏古籍出版社、上海书店、巴蜀书社，2002。

（清）孙炳煜等修纂：光绪《会同县志》，光绪二年刻本，《中国地方志集成·湖南府县志辑》本，江苏古籍出版社、上海书店、巴蜀书社，2002。

《会同县志》编委会：《会同县志》，生活·读书·新知三联书店，1994。

（清）祝钟贤等修纂：康熙《靖州志》，康熙二十三年刻本，《中国地方志集成·湖南府县志辑》本，江苏古籍出版社、上海书店、巴蜀书社，2002。

（清）吴起凤等修纂：光绪《靖州直隶州志》，光绪五年刻本，《中国地方志集成·湖南府县志辑》本，江苏古籍出版社、上海书店、巴蜀书社，2002。

（清）金蓉镜等纂：光绪《靖州乡土志》，光绪三十四年刊本。

（清）郝大成修，王师泰等纂：乾隆《开泰县志》，乾隆十七年刻本，《中国地方志集成·贵州府县志辑》本，巴蜀书社、江苏古籍出版社、上海书店，2002。

（清）俞渭修，陈瑜纂：光绪《黎平府志》，光绪十八年刻本，《中国地方志集成·贵州府县志辑》本，巴蜀书社、江苏古籍出版社、上海书店，2002。

（清）符为霖等修，谢宝文等续修：光绪《龙山县志》，光绪四年续修刻本，《中国地方志集成·湖南府县志辑》本，江苏古籍出版社、上海书店、巴蜀书社，2002。

（清）顾奎光等修纂：乾隆《泸溪县志》，乾隆二十年刻本，故宫博物院《故宫珍本丛刊·湖南府州县志》本，海南出版社，2001。

（清）黄志璋纂：康熙《麻阳县志》，康熙二十四年刻本，《日本藏中国罕见地方志丛刊》本，书目文献出版社，1992。

（清）姜钟琇等修，刘士先等纂：同治新修《麻阳县志》，同治十三年刻本，《中国地方志集成·湖南府县志辑》本，江苏古籍出版社、上海书店、巴蜀书社，2002。

（清）郑逢元纂：康熙《平溪卫志》，康熙十二年抄本，未刊，贵州省图书馆1964年复制。

（清）张扶翼纂修，王光电续修：雍正《黔阳县志》，雍正十一年增刻康熙本，《中国地方志集成·湖南府县志辑》本，江苏古籍出版社、上海书店、巴蜀书社，2002。

（清）陈鸿作等修，杨大诵等纂：同治《黔阳县志》，同治十三年刻本，《中国地方志集成·湖南府县志辑》本，江苏古籍出版社、上海书店、巴蜀书社，2002。

（清）王玮纂修：乾隆《乾州志》，乾隆四年后刻本，中国科学院图书馆《稀见中国地方志汇刊》本，中国书店，1992。

（清）蒋琦溥等修，张先达续纂：光绪《乾州厅志》，光绪三年续修刻本，《中国地方志集成·湖南府县志辑》本，江苏古籍出版社、上海书店、巴蜀书社，2002。

（清）蒋深纂：康熙《思州府志》，康熙六十一年增补刻本，《中国地方志集成·贵州府县志辑》本，巴蜀书社、江苏古籍出版社、上海书店，2002。

（清）杨焜等修纂：民国《思县志稿》，民国八年抄本，《中国地方志集成·贵州府县志辑》本，巴蜀书社、江苏古籍出版社、上海书店，2002。

（清）方傅质等修纂：同治《绥宁县志》，同治六年刊本。

（明）李徵纂：万历《桃源县志》，万历四年刻本，《日本藏中国罕见地方志丛刊》本，书目文献出版社，1992。

（清）余良栋修，刘凤苞纂：光绪《桃源县志》，光绪十八年刻本，《中国地方志集成·湖南府县志辑》本，江苏古籍出版社、上海书店、巴蜀书社，2002。

（清）顾炎武：《天下郡国利病书》，《四部丛刊三编》本，上海书店，1986。

（清）王复宗纂修：康熙《天柱县志》，康熙二十二年刻本，《中国地方志集成·贵州府县志辑》本，巴蜀书社、江苏古籍出版社、上海书店，2002。

（清）林佩纶等修纂：光绪续修《天柱县志》，光绪二十九年刻本，《中国地方志集成·贵州府县志辑》本，巴蜀书社、江苏古籍出版社、上海书店，2002。

（清）蔡象衡等修纂：嘉庆《通道县志》，民国二十年石印本，《中国地方志集成·湖南府县志辑》本，江苏古籍出版社、上海书店、巴蜀书社，2002。

（清）敬文等修，徐如澍纂：道光《铜仁府志》，道光四年刻本，《中国地方志集成·贵州府县志辑》本，巴蜀书社、江苏古籍出版社、上海书店，2002。

（清）恽世临、孙翘泽修，陈启迈纂：同治《武陵县志》，同治二年刻本，《中国地方志集成·湖南府县志辑》影印，江苏古籍出版社、上海书店、巴蜀书社，2002。

（清）齐德五修，舒其锦纂：同治《溆浦县志》，同治十二年刻本。

（民国）吴剑佩等修，舒立淇纂：《溆浦县志》，民国十年活字本，《中国地方志集成·湖南府县志辑》本，江苏古籍出版社、上海书店、巴蜀书社，2002。

《溆浦县志》编委会：《溆浦县志》，社会科学文献出版社，1993。

（清）张天如等纂修，魏式增等增修：同治《永顺府志》，同治十二年增刻乾隆本，《中国地方志集成·湖南府县志辑》本，江苏古籍出版社、上海书店、巴蜀书社，2002。

（清）黄德基修，关天申纂：乾隆《永顺县志》，乾隆五十八年刻本，《中国地方志集成·湖南府县志辑》本，江苏古籍出版社、上海书店、巴蜀书社，2002。

（清）胡履新等修：民国《永顺县志》，民国十九年铅印本，《中国地方志集成·湖南府县志辑》本，江苏古籍出版社、上海书店、巴蜀书社，2002。

（清）董鸿勋纂修：宣统《永绥厅志》，宣统元年铅印本，《中国地方志集成·湖南府县志辑》本，江苏古籍出版社、上海书店、巴蜀书社，2002。

（清）赵沁等修纂：乾隆《玉屏县志》，乾隆二十三年刻本，《故宫珍本丛刊·贵州府州县志》本，海南出版社，2001。

（清）守忠等修，许光曙等纂：同治《沅陵县志》，光绪二十八年重印本，《中国地方志集成·湖南府县志辑》本，江苏古籍出版社、上海书店、巴蜀书社，2002。

《沅陵县志》编委会：《沅陵县志》，中国社会出版社，1993。

（清）瑭珠修，朱景英等纂：乾隆《沅州府志》，乾隆二十二年后刻本，中国科学院图书馆《稀见中国地方志汇刊》本，中国书店，1992。

（清）张官五等纂修，吴嗣仲续修：同治《沅州府志》，同治十二年增刻乾隆本，《中国地方志集成·湖南府县志辑》本，江苏古籍出版社、上海书店、巴蜀书社，2002。

（清）蔡宗建等修纂：乾隆《镇远府志》，乾隆刻本，《中国地方志集成·贵州府县志辑》本，巴蜀书社、江苏古籍出版社、上海书店，2002。

（清）盛庆绂等修，盛一棵纂：同治《芷江县志》，同治九年刻本，《中国地方志集成·湖南府县志辑》本，江苏古籍出版社、上海书店、巴蜀书社，2002。

4. 文集、笔记、杂著、类书等

（明）章潢：《图书编》，《文渊阁四库全书》本。

（明）王士性：《广志绎》，中华书局，1981。

（明）沈德符：《万历野获编》，中华书局，1959。

（明）陈子龙等：《明经世文编》，中华书局，1962。

（清）陈梦雷：《古今图书集成·职方典·湖广》，台湾鼎文书局印行本。

（清）严如煜：《苗防备览》，道光癸卯刊本。

（清）贺长龄、魏源等：《清经世文编》，岳麓书社，《魏源全集》本，2004。

（清）魏源：《魏源集》，中华书局，1976。

（清）魏源：《圣武记》，中华书局，1984。

（清）胡林翼：《胡林翼集》，岳麓书社，1999。

（清）罗汝怀：《湖南文征》，岳麓书社，2008。

（清）黄本骥：《湖南方物志》，岳麓书社，1985。

（清）但湘良：《湖南苗防屯政考》，光绪九年刻本。

（清）王锡祺：《小方壶斋舆地丛钞》，杭州古籍书店，1985。

徐珂:《清稗类钞》,中华书局,1986。

5. 族谱、碑刻、调查资料等

桃源县牯牛山乡凉山村村规民约《永定章程》碑刻,光绪九年。

湖南溆浦《竹坳舒氏支谱》,光绪十二年刻印本。

湖南溆浦《米氏族谱》,光绪三十年重刊本。

湖南溆浦《张氏四修族谱》,民国十七年刻本。

曾继吾:《湖南各县调查笔记》,1931 年排印本。

湖南溆浦《麻阳水向氏通谱》,民国二十六年修纂。

戴文秀:《湘西乡土调查汇编》,1939 年刊本。

湖南辰溪《米氏通谱》,民国三十年复修本。

凌纯声、芮逸夫:《湘西苗族调查报告》,“中央研究院”史语所 1947 年版,民族出版社,2003 年重版。

石启贵:《湘西苗族实地调查报告》,湖南人民出版社,1986。

湘西自治州政协文史委员会:《湘西名镇》,《湘西文史资料》第二十二、二十三辑合刊,1991。

麻阳苗族自治县文史资料委员会:《麻阳姓氏》,1994。

湖南靖州《鲍氏族谱》,2000 年刻印本。

彭继宽:《湖南土家族社会历史调查资料精选》,岳麓书社,2002。

邹华享主编:《湖南家谱解读》,湖南人民出版社,2004。

6. 其他专题史料汇编及工具书

李文治:《中国近代农业史资料》第一辑(1840-1911),三联书店,1957。

彭泽益:《中国近代手工业史资料》(1840-1949),三联书店,1957。

湖南历史研究所:《湖南自然灾害年表》,湖南人民出版社,1961。

谭其骧:《中国历史地图集》,中华地图学社,1975。

梁方仲：《中国历代户口、田地、田赋统计》，上海人民出版社，1980。

郭厚安：《〈明实录〉经济资料选编》，中国社会科学出版社，1989。

陈振汉等：《〈清实录〉经济史料：农业编》（顺治－嘉庆），北京大学出版社，1989。

湖南省少数民族古籍办公室：《湖南地方志少数民族史料》，岳麓书社，1991。

彭雨新：《清代土地开垦史资料汇编》，武汉大学出版社，1992。

姚伟钧等：《明实录类纂·经济史料卷》，武汉出版社，1993。

薛政超：《湖南移民表——氏族资料所载湖南移民史料考辑》，中国戏剧出版社，2008。

（二）参考著作和论文

1. 主要著作

（1）国内学者著作

白寿彝主编《中国通史》，上海人民出版社，1999。

陈锋：《陈锋自选集》，华中理工大学出版社，1999。

陈锋主编《明清以来长江流域社会发展史论》，武汉大学出版社，2006。

陈锋、张建民、任放等：《中国经济通史》（清代前期卷），湖南人民出版社，2002。

陈锋、张建民主编《中国经济史纲要》，高等教育出版社，2007。

陈锋：《清代财政政策与货币政策研究》，武汉大学出版社，

2008。

陈桦：《清代区域社会经济研究》，中国人民大学出版社，1996。

陈致远：《常德古代历史研究》，北京图书馆出版社，1999。

《侗族简史》编写组：《侗族简史》，贵州民族出版社，1985。

范玉春：《移民与中国文化》，广西师范大学出版社，2005。

方行、经君健、魏金玉主编《中国经济通史》（清代经济卷），经济日报出版社，2000。

方志远：《明清湘鄂赣地区的人口流动与城乡商品经济》，人民出版社，2001。

冯尔康、常建华：《清人社会生活》，沈阳出版社，2002。

冯尔康：《清史史料学》，沈阳出版社，2004。

冯贤亮：《明清江南地区的环境变动与社会控制》，上海人民出版社，2002。

傅衣凌：《傅衣凌著作集》，中华书局，2007。

葛剑雄、曹树基、吴松第：《简明中国移民史》，福建人民出版社，1993。

葛剑雄：《葛剑雄自选集》，广西师范大学出版社，1999。

葛剑雄：《行路集》，山东教育出版社，1999。

葛剑雄主编《中国移民史》，福建人民出版社，1997。

葛剑雄主编《中国人口史》，复旦大学出版社，2002。

葛庆华：《近代苏浙皖地区人口迁移研究》，上海社会科学院出版社，2002。

龚胜生：《清代两湖农业地理》，华中师范大学出版社，1995。

《贵州通史》编委会：《贵州通史》，当代中国出版社，2002。

黄桂：《潮州的社会传统与经济发展》，江西人民出版社，2002。

黄淑娉主编《广东族群与区域文化研究》，广东高等教育出版社，1999。

何伟福：《清代贵州商品经济史研究》，中国经济出版社，2007。

侯仁之：《历史地理学四论》，中国科学技术出版社，2005。

冀朝鼎著《中国历史上的基本经济区与水利事业的发展》，朱诗鳌译，中国社会科学出版社，1981。

李剑农：《中国古代经济史稿》，武汉大学出版社，2005。

李伯重：《江南的早期工业化》，社会科学文献出版社，2000。

李伯重：《理论、方法与发展趋势：中国经济史研究新探》，清华大学出版社，2002。

李伯重：《多视角看江南经济史》，生活·读书·新知三联书店，2002。

李伯重著《江南农业的发展：1620-1850》，王湘云译，上海古籍出版社，2007。

李根蟠等主编《中国经济史上的天人关系》，中国农业出版社，2002。

李龙潜：《明清经济史》，广东高等教育出版社，1988。

李世愉：《清代土司制度论考》，中国社会科学出版社，1998。

李孝聪：《中国区域历史地理》，北京大学出版社，2004。

李治亭主编《清史》，上海人民出版社，2002。

林增平主编《湖南近现代史》，湖南师范大学出版社，1993。

林济：《长江流域的宗族与宗族生活》，湖北教育出版社，2006。

梁方仲：《梁方仲经济史论文集》，中华书局，1989。

廖报白：《湘西简史》，湖南人民出版社，1999。

刘泱泱：《近代湖南社会变迁》，湖南人民出版社，1998。

鲁西奇：《区域历史地理研究：对象与方法——汉水流域的个案考察》，广西人民出版社，2000。

卢勋、杨保隆等：《中华民族凝聚力的形成与发展》，民族出版社，2000。

马少侨：《清代苗民起义》，湖北人民出版社，1956。

马敏、王玉德主编《中国西部开发的历史审视》，湖北人民出版社，2001。

毛佩琦主编《中国社会通史》（明代卷），山西教育出版社，1996。

梅莉、张国雄、晏昌贵：《两湖平原开发探源》，江西教育出版社，1995。

《苗族简史》编写组：《苗族简史》，贵州民族出版社，1983。

牟发松：《唐代长江中游的经济与社会》，武汉大学出版社，1989。

彭雨新、张建民：《明清长江流域农业水利研究》，武汉大学出版社，1992。

彭雨新：《清代土地开垦史》，农业出版社，1990。

彭雨新主编《中国封建社会经济史》，武汉大学出版社，1994。

彭先国：《湖南近代秘密社会研究》，岳麓书社，2001。

彭先国：《社会史视角下的近代湖湘文化》，岳麓书社，2006。

瞿同祖著《清代地方政府》，范忠信等译，法律出版社，2003。

任放：《明清长江中游市镇经济研究》，武汉大学出版社，2003。

史革新主编《中国社会通史》（晚清卷），山西教育出版社，1996。

谭其骧：《长水粹编》，河北教育出版社，2002。

谭必友：《清代湘西苗疆多民族社区的近代重构》，民族出版社，2007。

汤纲、南炳文：《明史》，上海人民出版社，2002。

唐力行：《明清以来徽州区域社会经济》，安徽大学出版社，

1999。

田昌五、漆侠主编《中国封建社会经济史》，齐鲁书社，1996。

田晓岫：《中华民族发展史》，华夏出版社，2001。

《土家族简史》编写组：《土家族简史》，湖南人民出版社，1985。

万绳楠等：《中国长江流域开发史》，黄山书社，1997。

王承尧、罗午：《土家族土司简史》，中央民族学院出版社，1991。

王笛：《跨出封闭的世界：长江上游区域社会研究》，中华书局，2002。

王业键著《清代田赋刍论》，高风等译，人民出版社，2008。

王继平：《晚清湖南史》，湖南人民出版社，2005。

王思斌主编《社会学教程》，北京大学出版社，2003。

王振忠：《明清徽商与和淮扬社会变迁》，生活·读书·新知三联书店，1996。

王振忠：《徽州社会文化史探微》，上海社会科学院出版社，2002。

王钟翰主编《中国民族史》，中国社会科学出版社，1994。

王毓铨主编《中国经济通史》（明代经济卷），经济日报出版社，1999。

王美英：《明清长江中游风俗与社会变迁》，武汉大学出版社，2007。

王云：《明清山东运河区域社会变迁》，人民出版社，2006。

伍新福主编《湖南通史》，湖南出版社，1994。

伍新福：《湖南民族关系史》，民族出版社，2006。

吴承明：《中国资本主义与国内市场》，中国社会科学出版社，

1985。

吴承明：《中国的现代化：市场与社会》，生活·读书·新知三联书店，2001。

吴承明：《经济史：历史观与方法论》，上海财经大学出版社，2006。

吴量恺：《清代经济史研究》，华中师范大学出版社，1992。

吴量恺等：《中国经济通史》（明代卷），湖南人民出版社，2002。

吴荣臻：《乾嘉苗民起义史稿》，贵州人民出版社，1985。

行龙：《从社会史到区域社会史》，人民出版社，2008。

许涤新、吴承明主编《中国资本主义发展史》第一卷《中国资本主义的萌芽》，人民出版社，1985。

许顺富：《湖南绅士与晚清政治变迁》，湖南人民出版社，2004。

杨国安：《明清两湖地区基层组织与乡村社会研究》，武汉大学出版社，2004。

杨果、陈曦：《经济开发与环境变迁研究——宋元明清时期的江汉平原》，武汉大学出版社，2008。

杨鹏程：《湖南灾荒史》，湖南人民出版社，2008。

《瑶族简史》编写组：《瑶族简史》，广西民族出版社，1983。

叶显恩主编《清代区域社会经济研究》，中华书局，1992。

游俊、李汉林：《湖南少数民族史》，民族出版社，2001。

张芳：《明清农田水利研究》，中国农业科技出版社，1998。

张建民：《明清长江流域山区资源开发与环境演变》，武汉大学出版社，2007。

张建民：《湖北通史》（明清卷），华中师范大学出版社，1999。

张建民、宋俭：《灾害历史学》，湖南人民出版社，1998。

张建民主编《10世纪以来长江中游区域环境、经济与社会变迁》，武汉大学出版社，2008。

张伟然：《湖南历史文化地理》，复旦大学出版社，1995。

张朋园：《湖南近代化的早期进展》，岳麓书社，2002。

张研：《清代经济简史》，中州古籍出版社，1998。

张国雄：《明清时期的两湖移民》，陕西人民教育出版社，1995。

张国雄：《明清长江人口发展史论》，湖北教育出版社，2006。

张应强：《木材的流动——清代清水江下游地区的市场、权力与社会》，生活·读书·新知三联书店，2006。

张仲礼：《中国绅士研究》，上海人民出版社，2008。

赵世瑜：《狂欢与日常——明清以来华北的庙会与民间社会》，生活·读书·新知三联书店，2002。

赵世瑜：《小历史与大历史——区域社会史的理念、方法与实践》，生活·读书·新知三联书店，2006。

赵云田主编《中国社会通史》（清前期卷），山西教育出版社，1996。

中国唐史学会、湖北社科院历史所编《古代长江中游的经济开发》，武汉出版社，1988。

周积明、宋德金主编《中国社会史论》，湖北教育出版社，2000。

周振鹤等：《中国历史文化区域研究》，复旦大学出版社，1997。

周荣：《明清社会保障制度与两湖基层社会》，武汉大学出版社，2006。

邹逸麟主编《中国历史人文地理》，科学出版社，2001。

（2）国外学者著作

〔德〕马克思、恩格斯：《马克思恩格斯选集》，中共中央马恩列斯著作编译局译，人民出版社，1994。

〔法〕谢和耐：《中国社会史》，耿昇译，江苏人民出版社，

1995。

　　〔法〕费尔南·布罗代尔：《菲利普二世时代的地中海和地中海世界》，唐家龙、曾培耿、吴模信等译，商务印书馆，1996。

　　〔法〕费尔南·布罗代尔：《15至18世纪的物质文明、经济和资本主义》，顾良、施康强译，生活·读书·新知三联书店，2002。

　　〔法〕费尔南·布罗代尔：《文明史纲》，肖昶等译，广西师范大学出版社，2003。

　　〔法〕魏丕信：《十八世纪中国的官僚制度与荒政》，徐建青译，江苏人民出版社，2006。

　　〔韩〕田炯权：《中国近代社会经济史研究》，中国社会科学出版社，1998。

　　〔美〕黄宗智：《华北的小农经济与社会变迁》，中华书局，1985。

　　〔美〕孔飞力：《中华帝国晚期的叛乱及其敌人》，谢亮生等译，中国社会科学出版社，1990。

　　〔美〕斯塔夫里阿诺斯：《全球通史》，吴象婴、梁赤民译，上海社会科学院出版社，1992。

　　〔美〕道格拉斯·C.诺斯：《经济史上的结构和变革》，厉以平译，商务印书馆，1992。

　　〔美〕施坚雅：《中国农村的市场与社会结构》，史建云等译，中国社会科学出版社，1998。

　　〔美〕施坚雅主编《中华帝国晚期的城市》，叶光庭等译，中华书局，2000。

　　〔美〕何炳棣：《明初以降人口及其相关问题》，葛剑雄译，生活·读书·新知三联书店，2000。

　　〔美〕黄仁宇：《十六世纪明代中国之财政与税收》，阿风等译，生活·读书·新知三联书店，2001。

〔美〕罗伯特·F.墨菲:《文化与社会人类学引论》,王卓君译,商务印书馆,2009。

〔日〕加藤繁:《中国经济史考证》第三卷,吴杰译,商务印书馆,1973。

〔日〕西屿定生:《中国经济史研究》,冯佐哲等译,农业出版社,1984。

〔日〕山根幸夫编《中国史研究入门》,田人隆等译,社会科学出版社,2000。

〔日〕斯波义信:《宋代江南经济史研究》,方健等译,江苏人民出版社,2001。

〔英〕约翰·希克斯:《经济史理论》,历以平译,商务印书馆,1987。

2. 主要论文

曹树基:《湖南人由来新考》,《历史地理》第九辑,上海人民出版社,1990。

常建华:《中国社会史研究十年》,《历史研究》1997年第1期。

常建华:《跨世纪的中国社会史研究》,《中国社会历史评论》2007。

程美宝:《华南研究:历史学与人类学的实践》,《华南研究资料中心通讯》第22期,2001年1月。

陈廷亮:《改土归流与湘西土家族地区封建地主制经济的最终确立》,《吉首大学学报》1987年第4期。

陈君静:《近三十年来美国的中国地方史研究》,《史学史研究》2002年第1期。

陈支平:《区域研究的两难抉择》,《中国史研究》2005年增刊。

成臻铭:《明清时期湖广土司区的社会阶层与等级——以永

顺宣慰司为例的历史人类学观察》，《吉首大学学报》2006 年第
5 期。

陈春声：《历史的内在脉络与区域社会经济史研究》，《史
学月刊》2004 年第 8 期。

邓必海：《试论湘西民族集镇的形成和发展》，《吉首大学
学报》1986 年第 3 期。

杜成材：《湘西土家族苗族地区的改土归流及其社会历史差
异》，《吉首大学学报》2007 年第 3 期。

段超：《清代改土归流后土家族地区的农业经济开发》，《中
国农史》1998 年第 3 期。

段超：《土司时期土家族地区的农业经济》，《中国农史》
2000 年第 1 期。

段超：《试论改土归流后土家族地区的开发》，《民族研究》
2001 年第 4 期。

段超：《古代土家族地区开发简论》，《江汉论坛》2001 年
第 11 期。

段超：《改土归流后汉文化在土家族地区的传播及其影响》，
《中南民族大学学报》2004 年第 6 期。

高应达:《明代黔东民族社会历史变迁初探》,《铜仁学院学报》
2008 年第 4 期。

郭松义：《清代湘西苗区屯田》,《民族研究》1992 年第 2 期。

韩隆福：《论洪江商贸古城的人文精神》，《湖南文理学院
学报》2007 年第 2 期。

暨爱民：《民国湘西匪患成因浅析》，《怀化学院学报》
2006 年第 6 期。

李文海：《深化区域史研究的一点思考》，《安徽大学学报》
2007 年第 3 期。

李根蟠：《二十世纪的中国古代经济史研究》，《历史研究》

1999 年第 3 期。

李道文：《湘西匪患探源》，《吉首大学学报》1988 年第 4 期。

李汉林：《贵州土家族分布区域变迁考》，《贵族民族研究》2001 年第 1 期。

练铭志：《试论湘西土家族与汉族历史上的融合关系》，《贵州民族研究》1987 年第 4 期。

林荣琴：《20 世纪 80 年代以来国内清代长江中游经济史研究综述》，《中国史研究动态》2005 年第 11 期。

龙先琼：《略论历史上的湘西开发》，《民族研究》2001 年第 5 期。

刘莉、谢心宁：《改土归流后的湘西经济与民族关系》，《吉首大学学报》1991 年第 4 期。

刘嘉弘：《洪江十大会馆神祗文化解读》，《湖南文理学院学报》（社会科学版）2006 年第 4 期。

潘光旦：《湘西北的土家与古代的巴人》，中央民族学院《中国民族问题研究集刊》，1955。

潘洪钢：《清代湘西苗族地区屯田的兴起及性质》，《吉首大学学报》1986 年第 1 期。

彭武一：《明清年间土家族地区社会经济实况》，《吉首大学学报》1985 年第 2 期。

彭武一：《明清年间土家族社会政治组织的特点》，《吉首大学学报》1986 年第 1 期。

彭官章：《改土归流后土家族地区的巨大变化》，《吉首大学学报》1991 年第 4 期。

秦宝琦：《乾嘉苗民起义的性质与作用初探》，《吉首大学学报》1985 年第 4 期。

石邦彦：《清朝湘西少数民族地区的改土归流》，《吉首大学学报》1987 年第 2 期。

石邦彦：《清朝对湘西苗区的"三防"统治》，《中南民族学院学报》1988年第4期。

石邦彦：《苗疆边墙试析》，《吉首大学学报》1990年第1期。

石邦彦：《清代湘西苗区吏治考谈》，《中南民族学院学报》1991年第2期。

石邦彦：《试论朱元璋对湘西苗区的政策》，《中南民族学院学报》1993年第1期。

王瑞莲：《清代前期对湘西苗民的治理》，《民族论坛》1991年第1期。

王瑞莲：《清代前期对湘西苗民的经济治理》，《贵州民族研究》1992年第3期。

王跃飞：《湘西均田屯租制度的历史沿革》，《吉首大学学报》1991年第4期。

王朝辉：《试论近代湘西市镇化的发展》，《吉首大学学报》1996年第2期。

王爱英：《湘西白帝天王信仰的渊源流变》，《济南大学学报》2004年第2期。

王康乐、王平：《湖南"洪江古商城"的成因和价值》，《文史博览》（理论版）2008年第6期。

翁家烈：《明代汉民族对贵州社会历史发展的贡献》，《贵州民族研究》1993年第2期。

伍新福：《清代湘西苗族地区"屯政"纪略》，《中南民族学院学报》1983年第2期。

伍新福：《试论清代"屯政"对湘西苗族社会发展的影响》《民族研究》1983年第3期。

伍新福：《试论湘西苗区改土归流——兼析乾嘉苗民起义的原因》，《民族研究》1986年第1期。

伍新福：《试论改土归流前湘西土司地区社会经济——关于

"领主经济"论质疑》,《吉首大学学报》1987 年第 1 期。

伍新福:《明代湘黔边"苗疆""堡哨""边墙"考》,《贵州民族研究》2001 年第 3 期。

伍新福:《清代湘黔边"苗防"考略》,《贵州民族研究》2001 年第 4 期。

伍孝成:《清代边墙与湘西苗疆开发》,《吉首大学学报》2009 年第 1 期。

吴荣臻:《清代治苗政策管窥》(上、下),《吉首大学学报》1984 年第 2 期、1985 年第 2 期。

吴曦云:《边墙与湘西苗疆》,《中南民族学院学报》1993 年第 6 期。

行龙:《从社会史到区域社会史》,《山西大学学报》2009 年第 4 期。

徐国利:《关于区域史研究的理论问题——区域史的定义及其区域的界定和选择》,《学术月刊》2007 年第 3 期。

徐晓光:《清政府对苗疆的法律调整及其历史意义》,《清史研究》2008 年第 3 期。

杨昌鑫:《清朝在湘西苗区的封建科举教育漫谈》,《吉首大学学报》1984 年第 1 期。

杨安华:《清代怀化商业的发展和商人的经商活动》,《怀化师专学报》2001 年第 6 期。

杨安华:《论清代湘西山区的经济开发》,《古今农业》2003 年第 3 期。

杨有赓:《汉民族对开发清水江少数民族林区的影响与作用》,《贵州民族研究》1993 年第 2 期。

姚金泉:《试析傅鼐在湘西苗区的屯田》,《吉首大学学报》1993 年第 6 期。

姚金泉:《略论明清边墙碉卡对湘西苗族社会的影响》,《云南民族学院学报》2001年第2期。

叶显恩：《我与区域社会史研究》，《历史教学问题》2000年第6期。

易小明、龙先琼：《湘西文化特质分析》，《贵州民族研究》1999年第4期。

易兰：《论湖南古代居民的变迁》，《重庆交通学院学报》2002年第2期。

张建民：《清代湘鄂西山区的经济开发及其影响》，《中国社会经济史研究》1987年第4期。

张建民：《长江中游社会经济史研究的深化与拓新》，《武汉大学学报》2008年第6期。

张应强：《边墙兴废与明清苗疆社会》，《中山大学学报》2001年第2期。

张宗权、张应和：《清代湘西苗族地区儒学发展考评》，《吉首大学学报》1988年第4期。

赵世瑜：《作为方法论的区域社会史》，《史学月刊》2004年第8期。

郑大发：《试论湘西土家族地区的"改土归流"》，《吉首大学学报》1982年第2期。

郑英杰：《湘西文化源流略论》，《吉首大学学报》1996年第3期。

郑英杰：《湘西文化源流再论》，《吉首大学学报》2000年第3期。

朱柏林：《近代洪江城市文化初探》，《湖南社会科学》2005年第3期。

3. 学位论文

董谋勇：《清代湖南农业经济研究》，硕士学位论文，湖南师范大学，2007。

李菁：《近代湖南桐油贸易研究》，硕士学位论文，湘潭大学，2004。

刘诗颖：《明清以来湘鄂川黔地区的外族人土家化倾向——以咸丰尖山唐崖司村为中心》，硕士学位论文，武汉大学，2004。

林荣琴：《清代湖南的矿业开发》，博士学位论文，复旦大学，2004。

罗杜芳：《清代民国时期湘西的区域开发与环境变迁》，硕士学位论文，武汉大学，2002。

罗美芳：《明清时期清水江水道的开辟与社会发展》，硕士学位论文，贵州大学，2007。

吕善长：《明代清水江人口研究——以今黔东南苗侗自治州为例》，硕士学位论文，贵州大学，2007。

沈文嘉：《清水江流域林业经济与社会变迁（1644—1911）》，博士学位论文，北京林业大学，2006。

孙静：《民国时期湘西匪乱研究》，硕士学位论文，华中师范大学，2004。

张衢：《湘西沅水流域城市起源与发展研究》，硕士学位论文，湖南师范大学，2003。

朱圣钟：《湘鄂渝黔土家族地区历史经济地理研究》，博士学位论文，陕西师范大学，2002。

后　记

本书是我过去十五年学术工作的成果之一，今天有幸能够出版，应当感谢社会科学文献出版社的领导和编辑丁凡老师、高振华老师等的辛勤劳动。这里还有必要就本书的写作向读者略作一些说明。

从上大学开始，我就以历史为专业，对历史怀有浓厚的兴趣。自 2000 年考入广西师范大学攻读研究生以来，我孜孜向学，读书和写作成了我最大的爱好。我的硕士导师范玉春教授毕业于武汉大学冯天瑜先生门下，后又到复旦大学葛剑雄先生门下深造，自然，冯先生的明清文化史和葛先生的中国移民史研究深深吸引了我，启发我把明清时期的区域社会文化史作为研究方向。为了接受切实的学术研究训练，导师给我开出了颇有分量的书单，我逐一读完后，选择了家乡所在的沅水中游为区域，以明清时期沅水流域的人口与社会为研究对象，研究过程艰苦而漫长。我不仅充分利用了广西师大图书馆、桂林图书馆的所有资料，还到湖南省图书馆、湖南省社会科学院图书馆、湖南师范大学图书馆、湘潭大学图书馆、吉首大学图书馆、怀化学院图书馆、怀化市图书馆、怀化市档案馆、洪江市图书馆、溆浦县图书馆、溆浦县档案馆等单位，查阅了大量有关沅水中游地区的历史资料，拜访了一些专家学者。通过三年的辛苦钻研，在范教授的精心指导下，我完成了硕士论文，各位答辩老师特别是钱宗范教授的鼓励和肯定给了我信心，使我从此走上了学术道路。

硕士毕业后，我来到常德，在湖南文理学院执教。常德地处沅水下游，方便我继续研究沅水流域。教学之余，我时时翻阅所收集的历史资料，总想把学术研究深入搞下去，真正理解沅水流域的社会文化历史特质及其成因。阅读了更多研究论著后，就想更全面地研究明清时期整个沅水流域的社会变迁。

　　经过两年的努力，我考入向往多年的武汉大学，攻读博士学位，在陈锋教授、张建民教授等领军的学术团队中研习中国经济史。武汉大学的中国经济史研究卓有建树，能在这样好的学术环境中学习十分难得，因此我倍加珍惜。此后三年，武汉大学图书馆和历史学院资料室以及文科中心的丰富典藏给了我取之不尽的治史材料。导师张建民教授的耳提面命和论著示范，让我获得了不竭的动力去探索。感谢陈锋教授、任放教授、谢贵安教授、李少军教授、冯天瑜教授以及同门师兄杨国安、周荣、徐斌、廖艳彬、陈新立等给我的启发或帮助。感谢厦门大学陈支平教授、中山大学刘志伟教授、中南财经政法大学姚会元教授对我博士论文的评阅和指导。感谢博士同学金诗灿、张绪、刘薇在三年间给我的支持和帮助。正是有这些优越的条件和众多师友的帮助，我对沅水流域社会经济史的研究在武汉大学得到了显著进步。

　　我在湖南文理学院工作已有十三年，教学任务比较繁重，但是，学术研究的兴趣丝毫未减。这得益于政史系、文史学院领导和同事们的关心、鼓励和支持。历史专业的曹卫平教授、陈致远教授、熊英教授、朱清如副教授、柳毅副教授等都给了我许多很好的建议。本课题研究还得到了湖南省社科基金项目、湖南省教育厅科研项目、湖南文理学院科研项目以及湖南省城市文化研究基地、湘学研究基地的支持或资助，文史学院夏子科院长在本书出版过程中提供了大力支持，在此一并深表谢意。

　　多年来，我对学术研究的坚持更离不开家庭的支持，妻子张圆圆女士持家有方，帮我减轻了许多生活上的负担，下班后主动照顾和辅导女儿紫晨的生活和学习，使我免除了不少后顾之忧。

这部书稿的完成，也有她的一份功劳。

本书的主体部分是在数年之前完成的。今天付梓，并没有做过多的修改。十几年来，我将研究沅水流域历史的一些论文做了反复的修改后，陆续发表，如《先秦至明代沅水中游地区的移民》（《湖南文理学院学报》2004年第2期）、《论清代沅水中游地区的移民》（《湖南文理学院学报》2007年第2期）、《明清移民对湖南沅水中上游人口发展的影响》（《船山学刊》2008年第4期）、《明清时期的移民与沅水中上游山区的开发》（《湖南行政学院学报》2010年第3期）、《明清沅水中上游地区族群关系演变述论》（《理论月刊》2010年第3期）、《明清湘西社会经济史研究综述》（《湖南行政学院学报》2011年第4期）、《汉唐宋元时期沅水流域的人口变迁》（《武陵学刊》2011年第5期）、《明代沅水流域的人口变迁》（《武陵学刊》2014年第5期）、《清代沅水流域的人口增长》（《怀化学院学报》2014年第4期）、《明清时期沅水流域的土地开垦》（《铜仁学院学报》2015年第1期）、《湖南沅水流域人口变迁的历史特点及其影响》（《中国社会经济史研究》2015年第2期）等等。这些发表的论文都在不同程度上体现了我对沅水流域历史研究取得的新进展，请读者参看。

学术研究的道路无限延伸，沅水流域的历史研究还需要长期开展下去。本书只是阶段性的部分成果，其中的一些分析和结论可能在将来需要修正、补充和完善。记得张建民老师对我说，湖南西部山区的研究前景广阔，因而我对自己的研究领域充满信心。近些年来，湘西土司的研究、武陵山区的研究、苗疆走廊的研究、清水江文书的发掘和研究以及环洞庭湖的历史研究都已成了学术热点，研究方法各有特色，研究成果大量涌现，预示着沅水流域及其周边地区的历史研究将会出现新的更大的盛况。我期待着更多更好的成果。

图书在版编目(CIP)数据

明清时期沅水流域经济开发与社会变迁 / 罗运胜著
. -- 北京：社会科学文献出版社，2016.6
ISBN 978 - 7 - 5097 - 9118 - 9

Ⅰ.①明…　Ⅱ.①罗…　Ⅲ.①河流 - 流域经济 - 区域
经济发展 - 经济史 - 研究 - 湖南省 - 明清时代　Ⅳ.
①F129.4

中国版本图书馆 CIP 数据核字(2016)第 096291 号

明清时期沅水流域经济开发与社会变迁

著　　者 / 罗运胜

出 版 人 / 谢寿光
项目统筹 / 丁　凡
责任编辑 / 李　壮　高振华

出　　版 / 社会科学文献出版社·皮书出版社 (010) 59367127
　　　　　地址：北京市北三环中路甲 29 号院华龙大厦　邮编：100029
　　　　　网址：www.ssap.com.cn
发　　行 / 市场营销中心 (010) 59367081　59367018
印　　装 / 三河市尚艺印装有限公司

规　　格 / 开　本：787mm × 1092mm　1/16
　　　　　印　张：21.25　字　数：276 千字
版　　次 / 2016 年 6 月第 1 版　2016 年 6 月第 1 次印刷
书　　号 / ISBN 978 - 7 - 5097 - 9118 - 9
定　　价 / 69.00 元

本书如有印装质量问题，请与读者服务中心 (010 - 59367028) 联系